Brigitte Falkenburg

Die Form der Materie

MONOGRAPHIEN ZUR PHILOSOPHISCHEN FORSCHUNG

Begründet von Georgi Schischkoff
Band 238

Die Reihe erschien bis Ende 1986 im Hain Verlag bei Athenäum.

Brigitte Falkenburg

Die Form der Materie

Zur Metaphysik der Natur
bei Kant und Hegel

CIP-Kurztitelaufnahme der Deutschen Bibliothek

Falkenburg, Brigitte:
Die Form der Materie : zur Metaphysik d. Natur bei
Kant u. Hegel / Brigitte Falkenburg. –
Frankfurt am Main : Athenäum, 1987.
    (Monographien zur philosophischen Forschung ;
    Bd. 238)
ISBN 3-610-09211-4

NE: GT

© 1987 Athenäum Verlag GmbH, Frankfurt am Main
Reproduktion, Druck und Bindung: difo-druck schmacht, Bamberg
Printed in West-Germany
ISBN 3-610-09211-4

Für Johannes' Großeltern

Inhalt

TEIL I KANT

ERSTES KAPITEL
Die Experimente der Vernunft

ZWEITES KAPITEL
Raum, Zeit, Materie (I)

TEIL II HEGEL

DRITTES KAPITEL
Hegels Metaphysik der Natur

> „Während Leibniz auf die prästabilierte Harmonie das System der Geisterwelt gründete, fand Newton im Gleichgewicht der Weltkräfte das System einer materiellen Welt. Aber wenn anders im System unsers Wissens Einheit ist, und wenn es je gelingt, auch die letzten Extreme desselben zu vereinigen, so müssen wir hoffen, daß eben hier, wo Leibniz und Newton sich trennten, einst ein umfassender Geist den Mittelpunkt finden wird, um den sich das Universum unsers Wissens – die beiden Welten bewegen, zwischen welchen jetzt noch unser Wissen getheilt ist".
>
> F. J. W. Schelling

Vorwort

Kant und Hegel markieren den Anfang und das Ende einer philosophischen Epoche, in der man von der Berechtigung sowie der Notwendigkeit einer ‚spekulativen' Naturphilosophie überzeugt war, die als nichtempirische Naturerkenntnis mit den Naturwissenschaften in enger Beziehung stand, ohne in ihnen aufzugehen. Die prominentesten Vertreter dieser Epoche einer spekulativen Naturerkenntnis sind Schelling und Hegel. *Vor* Kant wurden Naturwissenschaft und Naturphilosophie noch nicht als getrennte Unternehmungen verstanden. Newton gab der Darstellung seiner Mechanik den Titel „Principia mathematica philosophiae naturalis", und Leibniz verstand seinen durch die prästabilierte Harmonie der Monaden metaphysisch fundierten Materiebegriff als einen Beitrag zur Physik. Wenn Schelling in einer frühen naturphilosophischen Schrift den Gegensatz von Newtons „materieller Welt" zu Leibniz' „Geisterwelt" hervorhebt[1], so konstruiert er nachträglich zwischen den großen Kontrahenten der Physik des 17. Jahrhunderts den Unterschied, einer von ihnen habe sich der physikalischen und der andere der metaphysischen Welterkenntnis gewidmet. Eine solche Unterscheidung trifft aber erst die Naturphilosophie des deutschen Idealismus ab Kant, die sich selbst im Gegensatz und in notwendiger Ergänzung zur naturwissenschaftlichen Erkenntnis als eine *Metaphysik der Natur* versteht.

Als philosophischer Terminus wurde der Ausdruck „Metaphysik der Natur" durch *Kant* gebildet. Kant bezeichnete mit ihm ein philosophi-

---

1 F. J. W. Schelling, Ideen zu einer Philosophie der Natur, Werke Bd. I, Hg.: M. Schröter, München 1927, S. 674 f.

sches Programm, das zwei sich auf die Gegenstände der Naturwissenschaften beziehende Unterabteilungen – die „rationale Physik" und die „rationale Kosmologie" – besitzt und das die Aufgabe einer apriorischen Naturerkenntnis „durch bloße Begriffe"[2] formulierte; in ihm hat die nachkantische spekulative Naturphilosophie ihre Wurzeln. – *Nach* der durch dieses Programm eingeleiteten Epoche hatte sich das Unternehmen einer gegen die Naturwissenschaften eigenständigen Naturphilosophie zumindest in den Augen der Naturwissenschaftler weitgehend diskreditiert – und zwar vor allem durch *Hegels* Naturphilosophie, deren Inhalte im Vergleich zu den Resultaten der experimentierenden Naturwissenschaften ab Mitte des 19. Jahrhunderts großteils veraltet schienen. Hegels Entwicklung von Begriffen a priori für Gegenstände der Naturerkenntnis stand nun als Produkt einer wildgewordenen Spekulation da.

Kants transzendentalphilosophische Begründung des weitgehend Programm gebliebenen Systems einer Métaphysik der Natur und deren einziger ausgeführter Teil, die „Metaphysischen Anfangsgründe der Naturwissenschaft", sind schon länger Gegenstand der philosophischen Forschung. Dagegen ist das Interesse an Hegels Naturphilosophie erst in den letzten 15 Jahren wiedererwacht – zum einen von der Seite der Hegel-Forschung, die nun auch diesen am wenigsten verstandenen, umstrittensten Teil des Hegelschen Systems erschließen will; zum andern von der Seite der Wissenschaftsgeschichte, die einzelne Inhalte von Hegels Naturphilosophie in ihrer Beziehung auf die zeitgenössische Naturwissenschaft untersucht, um aufzuklären, in welcher Weise Hegel diese verarbeitete; zum dritten von einigen Vertretern einer heutigen Wissenschaftsphilosophie, die versuchen, die Bedeutung von Teilen der Hegelschen Naturphilosophie im Hinblick auf die Physik des 20. Jahrhunderts zu klären.[3] Keiner dieser Versuche, sich einen Zugang zu Hegels

---

2 Metaphysik ist für Kant eine „Vernunfterkenntnis, die sich gänzlich über Erfahrungsbelehrung erhebt, und zwar durch bloße Begriffe" (KdrV, B XIV). Die „Metaphysik der Natur" ist Metaphysik „des spekulativen ... Gebrauchs der reinen Vernunft" und „enthält alle reine Vernunftprinzipien aus bloßen Begriffen ... von dem theoretischen Erkenntnisse aller Dinge" (KdrV, B 869).

3 Die Internationale Hegel-Vereinigung veranstaltete 1985 zum erstenmal eine Arbeitstagung zu Hegels Naturphilosophie, in Amersfoort, Holland, 6.–9. 6. 1985. Vgl. R.-P. Horstmann/M. J. Petry (Hg.): Hegels Philosophie der Natur. Stuttgart 1986. Die Beiträge zu einer Tübinger Tagung im Jahr 1983 liegen auch vor: Hegel und die Naturwissenschaften, Hg.: M. J. Petry, Stuttgart-Bad Cannstatt 1986. –

Naturphilosophie zu verschaffen, hat sich meines Wissens auf die oben skizzierte philosophiegeschichtliche Konstellation eingelassen, in deren Kontext diese Naturphilosphie steht. Dies ist in meinen Augen der Grund dafür, daß die Frage, was Hegel mit seiner uns heute befremdenden Naturphilosophie eigentlich bezweckt hat und nach welchen Kriterien das ihr zugrunde liegende *philosophische Programm* zu beurteilen ist, bisher weder wirklich gestellt noch wenigstens ansatzweise beantwortet wurde. Als einziger Maßstab, die Hegelsche Naturphilosophie zu beurteilen, dienen den mir bekannten Interpreten die Inhalte der – damaligen oder heutigen – Naturwissenschaften selbst, die zu ihrem Fortschreiten in den letzten zweihundert Jahren im allgemeinen keiner philosophischen Theorien bedurften. Dementsprechend wurde diese Naturphilosophie entweder als obsolet (wenn auch vielleicht im Kontext der zeitgenössischen Naturwissenschaft sinnvoll) oder als eine fruchtlos gebliebene Antizipation von Gedanken der heutigen Physik oder als eine Mischung von beidem hingestellt. Dabei wurde Hegels Naturphilosophie immer nur ihren einzelnen Inhalten nach zur Beweisführung herangezogen; ein ernst zu nehmender Versuch, sie als Ganzes und ihrem philosophischen Programm nach zu diskutieren, ist mir nicht bekannt.

Die vorliegende Arbeit versteht sich als einen ersten, notwendigerweise unvollständigen Beitrag dazu, diese Lücke zu füllen. Sie ist als der Versuch angelegt, *Hegels Naturphilosophie* als eine *Metaphysik der Natur im Kantischen Sinne* zu verstehen, die in Vorgehensweise und Inhalten eine ebenso große Verwandtschaft mit Kants Programm einer Metaphysik der Natur (genauer: mit deren Unterabteilungen der rationalen Physik und Kosmologie) besitzt, wie sie sich zugleich kritisch davon abgrenzt. Dieser Versuch ist nicht nur durch den philosophiegeschichtlichen Kontext von Hegels Naturphilosophie gerechtfertigt, sondern auch durch die bekannte Tatsache, daß Hegels systematische Philosophie insgesamt aus einer gründlichen Auseinandersetzung vor allem mit der Kantischen Transzendentalphilosophie hervorging; außerdem gibt es in Hegels naturphilosophischen Texten selbst viele implizite und explizite Bezugnahmen auf Kants Programm einer Metaphysik der Natur und die „Metaphysischen Anfangsgründe der Naturwissenschaft". –

Zum wissenschaftshistorischen bzw. -philosophischen Interesse an Hegels Naturphilosophie vgl. insbes. die Arbeiten von D. v. Engelhardt und O. Breidbach bzw. von D. Wandschneider.

Da hier die Programmatik von Hegels Naturphilosophie als einem Teil des Hegelschen Gesamtsystems rekonstruiert werden soll, wurde die Fassung in der *Berliner Enzyklopädie von 1830* (der spätesten Darstellung von Hegels System in seiner vollausgebildeten Gestalt) als Textgrundlage gewählt. Diese Auswahl hat auch den Vorteil, daß man zur Aufhellung von Hegels schwer zugänglicher Terminologie die Begriffsexplikationen der letzten Fassung der „Logik" heranziehen kann. Auf eine Einbeziehung der Entwicklung von Hegels Naturphilosophie ab „De orbitis planetarum" mußte in diesem Rahmen ebenso verzichtet werden wie auf eine Untersuchung systematischer Beziehungen zwischen Hegels und Schellings Naturphilosophie – für die Untersuchung solcher Beziehungen wäre es wohl eine Voraussetzung herauszuarbeiten, inwieweit Schellings naturphilosophische Schriften selbst direkt oder indirekt auf Kants transzendentalphilosophische Systematik Bezug nehmen.

Dem einzelwissenschaftlichen Inhalt nach erstreckt sich die Untersuchung von Hegels Naturphilosophie hier im wesentlichen auf die Begriffe von Raum, Zeit und Materie, wie sie in § 254 – § 262 der Berliner Enzyklopädie entwickelt werden. Dies hat mehrere Gründe. Zunächst bietet sich vor allem Hegels Theorie von Raum, Zeit und Materie für einen systematischen Vergleich mit Kants Programm einer Metaphysik der Natur an, weil die „Metaphysischen Anfangsgründe der Naturwissenschaft", der einzige von Kant ausgeführte Teil dieses Programms, den Versuch darstellen, die *Form der Materie in Raum und Zeit* durch Begriffe a priori zu bestimmen. Weiterhin kann man am systematischen Anfang der Naturphilosophie am besten sehen, wie Hegel das von ihm verfolgte philosophische Programm einer apriorischen Entwicklung von Begriffen für Gegenstände der Naturerkenntnis verwirklicht: Raum, Zeit und Materie sind die abstraktesten, der Kontingenz am ehesten entzogenen Begriffe für Naturdinge; bei ihnen stellt sich das größte Problem der Hegelschen Naturphilosophie – nämlich die Beziehung der naturphilosophischen Begriffsentwicklung auf die in sie integrierten *empirischen* Elemente der Naturerkenntnis – weniger als in den darauf folgenden Teilen der Naturphilosophie. Dieser Vorteil besteht aber nur für Hegels allgemeine Begriffe von Raum, Zeit und Materie und nicht für seine begriffliche Bestimmung spezifischer mechanischer Prozesse (wie Stoß- und Fallprozeß oder die Planetenbewegungen), die unter kontingenten empirischen Bedingungen stehen. Auf eine Rekonstruktion der Durchführung von Hegels naturphilosophischem Programm in der Philosophie der Mechanik ab § 263 der Berliner Enzyklopädie wurde deshalb verzichtet. Wie gut sich Hegels Begriffsentwicklung im weiteren Verlauf der Naturphilosophie noch systematisch rekonstruieren läßt – oder wie gut sich Hegel in ihr an sein philosophisches Programm auch hält – muß offengelassen werden.

Die Arbeit hat zwei Teile. Im *ersten Teil* werden ausgehend von Kants Erkenntniskritik die Grundzüge der durch das Programm einer Metaphysik der Natur abgedeckten Kantischen Naturphilosophie herausgearbeitet und an der Theorie von Raum, Zeit und Materie konkretisiert. Im Mittelpunkt dieser Konkretisierung steht Kants philosophische Behandlung physikalischer Probleme – nämlich die in den „Metaphysischen Anfangsgründen der Naturwissenschaft" versuchte apriorische Begründung von Axiomen der Newtonschen Mechanik sowie Kants Versuch, mittels seines Materiebegriffs im Streit um das Konzept des absoluten Raums, das eng mit dem Trägheitsgesetz zusammenhängt, zwischen Newton und Leibniz zu vermitteln. Eine Zusammenfassung der zentralen Thesen des Kant-Teils findet sich am Schluß des Zweiten Kapitels. – Im *zweiten Teil* geht es dann um Hegels Naturphilosophie. Zunächst wird ausgehend von Hegels Wissenschaftsbegriff gezeigt, worin ihre Programmatik mit derjenigen Kants verwandt ist und wodurch sie sich von dieser abgrenzt. Weiter wird untersucht, welchen Stellenwert Hegel dem Logischen in der Natur zuweist und wie dieses in seine – mit seinem Raumbegriff eng verwandte – philosophische Grundbestimmung für die Natur Eingang findet. Schließlich werden die Ergebnisse dieser Untersuchungen wiederum an den Begriffen für Raum, Zeit und Materie sowie an Hegels Kritik von Newtons Trägheitsgesetz konkretisiert. Am Schluß des Fünften Kapitels werden die Ergebnisse der Gegenüberstellung von Kants und Hegels Naturphilosophie zusammengefaßt und eine Beurteilung des Hegelschen Unternehmens wenigstens für die philosophische Theorie von Raum, Zeit und Materie versucht.

Die Arbeit wurde in einer ersten Fassung 1985 von der Fakultät für Geschichte und Philosophie der Universität Bielefeld als Dissertation angenommen. Angeregt wurde ich zum Studium von Hegels Naturphilosophie und ihrem philosophiegeschichtlichen Kontext durch meinen Lehrer Michael Wolff, der mich während der ganzen Entstehungszeit der Arbeit unbestechlich kritisierte. Produktive Diskussionen hatte ich immer wieder mit Friedrich Fulda, durch den ich Zugang zu Hegel bekam und der mir den Rat gab, die Physik nicht an den Nagel zu hängen. Wertvolle Hinweise zum Umfeld der Arbeit gaben mir Heike Bieri, Werner Diederich, Karl-Norbert Ihmig, Lorenz Krüger, Carlos

U. Moulines, Martin Schwab, Bernhard Thöle sowie Dieter Wandschneider und der Tübinger Arbeitskreis für Hegels Naturphilosophie. Ohne die großzügige Unterstützung der „Studienstiftung des Deutschen Volkes" während der Jahre, in denen noch kein roter Faden für meine Dissertation sichtbar war, wäre diese Arbeit nicht zustandegekommen. Die notwendige kritische Distanz zu Hegel, durch die das Thema schließlich Gestalt annahm, verdanke ich dem Institut für Hochenergiephysik Heidelberg und meinen Kollegen vom Genfer Neutrinoexperiment. Johannes brachte meine Arbeitseinteilung durcheinander und sorgte für einen zügigen Abschluß der Dissertation. Ingeborg von Appen tippte mir in ihrer Freizeit ein perfektes Manuskript und baute trotzdem zweimal umfangreiche Änderungen ein. Dem Athenäum Verlag danke ich herzlich für die Drucklegung.

TEIL I

KANT

ERSTES KAPITEL

Die Experimente der Vernunft

1. Objektive Erkenntnis und ihr Paradigma

Wenn die heutige, analytisch ausgerichtete Philosophie auf Inhalte von
Kants Transzendentalphilosophie zurückgreift, so interessiert sie sich
im allgemeinen nur für deren erkenntnistheoretischen Teil, nämlich die
transzendentale Ästhetik sowie Analytik in der „Kritik der reinen Vernunft". Daß Kant selbst seine Erkenntnistheorie nur als die erkenntniskritische Grundlage für ein noch zu errichtendes System der Metaphysik betrachtete, nicht aber als den eigentlichen Inhalt seines philosophischen Denkens, bleibt ein Thema für philosophiehistorisch orientierte
Spezialisten, die sich mit der inneren Struktur des Kantischen Gesamtsystems beschäftigen. Sogar daß die transzendentale Logik der KdrV
sich nicht in der transzendentalen Analytik erschöpft, sondern mit der
transzendentalen Dialektik noch die Unverzichtbarkeit von Vernunftideen für das menschliche Erkenntnisvermögen thematisiert, ist fast völlig aus dem Bewußtsein der gegenwärtigen Beschäftigung mit Kant verschwunden.[1] Darüber hinaus finden die Ergebnisse der philologischen
Forschung über Kants Programm einer systematischen, Teile der Naturwissenschaften begründenden Metaphysik der Natur kaum Eingang
in die immer wieder gemachten Versuche, Kant für eine philosophische
Auseinandersetzung mit den Inhalten der heutigen Naturwissenschaft
fruchtbar zu machen. Diese Versuche griffen bisher praktisch immer
bloß Teile der Erkenntnistheorie auf.[2] Verglichen mit der Theorie der

---

1 Auf diese Tatsache weist Hermann Krings in dem Aufsatz: Funktion und Grenzen der „transzendentalen Dialektik" in Kants „Kritik der reinen Vernunft", hin;
   in: Bedingungen der Möglichkeit. ‚Transcendental Arguments' und transzendentales Denken; hg. von E. Schaper/W. Vossenkuhl, Stuttgart 1984; S. 19 ff. Krings
   versucht hier zu beweisen, daß im Rahmen der Kantischen Systematik neben
   transzendentaler Ästhetik und Analytik noch Vernunftideen notwendig dafür
   sind, eine Wissenschaft empirischer Objekte zu begründen, weshalb in Kants
   transzendentaler Logik der Analytik kein größeres Gewicht als der Dialektik zu-
   komme. Im Vorwort bestätigen die Herausgeber dieser Interpretation denn auch,
   sie sei eine „keineswegs übliche Lesart der Dialektik" (a. a. O., S. 13). Zur Stringenz von Krings' Argumentation vgl. Anm. 5.
2 Peter Plaass' Buch (Kants Theorie der Naturwissenschaft, Göttingen 1965), das
   für die Interpretation von Kants MAG und ihrer Stellung innerhalb der Kanti-

Verstandeserkenntnis wird das Kantische Programm einer Metaphysik der Natur also in der philosophischen Diskussion noch heute ähnlich stiefmütterlich behandelt, wie bis vor kurzem Hegels Naturphilosophie insgesamt.

Dabei hatte Kant selbst seine Erkenntnistheorie in erster Linie als Antwort auf die Frage entworfen, wie denn im Zeitalter der exakten empirischen Wissenschaften von der Natur Metaphysik als Erkenntnis aus reinen Begriffen überhaupt noch möglich sein könne, ohne dem Dogmatismus verhaftet zu bleiben. Die Intention, die hinter der KdrV steht, ist zwar metaphysikkritisch im Sinne einer Kritik an der vorkantischen Metaphysik. Die transzendentalphilosophische Erkenntniskritik sollte aber weder an die Stelle der „vormaligen" Metaphysik treten noch die empirische Naturerkenntnis selbst — etwa mit dem Argument, daß die Gegenstände der Metaphysik nun mit naturwissenschaftlichen Methoden hinreichend erfaßbar seien — an deren Stelle rücken. Im Gegenteil sollte sie einer „künftigen", erkenntniskritischen Metaphysik erst Platz schaffen. Kants Hauptwerk, die KdrV, stellte deshalb vor allem eine Propädeutik zu dem System einer Metaphysik dar, das Kant inhaltlich aber nur noch ansatzweise ausgeführt hat.

In dem Raum, den die KdrV für eine künftig noch mögliche Metaphysik absteckt, ist das Programm einer Metaphysik der Natur angesiedelt. Derjenige Teil dieses Programms, der sich auf Gegenstände der naturwissenschaftlichen Erkenntnis richtet, kann systematisch mit Kants Naturphilosophie identifiziert werden.[3] Diese Naturerkenntnis

---

schen Systematik einer Metaphysik der Natur singulär blieb, deutet an einigen Stellen auch die Verbindung zu aktuellen Fragen einer Philosophie der Physik an. Bei den neueren Versuchen, etwa die Kantischen Begriffe von Raum und Zeit oder Kausalität auf Fragen der heutigen Physik zu beziehen (vgl. z. B. Peter Mittelstaedt: Philosophische Probleme der modernen Physik, Mannheim 1972), fand es keinerlei Beachtung, denn welche Funktion diese Begriffe für Kants Versuch einer Begründung der Mechanik besitzen, kann nur durch eine detaillierte Kant-Interpretation geklärt werden. Plaass' philosophischer Lehrer C. F. v. Weizsäcker entwickelt zwar sein Programm einer Einheit der Physik unter Rückgriff auf Elemente von Kants Theorie der Verstandeserkenntnis (insbesondere auf die transzendentale Argumentation, d. h. die Bedingungen möglicher Erfahrung). Allerdings legt selbst er dabei keine Rechenschaft darüber ab, welche Stellung der (Vernunft-) Begriff einer *Einheit* der Wissenschaft im Rahmen der Kantischen Systematik besitzt.

3 Dies sind die systematischen Unterabteilungen der rationalen Physik und der rationalen Kosmologie; vgl. Abschnitt 3 dieses Kapitels und Anm. 13. Die Inhalte

aus reinen Begriffen steht nun für Kant in einem ganz spezifischen Verhältnis zu den Naturwissenschaften selbst, das mindestens zwei Seiten hat. Einerseits ist es dadurch bestimmt, daß sich in Kants Augen jede Metaphysik, also auch eine Metaphysik der Natur, hinsichtlich des Gewißheitsgrads ihrer Aussagen an der naturwissenschaftlichen Erkenntnismethode messen muß. Die durch das experimentelle Vorgehen der Naturwissenschaften gesetzten Maßstäbe für Objektivität sind Kant paradigmatisch für jede Art von Erkenntnis geworden, insofern sie sich auf Objekte außerhalb unseres Denk- und Anschauungsvermögens bezieht und den „sicheren Gang einer Wissenschaft" (KdrV B VII) zu haben beansprucht. Angesichts dieser Maßstäbe hatte sich die Metaphysik als nicht-empirische Disziplin erst noch mittels einer ihr zugrunde gelegten Erkenntniskritik wissenschaftlich zu legitimieren. Auf der anderen Seite folgt aus dieser Erkenntniskritik für Kant aber gerade nicht, das Projekt einer metaphysischen Naturerkenntnis aus reinen Begriffen sei durch die Naturwissenschaften selbst überflüssig geworden: Kant schreibt der Naturphilosophie Funktionen zu, die zu erfüllen die Naturwissenschaften selbst nicht in der Lage sind und die mit seiner Auffassung von Vernunfterkenntnis zusammenhängen. Eine dieser Funktionen besteht darin zu untersuchen, inwieweit die Naturwissenschaften selbst einen „sicheren Gang" haben, der sie systematisch vorgehen läßt und ihre Gesetze a priori begründbar macht.

Kant plausibilisiert die Forderungen, die er an exakte wissenschaftliche Erkenntnis stellt und die die Grundlage seiner Vernunftkritik bilden, in der Vorrede zur 2. Auflage der KdrV, wo er den Erkenntnisvorgang überhaupt mit dem Erkenntnisgewinn durch ein physikalisches Experiment vergleicht. Anhand dieser bekannten Analogie läßt sich besonders schön zeigen, welche Wechselbeziehung zwischen dem Programm einer Metaphysik der Natur und den experimentellen Naturwissenschaften nach Kants Auffassung besteht (vgl. KdrV, B XII ff.).

Erkenntnis heißt für Kant immer schon: *objektive* Erkenntnis, d. h. Erkenntnis, die sich auf einen *Gegenstand* richtet und diesen auf eine ihm adäquate Weise begrifflich bestimmt – in Urteilen, denen Allgemeingültigkeit und Notwendigkeit zukommt. Die Objektivität der Physik und anderer Naturwissenschaften ist durch ihr experimentelles Vorgehen gewährleistet. Dabei spielt der Experimentator für Kant die

---

– und möglicherweise Neugliederungen – des Kantischen opus postumum sind hierbei außer acht gelassen.

Rolle eines Richters, der im Experiment eine Frage an die Natur als Zeugin stellt, und die Natur antwortet auf konstante Weise mit Ja oder Nein. Diese Antwort ist der empirische Maßstab für die Beurteilung einer theoretischen Behauptung. Was die Philosophie in erkenntnistheoretischer Hinsicht von der Durchführung eines Experiments lernen kann, erschöpft sich nach diesem Bild nicht darin, daß die Gegenstände objektiver Erkenntnis empirisch gegeben sein müssen. Die Natur gibt die Beschaffenheit unserer Wissensgegenstände, z. B. mechanischer Bewegungen, deren Gesetzmäßigkeit wir erforschen, nicht von selbst zu erkennen; wir können die Naturgesetze erst entdecken, wenn wir in einem Experiment einzelne Dinge und Vorgänge von ihrer natürlichen Umgebung isolieren. Kant erinnert unter anderem an *Galilei*, der zur Studie des Fallgesetzes Kugeln auf einer schiefen Ebene herabrollen ließ; ohne solche künstlichen Bewegungsbedingungen hätte er nicht feststellen können, daß alle Körper mit der gleichen konstanten Beschleunigung fallen. Insofern das Experiment erst die Bedingungen erschafft, unter denen eine Frage an die Natur gestellt wird, ist es ein freier Entwurf der menschlichen Vernunft. Insofern diese Bedingungen reproduzierbar sind, kann den experimentell bestätigten Behauptungen Allgemeingültigkeit oder Gesetzescharakter zugesprochen werden. Dabei wird durch diese Schöpfung der Vernunft das *Erkenntnisobjekt* (im Beispiel: der Untersuchungsgegenstand ‚Fallbeschleunigung') erst *hergestellt*: dies ist für Kant die Pointe dessen, was die Philosophie von der naturwissenschaftlichen Methode zu lernen hat.

Wenn die experimentelle Physik zu objektiver Erkenntnis gelangt, weil sie in wiederholbaren Experimenten ihre Wissensgegenstände selbst herstellt, dann darf die erkenntniskritische Bestimmung von Möglichkeit, Umfang und Grenzen einer Metaphysik im Zeitalter der exakten Naturwissenschaft berücksichtigen, daß „die Vernunft nur das einsieht, was sie selbst nach ihrem Entwurfe hervorbringt" (KdrV, B XIII). Gleichzeitig muß sie aber wie die Physik die Forderung berücksichtigen, daß die Entwürfe der Vernunft der Erfahrung auf überprüfbare Weise standhalten sollen. Kant faßt den Inhalt dieser Lektion, die der Philosophie durch die neuzeitliche Physik erteilt wird, in die erwähnte *Analogie*, nach der die experimentelle Methode der Naturerkenntnis dem Erkenntnisvorgang im allgemeinen entspricht. Wie der Experimentator unter genau festgelegten Bedingungen einen Untersuchungsgegenstand isoliert und so an die Natur eine eindeutig beantwortbare Frage über dessen Beschaffenheit richten kann, stellt die menschliche Vernunft ihre Erkenntnisobjekte selbst her, indem sie diese in vorgegebene Formen der sinnlichen Anschauung und des begrifflichen Denkens aufnimmt. Eines der Experimente der Vernunft besteht für Kant in der Frage, ob das reine Denken von Erkenntnisobjekten, die nicht zugleich durch Sinneserfahrung in der Anschauung gegeben sind, widerspruchsfrei möglich ist oder nicht. (Siehe KdrV, B XVI ff., insbes. B XX) Das negative Resultat dieses Experiments der Vernunft zeigt sich beispielsweise in der Antithetik der reinen Vernunft. Die Versuchsbedingungen, unter denen Experimente der reinen Vernunft stattfinden, liegen in den Erkenntnisbedingungen vor, die Kant in seiner Theorie der Verstandeserkenntnis analysiert. Damit überhaupt objektive Erkenntnis zustandekommen kann, die zum „sicheren Gang" einer Wissenschaft zu führen vermag, müssen nach dieser Analogie mindestens zwei Forderungen erfüllt sein:

1. Die Erkenntnis muß durch das menschliche Erkenntnisvermögen, die Vernunft, selbst hervorgebracht sein; d. h. sie muß auf *apriorischen* Bestandteilen beruhen, durch die dasjenige, worauf sich unsere Erkenntnis bezieht, erst zu einem bestimmbaren Objekt wird.
2. Unsere Erkenntnis muß sich dabei (falls sie nicht nur von formallogischen Aussagen oder mathematischen Begriffen und Sätzen handelt) auf einen wirklich vorhandenen Gegenstand richten; d. h. das Erkenntnisobjekt muß eine *empirische* Entsprechung in der äußeren Welt haben.

Man kann, um die Analogie mit dem physikalischen Experiment fortzusetzen, sofort noch eine weitere Forderung hinzufügen. Kant fährt nach der oben angeführten Stelle nämlich fort, die Vernunft müsse bei der Erforschung der Natur „mit Prinzipien ihrer Urteile nach beständigen Gesetzen vorangehen und die Natur nötigen ..., auf ihre Fragen zu antworten" (KdrV, B XIII). Dies beinhaltet:

3. Zum Zustandekommen objektiver, wissenschaftlicher Erkenntnis gehört auch ein *systematisches* Vorgehen, das feste Regeln oder Prinzipien für die Abfolge oder den Zusammenhang von Behauptungen (und, im Falle des Experiments, von Handlungen) beinhaltet.

Kant selbst macht diese dritte Forderung, da sie sich erst an eine *Wissenschaft* und nicht schon an bloße empirische Erkenntnis – deren erste Stufe die Erfahrung ist – richtet, allerdings erst wieder im Architektonik-Kapitel am Ende der KdrV geltend. Die Forderungen (1) und (2) führen ihn zu der Erkenntnistheorie, die mit der transzendentalen Ästhetik und dem analytischen Teil der transzendentalen Logik in der KdrV vorliegt. Die Forderung (3) ergibt sich nicht aus dieser Theorie der Verstandeserkenntnis[4], sondern folgt aus den Systematizitätsforderungen der Vernunft.[5]

Mittels dieser drei Forderungen läßt sich die zweite Seite des Verhältnisses zwischen den Naturwissenschaften selbst und der Metaphysik der Natur näher bestimmen. Auf der einen Seite lieferte die experimentelle Physik Kant *das* Paradigma für den „sicheren Gang" einer Erkenntnis von Gegenständen, die faktisch in der Welt vorhanden und doch zugleich (ihrem Begriff nach) durch die Vernunft a priori hervorgebracht sind; an der Funktion des Experiments für den Gewinn objektiver Erkenntnis hat Kant seine Analogie ja gebildet. Auf der anderen Seite zeigt sich nun aber, daß nach diesen Forderungen die Naturwissenschaften ihrerseits von einer Metaphysik abhängig sind, die ihnen

---

4 Der Verstand − das spontane Vermögen, Begriffe hervorzubringen − ist für Kant das eigentliche Erkenntnisvermögen, das Teil der Vernunft im weiteren Sinne ist. Diese ist für Kant unser (oberes) Erkenntnisvermögen überhaupt, das alle apriorischen begriffsbildenden Funktionen umfaßt, also reine Begriffe sowie Ideen. Sie unterteilt sich in den Verstand − das Vermögen der Einheit unter Sinneserscheinungen nach Begriffen − und die Vernunft im engeren Sinne − das Vermögen der Einheit unter Verstandesbegriffen nach Prinzipien.

5 An dieser Stelle kann H. Krings' „keineswegs übliche Lesart" der transzendentalen Logik (vgl. Anm. 1) einer Kritik unterzogen werden. Krings formuliert den Kern seiner Auffassung in der folgenden These: „Transzendentale Ästhetik und Analytik sind allein nicht hinreichend, eine Wissenschaft von empirischen Objekten zu begründen; dazu bedarf es notwendig des ,logischen Gebrauchs' der Vernunftbegriffe, welche in der transzendentalen Dialektik herausgearbeitet werden. Die Idee ist ein Konstitutionsfaktor der Wissenschaft. − Oder einfacher: Kants transzendentale Logik besteht in der Tat aus einer Analytik und einer Dialektik. Eine Begründung der empirischen Erkenntnis ist rein analytisch nicht möglich". (Bedingungen der Möglichkeit, a. a. O., S. 92) Krings unterscheidet hier nicht so scharf wie Kant selbst zwischen der „empirischen Erkenntnis" von Objekten einerseits und einer „Wissenschaft" dieser Objekte andererseits. *Empirische Erkenntnis* besteht für Kant in einer bloßen, unsystematischen Anhäufung von Erfahrungsurteilen, deren Objektivität durch reine Anschauungen und Verstandesbegriffe a priori begründet werden kann, ohne daß es zusätzlich einer Vernunftidee bedürfte. Dagegen kommt eine *Wissenschaft*, die in einer Sammlung purer Erfahrungsurteile systematische Ordnung herstellt, erst mittels der Vernunftidee eines systemhaft organisierten Ganzen zustande (vgl. Abschnitt 3 dieses Kapitels). Deshalb ist nur der erste Teil von Krings' These richtig. Für eine Wissenschaft ist diese Vernunftidee ein Konstitutionsfaktor − für empirische (Einzel-) Erkenntnis ist sie es nicht. Nur aufgrund dieser Verwischung des begrifflichen Unterschieds von empirischer Erkenntnis und Wissenschaft kann Paul Guyer Krings die − leicht kritisierbare − Position unterstellen, die Idee der systematischen Einheit der Erkenntnis sei eine transzendentale Bedingung der Möglichkeit von Wissenschaft

den „sicheren Gang einer Wissenschaft" erst bestätigen kann.[6] Die Naturwissenschaften können nämlich – im Sinne der Allgemeinheit und Notwendigkeit, die nach Kants Auffassung nur durch das Apriorische in der Erkenntnis verbürgt sind – nicht durchgängig „sicher" sein. Die Natur entwirft zwar in der Naturerkenntnis die Experimente. Ihr Ausgang ist aber offen: die Natur kann mit Ja oder Nein antworten; die empirischen Ergebnisse der Naturwissenschaft sind in diesem Sinne *kontingent*. Zwar stellen die einzelnen experimentell bestätigten Sätze der Naturwissenschaften objektive Erkenntnis hinsichtlich des Kausalgesetzes und der anderen in der transzendentalen Analytik entwickelten allgemeinen Gesetze einer Natur überhaupt dar. Daß die kontingenten Ergebnisse einzelner Experimente sich alle in eine systematisch aufgebaute *Wissenschaft* integrieren lassen, deren Axiomen Notwendigkeit zukommt, ist damit allerdings noch lange nicht erwiesen. Die Naturwissenschaften selbst können diesen Beweis, davon war Kant überzeugt, nicht erbringen – sie können aus eigener Kraft den Anspruch der Exaktheit und Gewißheit, durch den sie gerade zum Vorbild für die Metaphysik werden mußten, gar nicht einlösen. Die Naturwissenschaften fallen wie jede andere wissenschaftliche Disziplin unter die an ihnen als dem Paradigma für objektive Erkenntnis orientierte Erkenntniskritik, denn diese untersucht ja auch, inwieweit allgemeingültiges und notwendiges Wissen von der Natur überhaupt möglich ist. Am Ende müssen für Kant also die Naturwissenschaften selbst zum Gegenstand erkenntniskritisch begründeter Philosophie werden; der systematische Platz hierfür ist die (nur ansatzweise ausgeführte) Metaphysik der Natur.

---

in dem striktesten Sinne des Terminus ‚transzendental‘, der sich ausschließlich auf Bedingungen a priori der Möglichkeit von Erfahrung (einer Natur überhaupt) bezieht. Vgl. P. Guyer, Der transzendentale Status der Systematizität, in: Bedingungen der Möglichkeit, a. a. O., S. 115 ff. – Kant selbst nennt zwar nicht die Idee einer systematischen Einheit der Naturerkenntnis, aber das eng mit dieser Idee zusammenhängende teleologische Prinzip einer formalen „Zweckmäßigkeit der Natur (in der Mannigfaltigkeit ihrer empirischen Gesetze) ein transzendentales Prinzip" der Urteilskraft (KdU, B XXIX f.). Kant kennt also hinsichtlich der Bedingungen der Möglichkeit eines Systems der Naturerkenntnis noch einen anderen Gebrauch des Terminus ‚transzendental‘ als denjenigen, den Guyer bei seiner Kritik an Krings voraussetzt.

6 Mit dieser Wechselbeziehung zwischen „Metaphysik der Natur" und empirischen Naturwissenschaften hängt auch die von *Plaass* in seinem hervorragenden Buch festgestellte Wechselbeziehung von MAG und KdrV zusammen, nach der die MAG einerseits eine *Anwendung* der von der KdrV bereitgestellten Prinzipien der

2. Verstand und Vernunft in der Naturerkenntnis

Die Analogie von physikalischem Experiment und Erkenntnisvorgang überhaupt erfüllt in der Vorrede zur 2. Auflage der KdrV nicht nur die Aufgabe, die von der Theorie der Verstandeserkenntnis angegebenen Bedingungen der Möglichkeit objektiven Erkennens zu plausibilisieren. Gleichzeitig kann sie den Zusammenhang von Verstand und Vernunft als zwei verschiedenen, einander ergänzenden Funktionen des Erkenntnisvermögens verdeutlichen, die beim Gewinn wissenschaftlicher Erkenntnis nach Kants Überzeugung ineinandergreifen. Die Wechselbeziehung zwischen Metaphysik der Natur und Naturwissenschaft ist nur ein Spezialfall dieses Zusammenhangs. Die Naturwissenschaften sind für Kant hinsichtlich der experimentellen Begründung ihrer Aussagen nämlich Verstandeserkenntnis par excellence. Die Metaphysik der Natur dagegen stellt in den Teilen, die sich auf Erkenntnisgegenstände der Naturwissenschaften beziehen, eine Vernunfterkenntnis der Natur dar. Nach den Resultaten der Kantischen Erkenntnis- und Vernunftkritik stehen aber Verstandes- und Vernunfterkenntnis überhaupt in einem wechselseitigen Abhängigkeitsverhältnis, das sich stichwortartig folgendermaßen charakterisieren läßt:

Nach den Objektivitätsmaßstäben des Verstandes korrespondieren den spekulativen Ideen der Vernunft — die sich sämtlich aus Totalisierungen einer Synthesis von Verstandesbegriffen ergeben — keine Gegenstände im eigentlichen Sinne. Nur innerhalb des empirischen Gebiets von Verstandesbegriffen können die aus den Vernunftideen abgeleiteten regulativen Prinzipien zum Erkenntnisgewinn beitragen. Der Verstand liefert den Maßstab für eine Selbstkritik der Vernunft, nach der ihr selbst keine erkennbaren Objekte zukommen, und stellt ihr sein Gebiet als einzigen „Boden" zur Verfügung.[7] Umgekehrt zeigt die Ver-

---

allgemeinen Metaphysik und andererseits das *Paradigma* für diese allgemeine Metaphysik darstellen (s. Peter Plaass, a. a. O., S. 68).

7 Diese Vernunftkritik hat ein doppeltes Resultat hinsichtlich des Bereichs objektiv erkennbarer Gegenstände. Ihr negatives Ergebnis ist, daß den Vernunftideen keine objektive Realität zukommt (zu diesem Begriff vgl. Plaass, a. a. O., S. 48 ff.); deshalb führen sie in vernunfttypische Trugschlüsse wie die Antinomien. Objektive Realität haben nur Verstandesbegriffe, die auf (empirische) Gegenstände im eigentlichen Sinne bezogen werden können. Positives Ergebnis der Vernunftkritik ist zugleich, daß aus den Vernunftideen regulative Prinzipien hergeleitet werden können, mittels deren das (empirische) Gebiet erweitert werden kann, auf dem

nunft dem Verstand die Grenzen des Gebiets, auf dem er konstitutiv für Erkenntnisobjekte ist, und bietet ihm ihre spekulativen Ideen wie einen Spiegel an, mittels dessen er sich den Bereich jenseits des jeweils empirisch Gegebenen zielgerichtet erschließen kann.[8] Die Vernunft macht dabei dem Verstand die Unvollständigkeit seiner Synthesis von empirischen Erscheinungen deutlich und ist erkenntnisleitend für ihn mittels regulativer Prinzipien. Außerdem gibt erst die Vernunft dem Verstand die Idee einer a priori begründeten und systematisch organisierten Wissenschaft vor.[9]

Die philosophische Bestimmung der Natur, auf deren Grundlage Kants Metaphysik der Natur schließlich die kritische Begründung der Naturwissenschaft leisten soll, erschöpft sich dementsprechend nicht im

---

Verstandesbegriffe konstitutiv für Erkenntnisobjekte sind. Zu den Begriffen ‚Boden‘ (oder ‚Territorium‘) und ‚Gebiet‘ vgl. KdU, B XVIII: der Boden ist derjenige Gegenstandsbereich von Begriffen, in dem durch sie objektive Erkenntnis möglich ist, während das Gebiet der Gegenstandsbereich ist, wo sie konstitutiv oder gesetzgebend, also ‚gebietend‘ sind. Vernunftbegriffe haben kein Gebiet, sondern nur einen (empirischen) Boden.

8 Kant faßt dieses doppelte Resultat der Vernunftkritik in eine Metapher für den Drang der Vernunft zur Spekulation zusammen. (KdrV, B 673) Er interpretiert die Annahme, den spekulativen Ideen komme objektive Realität zu, als eine *notwendige Vortäuschung von Gegenständen* außerhalb des Bereichs möglicher Erfahrung durch die Vernunft. Sie kommt so ähnlich zustande wie die optische Täschung, ein in einem Spiegel erblickter Gegenstand liege *hinter der Spiegelfläche*. Diese Illusion, die ein Spiegelbild erzeugen kann, verschwindet zwar nicht, verliert aber ihre täuschende Kraft, sobald man des Spiegels selbst gewahr wird. Ist dies geschehen, so ist uns der Spiegel nützlich und unentbehrlich, um uns Gegenstände, die sich eigentlich außerhalb unseres Gesichtsfeldes befinden, vor das Auge zu rücken. Analog kann der imaginäre Blickpunkt, den uns eine Vernunftidee jenseits unserer Erfahrung vorspiegelt, das Gebiet der Verstandeserkenntnis zielgerichtet erweitern, indem er dieser regulative Prinzipien vorgibt. Dasjenige, was ‚wirklich‘ hinter der Spiegelfläche liegt — so müßte man Kants Metapher noch ergänzen — ist aber so unsichtbar für unser Auge wie das Noumenon unerkennbar für die Vernunft: Jeder Blick in den Spiegel hinein wird durch den Reflexionsvorgang in das empirische Gebiet der Verstandeserkenntnis zurückgeworfen. Diese Spiegelmetapher wurde offenbar von *Hegel* in seinem Gebrauch des Terminus ‚Spekulation‘ aufgenommen und modifiziert. Zur Spiegelmetapher bei Hegel vgl. H.-F. Fulda, Über den Ursprung der Hegelschen Dialektik. In: AQUINAS. Rivista Int. di Fil., 2–3, Rom 1981, S. 390 ff.

9 Weil nach Kants Auffassung die systematische Einheit unter irgendwelchen Einzelerkenntnissen eine notwendige Voraussetzung für das Zustandekommen von Wissenschaft ist, sind die Bedingungen der Möglichkeit einer Wissenschaft durch

Verstandesbegriff der Natur, wie ihn die transzendentale Analytik der KdrV angibt. Im Kapitel über die „Analogien der Erfahrung" wird die Natur als ein „Zusammenhang der Erscheinungen ihrem Dasein nach, nach notwendigen Regeln, d. h. nach Gesetzen" (KdrV, B 263) bestimmt. Dieser verstandesgemäße Naturbegriff beinhaltet die Möglichkeit objektiver Naturgesetze; die „notwendigen Regeln", nach denen die empirischen Phänomene in der Natur zusammenhängen, sind vor allem die durch die Analogien der Erfahrung gegebenen allgemeinen Gesetze a priori einer Natur überhaupt, nämlich die Grundsätze der Substanzerhaltung, der Kausalität und der Wechselwirkung. Mit ihnen ist die Notwendigkeit spezieller Naturgesetze, z. B. des Fallgesetzes, allerdings noch nicht begründet; deren Inhalt bleibt gegenüber der allgemeinen Verknüpfung der Dinge in Raum und Zeit, z. B. nach dem Kausalgesetz, zufällig. Für die kontingenten speziellen Naturgesetze gewährleistet der Verstandesbegriff der Natur zwar Objektivität, aber weder Notwendigkeit a priori noch den systematischen Zusammenhang in einer Wissenschaft.

Der allgemeine Naturbegriff der transzendentalen Analytik wird deshalb ergänzt durch das *Vernunftkonzept von Natur*, dessen Inhalte in der transzendentalen Dialektik der Vernunftkritik unterzogen werden. Die Vernunft bestimmt mittels ihrer zweiten spekulativen Idee die Natur als eine Welt im Ganzen hinsichtlich des („mathematischen") Zusammenhangs der Dinge in Raum und Zeit und hinsichtlich der („dynamischen") Verknüpfung der Dinge nach den allgemeinen Grundsätzen des Verstandes. Diese Idee entsteht aus einer Totalisierung des Verstandesbegriffs der Natur, d. h. aus dem Versuch, die Verknüpfung a priori aller Naturgesetze nach reinen Verstandesbegriffen ins Unbedingte zu erweitern. Bei dem Versuch, die Natur insgesamt nach dieser Idee zu bestimmen, verwickelt sich die Vernunft in die vier kosmologischen Antinomien − in widersprüchliche Schlüsse einerseits bezüglich der Extension der Welt in Raum und Zeit und der Teilbarkeit der materiellen Dinge, und andererseits bezüglich der Wirkursachen und des notwendigen Daseins aller Naturdinge. Die Vernunftkritik erklärt dann den Gegenstand, der der Idee einer Welt im Ganzen korrespondieren soll, zu

---

die Theorie der Verstandeserkenntnis allein nicht abgedeckt. Die Idee einer systematischen Organisation des Wissens hat selbst den Status eines regulativen Prinzips, durch dessen Befolgung Natur*forschung* erst zur Natur*wissenschaft* wird. Vgl. Abschnitt 3 dieses Kapitels.

einem − nicht objektiv bestimmbaren − Noumenon; die antinomischen Rückschlüsse auf ein Unbedingtes in Raum und Zeit führen nicht zu Erkenntnis, sondern nur zu erkenntnisleitenden Prinzipien für den Verstand. Allgemein lassen sich die aus den Antinomien gewonnenen Prinzipien so formulieren, daß die Naturforschung bei keinem empirisch gegebenen Bedingten stehenbleiben darf, ohne nach seiner Bedingung zu fragen. Zum Beispiel muß zu jeder in der Natur erkannten Wirkung eine Ursache gesucht werden.

Nach dem erkenntnistheoretischen Status ihrer Gegenstände sind der Verstandes- und der Vernunftbegriff der Natur für Kant strikt getrennt. Die verstandesgemäße Bestimmung der Natur als eines gesetzmäßigen Zusammenhangs der Dinge in Raum und Zeit ist konstitutiv für die (phänomenalen) Gegenstände objektiver Erkenntnis, während die (noumenale) Vernunftidee einer Natur insgesamt, die die Totalität aller Phänomene in Raum und Zeit und in ihrem gesetzmäßigen Zusammenhang umfassen soll, nur regulativen Charakter besitzt. Der Verstandesbegriff der Natur konstituiert mittels der Kategorien und der auf ihnen beruhenden Verstandesgrundsätze die Gegenstände der Naturerkenntnis als isolierte Objekte im Raum, die in der Zeit mit sich identisch bleiben und die untereinander in Beziehungen der Kausalität und der Wechselwirkung stehen. Der Verstand stellt nach diesem Naturbegriff in Erfahrungssätzen paarweise Beziehungen zwischen isolierten Gegenständen her und gelangt dadurch zu (endlichen) Reihen von Bedingungen einer empirischen Erscheinung. Wegen der Endlichkeit dieser (empirischen) Synthesis von Dingen in Raum und Zeit − durch deren Nichtbeachtung sich die spekulative Vernunft in die Antinomien verwickelt − bleibt die Verstandeserkenntnis der Natur notwendigerweise unvollständig und ist auf das Vernunftkonzept der Natur angewiesen, das nach der Idee einer Welt im Ganzen die Prinzipien zur Erweiterung des empirischen Gebiets objektiver Erkenntnis vorgibt.[10] Nach den Resultaten der Kan-

---

10 Meines Erachtens liegt hier ein tiefer Sinn, den man dem Kantischen *Dualismus* von Phänomena und Noumena (ganz unkantisch) geben kann. Wir können die ‚Dinge an sich‘ *auch* deshalb nicht erkennen, weil es sie *als isolierte Dinge* bloß für unseren Verstand gibt; ‚an sich‘ existieren aber gar keine isolierten Dinge − dies zeigt uns die Einsicht der Vernunft in die Unvollständigkeit der Verstandeserkenntnis. An den isolierten Erkenntnisobjekten, die dem Verstand als empirische Phänomena in Raum und Zeit gegeben sind, bleibt dem Verstand ihr noumenaler Zusammenhang mit anderen Erscheinungen prinzipiell verborgen − d. h. diejenige *Totalität aller* Wirkungen oder Bedingungen, innerhalb deren sie

tischen Erkenntnis- und Vernunftkritik kommt nur durch das Zusammenspiel des verstandes- und des vernunftgemäßen Konzepts von Natur wissenschaftliche Naturerkenntnis zustande; die Möglichkeit systematischer naturwissenschaftlicher Erkenntnis muß (davon ist Kant überzeugt) durch beide Naturbegriffe in getrennten Teilen einer Metaphysik der Natur systematisch begründet werden.

3. Die Möglichkeit einer Wissenschaft der Natur

Vernunftideen ermöglichen es mittels der aus ihnen resultierenden regulativen Prinzipien erst, daß sich unsere Verstandeserkenntnis zu einer *Wissenschaft* organisiert: dies ist die Konsequenz, die Kant im Architektonik-Kapitel der KdV aus der „transzendentalen Dialektik" zieht.

---

im Ganzen der Erscheinungen oder auch nur in ihren Bestandteilen untereinander stehen. Diese noumenale Totalität von Wirkungen oder Bedingungen ist durch die reinen Verstandesbegriffe nur unvollständig, d. h. stückweise (oder stufenweise) und nach dem Leitfaden der Vernunftidee der totalen Synthesis von Erscheinungen, bestimmbar. Kants Ideen der Welt im Ganzen und der Natur als eines Systems stellen in diesem Sinne ein Ideal der naturwissenschaftlichen Erkenntnis dar, dem sich die Naturwissenschaften schrittweise annähern, wenn sie es auch nie erreichen. Man muß Kant unter diesem Gesichtspunkt entgegenhalten, daß der Wahrheitsgehalt naturwissenschaftlicher Theorien mit ihrer Universalität sowie dem Umfang der von ihnen in systematischem Zusammenhang dargestellten Wechselwirkungen steigen muß. Man kann physikalische Theorien, die universell – d. h. für die Gesamtheit aller materiellen Dinge gültig – sind, schon als Theorien über die Welt im Ganzen ansehen, die sich also auf eine Totalität beziehen, diese aber nur unvollkommen – d. h. unter eingeschränkten Aspekten – bestimmen können. Eine solche (holistische) Deutung des Unterschieds zwischen phänomenalen Verstandesgegenständen und noumenaler Welt ist Kants theoretischer Philosophie selbst allerdings nicht mehr immanent.
Es liegt auf der Hand, daß der hier thematisierte Grund für die Unerkennbarkeit des Noumenalen im Sinne einer Unerkennbarkeit der Totalität von Bedingungen des Phänomenalen jenseits der Ergebnisse von Kants „Transzendentaler Ästhetik" liegt und auch von der Theorie, wie uns die Dinge durch unsere Sinne in Raum und Zeit gegeben sind, als ein selbständiges philosophisches Problem abgelöst werden kann. Hegel knüpft, wie ich im zweiten Teil dieser Arbeit zeigen möchte, gerade damit kritisch an Kant an, daß er das Verhältnis zwischen Verstandeserkenntnis und Vernunftideen von der Theorie der Sinneserscheinungen ablöst (und diese einerseits in das Vorfeld einer wissenschaftlichen Philosophie, nämlich in die „Phänomenologie des Geistes", und andererseits, ihrem systematischen Ort nach, in die Philosophie des subjektiven Geistes verweist). Auf dieser

Durch die Verstandeserkenntnis ist zwar der Begriff der Natur als eines Gesetzeszusammenhangs von Erscheinungen gewonnen. Die allgemeinen Naturgesetze, die er beinhaltet, besitzen apriorische Notwendigkeit und Allgemeinheit. Aber sie konstituieren lediglich die Erfahrung, also ein ungeordnetes Konglomerat empirischer Einzelerkenntnisse, und noch keine Wissenschaft. Der Gesetzescharakter besonderer Naturgesetze wie z. B. des Gravitationsgesetzes ist durch sie ebensowenig sichergestellt wie deren systematischer Zusammenhang in einem konsistenten und organisierten Ganzen.

Was aus *jeder* Erkenntnis – sie sei empirisch oder apriorisch begründet – in Kants Augen erst eine Wissenschaft macht, ist die *systematische Einheit*, die nur durch die Synthesis der Vernunft bewirkt werden kann. Kant versteht unter einem System – im Unterschied zum bloßen Aggregat – die „Einheit der mannigfaltigen Erkenntnisse unter einer Idee", die mit dem „Vernunftbegriff von der Form eines Ganzen" identisch ist, in dem sich sowohl die Teile untereinander als auch die Teile und das Ganze wechselseitig bestimmen (KdrV, B 861). Kant nennt eine solche Einheit *zweckmäßig*. Der ihr zugrundeliegende spekulative Gegenstand ist die dritte Vernunftidee: der Begriff Gottes als des höchsten Wesens, in dem alles Dasein eine systemhafte, zweckmäßige Einheit findet.

Wie läßt sich nun diese Idee eines systematischen Ganzen der Erkenntnis auf die empirischen Einzelerkenntnisse anwenden, um sie zu einem System zu organisieren? Für Kant konnte die Antwort auf diese Frage nur lauten: vermittels einer *Metaphysik, die selbst Wissenschaft ist*. Diese stellt, insofern sie Metaphysik ist, eine Vernunfterkenntnis aus reinen Begriffen dar und muß, sofern sie Wissenschaft sein soll, selbst nach der spekulativen Idee eines Ganzen der Erkenntnis hin organisiert sein. Eine Unterabteilung dieser Metaphysik, die Kant nach dem Durchgang durch die Vernunftkritik noch für möglich hält, ist die *Metaphysik der Natur*. Sie enthält die apriorischen Prinzipien der theoretischen Erkenntnis alles dessen, „was da ist", also alles Seienden (KdrV, B 868), nach denen Synthesis unter den empirischen Einzelerkenntnissen des Verstandes bewirkt wird. Sie umfaßt damit unter anderem den apriorischen Teil der Verstandeserkenntnis der Natur, d. h. der empiri-

---

Grundlage bestimmt er die Natur als eine Stufenfolge immer vollständigerer Totalitäten, die die Gegenstände von Totalisierungen der durch die Naturwissenschaften gebildeten Konzepte über die Natur sind.

schen Naturwissenschaft, und die regulativen Prinzipien, nach denen diese vorgeht.

Kant hat diese „Metaphysik der Natur" niemals zu Papier gebracht. Ihr einziger ausgeführter Teil blieben die MAG. Sie sollte ein System apriorischen Wissens werden, das vier Teile hat: 1. die *Ontologie* oder Transzendentalphilosophie (ihr Grundstein ist die KdrV); 2. die rationale *Physiologie*, sofern sie immanent ist – das sind rationale a) Physik (als Wissenschaft der Gegenstände des äußeren Sinns, der Dinge im Raum) und b) Psychologie (als Wissenschaft der Gegenstände des inneren Sinns, der Vorstellungen), beide sind Verstandeserkenntnis des Seienden, die auf den Kategorien beruht; 3. die rationale *Kosmologie* als transzendentale Welterkenntnis, d. h. als Vernunfterkenntnis des Seienden in seinem inneren Zusammenhang; und 4. die rationale *Theologie* als Vernunfterkenntnis der Verknüpfung des Seienden mit einem Wesen außerhalb der Natur, mit Gott.

In den systematischen Teilen der rationalen Physik und der rationalen Kosmologie findet man das, was man zusammengenommen als Kants geplante Naturphilosophie bezeichnen kann. Diese Naturphilosophie macht also nur Teile des Projekts einer „Metaphysik der Natur" aus. Die *rationale Physik*, deren Fundament mit den MAG ausgeführt ist, ist mit dem apriorischen Teil der mathematisierbaren, „eigentlichen"[11] Naturwissenschaft identisch; sie beruht auf dem Verstandesbegriff der Natur als eines Gesetzeszusammenhangs von Erscheinungen. Dieser allgemeine Naturbegriff wird in ihr zu dem Begriff einer körperlichen Natur – der Materie – besondert: die MAG beinhalten (auf der Grundlage eines empirischen Begriffs der Materie, in den als einzige empirische Voraussetzung das unsere Sinne affizierende Dasein der Materie eingeht) eine apriorische Herleitung besonderer Naturgesetze, die systematisch am Leitfaden der Kategorien erfolgt. Kant leitet dabei hauptsächlich die Axiome der Newtonschen Mechanik her, bestimmt aber auch die Materie ihren Grundeigenschaften nach durch Repulsiv- und Attraktivkraft und leitet die mathematische Form des Gravitationsgesetzes her. Außer diesem „metaphysischen" Teil, der die Axiome und Begriffe der mathematischen Naturwissenschaft begründen sollte, sollte die rationale Physik noch einen mathematischen Teil enthalten – sie

---

11 Siehe MAG, A VIII f.: „Ich behaupte aber, daß in jeder besonderen Naturlehre nur soviel eigentliche Wissenschaft angetroffen werden könne, als darin Mathematik anzutreffen ist."

sollte dem Umfang der Erkenntnis nach im wesentlichen identisch sein mit dem, was wir heute theoretische Physik nennen.

Die *rationale Kosmologie* bestand für Kant im Anschluß an die traditionelle Metaphysik aus spekulativen Erkenntnissen über die Welt im Ganzen bezüglich ihres inneren Zusammenhangs. Dieses Wissen ist, wie der antinomische Teil der Vernunftkritik lehrt, bloßes Scheinwissen[12], das nur in Gestalt regulativer Prinzipien zur Erweiterung der (einzig objektiven) Verstandeserkenntnis der Natur herangezogen werden darf. Unter Abzug des Scheinwissens dürfte die rationale Kosmologie also nur noch die regulativen Prinzipien enthalten, die aus den Vernunftbegriffen der Welt im Ganzen sowie deren zweckmäßiger Einheit folgen. Jede darüber hinausgehende inhaltliche Bestimmung der Welt im Ganzen ist eine in die Antinomien führende Grenzverletzung der Vernunft. Eine kritisch gereinigte Kosmologie kann nur noch einerseits die Prinzipien enthalten, denen der kosmologische Weltbegriff zugrundeliegt (z. B. das Prinzip, zu jeder gegebenen Wirkung eine Ursache zu suchen), und andererseits die Prinzipien der Homogenität, Spezifikation und Kontinuität, denen ein teleologischer Weltbegriff zugrundeliegt.[13] Diese Prinzipien sind zwar *notwendig* für jede systematische Naturerkenntnis; konstitutiv sind sie aber weder für Erfahrung noch für die Erkenntnis besonderer Naturgesetze; sie sind bloß regulativ und

---

12 Das System der Metaphysik enthält für Kant „die ganze (wahre sowohl als scheinbare) philosophische Erkenntnis aus reiner Vernunft im systematischen Zusammenhange" (KdrV, B 869). Kant hat auch im Rahmen seiner Vorlesungen über Metaphysik die traditionellen spekulativen Inhalte der vorkritischen Metaphysik gelehrt, wie es den Anforderungen des damaligen Lehrplans entsprach.

13 Kant vereinigt die Prinzipien der Homogenität, Spezifikation und Kontinuität später, in der KdU, in das Prinzip der formalen Zweckmäßigkeit. – Die rationale Kosmologie muß eigentlich als Einheit von Kosmologie und Teleologie verstanden werden. Ein Übergang der Kosmologie in die Teleologie kündet sich schon in der vierten Antinomie an, deren Gegenstand ein schlechthin notwendiges Wesen ist, in dem begründet die (intelligible) Notwendigkeit alles empirisch kontingenten Daseins gedacht werden darf: hier ist die Nahtstelle der kosmologischen Idee der Welt im Ganzen zur theologischen Idee eines höchsten Wesens, die zum regulativen Prinzip der zweckmäßigen Organisation der Natur führt. – Aus der dritten Antinomie folgt das regulative Prinzip, die Welt als *Mechanismus* zu betrachten (d. h. alles in ihr nach Kausalursachen und -wirkungen zu erklären) und aus der vierten Antinomie das Prinzip, sie als *teleologisches System* anzusehen. Der Widerstreit zwischen beiden regulativen Prinzipien ist eines der zentralen Themen der KdU.

deshalb nicht *hinreichend* für das Zustandekommen von „eigentlicher" Naturwissenschaft, die für Kant apodiktischen Charakter hat.

Das Programm einer Naturwissenschaft, die echte Wissenschaft sein soll, muß sich für Kant, wie man jetzt sieht, mit seinem Programm einer „Metaphysik der Natur" überschneiden. An die besonderen Gesetze einer *Wissenschaft der Natur*, die zu *objektiver Erkenntnis* führen soll, sind die im ersten Abschnitt dieses Kapitels angeführten Forderungen zu richten: (1) Sie müssen auf den apriorischen Bestandteilen unseres Erkenntnisvermögens beruhen, sonst ist ihre Objektivität nicht gewährleistet; (2) sie müssen sich auf empirisch im Endlichen Gegebenes beziehen, sonst haben sie keinen Gegenstand; (3) sie müssen systematisch organisiert sein, sonst machen sie keine Wissenschaft aus. Die ersten beiden Forderungen sind erkenntniskritisch, die dritte beruht auf dem architektonischen Interesse der Vernunft.

Die *2. Forderung* zeigt, daß eine echte Wissenschaft der (äußeren) Natur in materieller Hinsicht, d. h. ihren empirischen Gegenständen nach, mit der rationalen Physik *und* der rationalen Kosmologie identisch ist. − Die *1. Forderung* besagt, daß die besonderen Gesetze der Naturwissenschaft nur soweit objektiv sind, als sie auf einem apriorischen Fundament beruhen, das vermittels der Kategorien und der reinen Anschauung hergeleitet werden kann. Dieses Fundament ist die rationale Physik, deren metaphysische Grundlegung die MAG sind. Für Kant ist nur derjenige Teil der Physik seiner Zeit, der a priori begründbar − und zugleich vermittels der reinen Anschauung mathematisierbar − ist, eine Naturwissenschaft, deren Gesetzen apodiktischer Charakter zukommt. Für den größten Teil der Naturwissenschaften zu Kants Zeit war diese Forderung allerdings nicht erfüllt, z. B. für die Chemie, die in Kants Augen nicht den Charakter einer eigentlichen Wissenschaft, sondern nur den einer „systematischen Kunst" (MAG, A X) besitzt. − Die *3. Forderung* besagt, daß die objektive Naturerkenntnis in ein System des Wissens gebracht werden muß, das sich an dem „Vernunftbegriff von der Form eines Ganzen" (KdrV, B 861) orientiert. Diese Forderung nach der systematischen Einheit der Naturerkenntnis beinhaltet zweierlei: zunächst die Annahme, die einzelnen empirischen Naturgesetze seien in ein System der Erkenntnis zu bringen; und in der Folge davon die Annahme, die Natur selbst sei hinsichtlich der durch die Naturgesetze beschriebenen Dinge und Vorgänge ein System. Die zweite Annahme ist mit dem für Kant wichtigsten der in der rationalen Kosmologie enthaltenen regulativen Prinzipien identisch − mit dem teleologischen Prinzip, die Natur als ein System zu betrachten.

Die systematische Organisation der empirischen Naturerkenntnis als einer Wissenschaft sieht für Kant demnach etwa folgendermaßen aus: Sie besitzt ein apriorisches Fundament, das mit der rationalen Physik identisch ist. Über diesem Fundament erhebt sich ein mittels der erkenntnisleitenden Prinzipien der rationalen Kosmologie organisiertes Gebäude einzelner empirischer Naturgesetze, die systematisch miteinander zusammenhängen. Ein solches System der Naturerkenntnis ist in Kants Augen doppelt von der „Metaphysik der Natur" abhängig; sein Objektivitätsanspruch beruht auf den apodiktischen Gesetzen der rationalen Physik, die *begründende* Funktion für die empirische Physik hat; seine systematische Einheit beruht auf den regulativen Prinzipien der rationalen Kosmologie, die die Erweiterung der empirischen Physik *erkenntnisleitend* steuern.

Für Kant ist die empirische Naturwissenschaft von einer Metaphysik der Natur also gar nicht zu trennen, auch wenn sich die Naturforschung selbst darüber kein Bewußtsein verschafft – dieses Defizit soll eine Naturphilosophie gerade beheben. Kants Programm, das Fundament und die erkenntnisleitenden Prinzipien der Naturwissenschaft in einer apriorischen Metaphysik der Natur gesondert darzustellen, ist aber auch mit gravierenden Schwierigkeiten verbunden, von denen hier zwei genannt werden sollen.

Die erste Schwierigkeit ist das in der Kant-Literatur häufig aufgegriffene, noch nicht bewältigte *Übergangsproblem*, das sich auf den folgenden Nenner bringen läßt: Die obigen Forderungen (1) und (3) ergeben zusammengenommen die Forderung nach einem *objektiven System der empirischen Naturerkenntnis*, dessen Durchführbarkeit nach den Ergebnissen der Kantischen Erkenntniskritik allerdings klar zu verneinen ist. Aus (1) und (3) folgt damit die Frage, an welcher Stelle im System der Naturerkenntnis der Schnitt zwischen dem a priori begründbaren, apodiktischen Teil und dem auf bloß empirischen Gesetzen beruhenden, also nicht mehr apodiktischen Teil zu ziehen ist – oder wie der Übergang von der rationalen zur empirischen Physik begrifflich bewältigt werden kann, ohne daß dieser die Objektivität des systematischen Zusammenhangs ihrer Gesetze abgesprochen werden muß. Kant selbst sah sich im „opus postumum" dazu getrieben, in dieser Richtung weiterzuarbeiten, wobei er anscheinend auch das den MAG zugrundeliegende Konzept der Materie modifiziert hat. Das Übergangsproblem (auf das im Rahmen dieser Arbeit nicht näher eingegangen werden kann) hat manche Interpreten von Kants Programm einer Metaphysik der Natur dazu gebracht, den Vernunftprinzipien fälschlicherweise einen für die

Erfahrung konstitutiven anstatt eines regulativen Charakters zuzusprechen.[14]

Die zweite Schwierigkeit ist dem Übergangsproblem darin verwandt, daß auch sie mit dem Verhältnis zwischen den apriorischen und den empirischen Bestandteilen der Naturerkenntnis zu tun hat. An ihr läßt sich ebenfalls sichtbar machen, daß Verstandes- und Vernunfterkenntnis der Natur nicht so unzweifelhaft klar voneinander trennbar sind, wie Kant es gerne wollte und wie es die scharfe systematische Abgrenzung zwischen rationaler Physik und rationaler Kosmologie nahelegt. Ich möchte diese Schwierigkeit als das *Universalitätsproblem* bezeichnen. Sie läßt sich auf den folgenden Nenner bringen: Zumindest im Falle der Idee einer Welt im Ganzen in ihrem mathematischen und dynamischen Zusammenhang ist es nicht die reine spekulative Vernunft, die sich aus dem Nichts heraus transzendentale Ideen vorgibt – es ist die *Verstandeserkenntnis selbst, die ihre eigene Totalisierung betreibt* und damit immer schon die Grenzen der jeweils möglichen Erfahrung zu transzendieren versucht. Man kann dies z. B. an Kants Beweisführung in der Antinomienlehre sehen. Die Vernunft verwickelt sich ja dadurch in Antinomien, daß sie Verstandesbegriffe totalisiert; dies kann man auch so deuten, daß der Verstand selbst seine Kompetenzen zu überschreiten versucht, indem er Unbedingtes, z. B. den Anfang der Welt in Raum und Zeit, mit Bedingtem verwechselt, dessen Bedingungen er zu erklären versucht.[15]

Das Universalitätsproblem läßt sich anhand von Kants Verstandesbegriff der Natur folgendermaßen präzisieren: Die Natur ist für den Verstand der „Zusammenhang" *aller* „Erscheinungen ihrem Dasein nach, nach notwendigen Regeln, d. i. nach Gesetzen" (KdrV, B 263). In materieller Hinsicht ist die so bestimmte Natur bereits als Totalität gedacht; sie ist der „Inbegriff aller Dinge, sofern sie Gegenstände unserer Sinne sein können" oder „das Ganze aller Erscheinungen" (MAG, A

---

14 Vgl. z. B. Hansgeorg Hoppe, Kants Theorie der Physik, Frankfurt a. M. 1969, S. 17. Kant selbst unterscheidet dagegen im „opus postumum" vom Erfahrungs-konstitutiven Charakter der reinen Verstandesbegriffe strikt einen System-konstitutiven Charakter von regulativen Prinzipien der Vernunft, die konstitutiv nur für die Bildung eines Systems der empirischen Erkenntnisse (und nicht für diese selbst) sind; siehe Akademie-Ausgabe, Band XXII, S. 241.

15 Für die Auflösung der Antinomien muß Kant deshalb die Resultate der transzendentalen *Ästhetik* gegen die Totalisierung der Verstandeserkenntnis einsetzen; die Mittel der transzendentalen Logik sind hierfür gerade nicht hinreichend.

III). In formaler Hinsicht, d. h. ihrem mathematischen und dynamischen Zusammenhang oder ihrer Extension und Gesetzmäßigkeit in Raum und Zeit nach, darf der Verstand sie nicht als eine Totalität bestimmen, weil er sonst die Grenzen möglicher Erfahrung überschreitet; und doch muß er zugleich annehmen, daß die allgemeinen Naturgesetze den Zusammenhang aller materiellen Erscheinungen konstituieren. Kant muß deshalb Schwierigkeiten damit bekommen, daß eine physikalische Theorie, die universell ist, immer schon eine Theorie über die Welt im Ganzen darstellt, die den dynamischen Zusammenhang *aller* materiellen Dinge untereinander berücksichtigen muß.

Ich möchte im nächsten Kapitel versuchen, dieses Problem anhand von Kants Begriffen von Raum, Zeit und Materie sowie deren Stellung zu Newtons und Leibniz' Theorien herauszuschälen. Zentral für das Problem sind die *Reflexionsbegriffe von Form und Materie*. Die Natur als Totalität ist für Kant in materieller Hinsicht anscheinend ein Verstandeskonzept, in formaler Hinsicht aber ein Vernunftkonzept. Wenn nun die rationale Physik die Aufgabe hat, die materielle Natur − d. h. die Materie − ihrer apriorischen Form − d. h. ihrer Gesetzmäßigkeit in Raum und Zeit − nach zu bestimmen, so stellt sich die Frage: ist die Materie ihrer Form nach eine Totalität oder nicht? Wenn ja: beruht dann die rationale Physik (und mit ihr die „eigentliche" Naturwissenschaft) auf einem Vernunftkonzept von Natur, obwohl sie apodiktischen Charakter haben soll? Wenn nein: beinhaltet dann die rationale Physik (und mit ihr die „eigentliche" Naturwissenschaft) keine universelle Theorie der Materie, obwohl sie auf universellen Gesetzen beruhen soll?

Daß diese Fragen im Rahmen der Kantischen Systematik keine triviale Antwort haben können, soll anhand von Kants Auffassung des absoluten Raums im nächsten Kapitel gezeigt werden. Kant selbst versucht in den MAG, das Universalitätsproblem in der hier formulierten Zuspitzung dadurch zu umgehen, daß er Newtons Begriff des absoluten Raums als ein regulatives Prinzip in seine Theorie der Materie einfügt.

Zweites Kapitel

Raum, Zeit, Materie (I)

1. Raum und Zeit

Raum und Zeit sind für Kant die Formen der Anschauung, in denen dem Verstand die materiellen Dinge gegeben sind. Weiterhin ist nach Kants Verstandesbegriff der Natur die Form der körperlichen Natur, der Materie, ihre apriorische Gesetzmäßigkeit in Raum und Zeit. Für ein Verständnis der MAG und des Kantischen Programms einer „rationalen Physik" haben die Begriffe von Raum und Zeit deshalb zentrale Bedeutung. Ich möchte sie in diesem Abschnitt in drei Stufen hervorheben, die den drei kantischen Vermögen der Synthesis – Anschauung, Verstand und Vernunft – entsprechen. Kants bekannte erkenntnistheoretische Auffassung von Raum und Zeit als Formen der Anschauung setzt den Rahmen für die beiden anderen Stufen weitgehend fest, die wiederum für das Programm einer Metaphysik der Natur bedeutungsvoll sind und in den durchgeführten Teil der „rationalen Physik", die MAG, Eingang finden.

Wenn Raum und Zeit apriorische Formen jeder sinnlichen Anschauung darstellen und so Bedingungen der Möglichkeit von Erfahrung sind, kommt ihnen unabhängig von Sinneseindrücken, die ihre Materie oder ihr Inhalt sind, kein Dasein zu. Für Kant besitzen Raum und Zeit empirische Realität sowie transzendentale Idealität und stellen nur Verhältnisse von Sinneserscheinungen dar: realer Raum und reale Zeit existieren nicht für sich genommen oder leer, sondern nur in der Materie der Vorstellung, den empirischen Phänomenen, als deren Verhältnisse. Bezüglich der empirischen Phänomene selbst faßt Kant Raum und Zeit als Ordnungsrelationen auf – sie sind die bloßen Ordnungen des Nebeneinanderseins und der Aufeinanderfolge, die der äußere bzw. innere Sinn unter den Sinneseindrücken herstellt. Nach Kants Erkenntnistheorie gibt es weder einen absoluten Raum noch eine absolute Zeit.

Was bedeutet diese Auffassung von Raum und Zeit innerhalb des Kantischen Verstandeskonzepts der Natur? Der gesetzmäßige Zusammenhang von Naturerscheinungen, der nach den Verstandesgrundsätzen und insbesondere den „Analogien der Erfahrung" Bedingung der Möglichkeit von Erfahrung ist, beinhaltet die Einheit von Erkenntnisgegenständen in Raum und Zeit einerseits und deren koexistente oder sukzessive Wirkungen aufeinander andererseits. Raum und Zeit sind im Rahmen von Kants Verstandesbegriff der Natur diejenigen Ordnungsschemata, die die intellektuelle Synthesis von reinen Begriffen und die Subsumtion von Erscheinungen unter diese Begriffe ermöglichen. Der Raum und die Zeit sind also diejenigen *äußeren* Verhältnisse der Sinneserscheinungen, die mittels der Kategorien nun als *innere* Zusammenhänge bestimmt werden. Z. B. impliziert der Begriff der Dauer eines Dinges in der Zeit ebenso wie der einer Kausalbeziehung zwischen Ereignissen die zeitliche Sukzession von Sinneserscheinungen, die durch die Kategorien der Substanz bzw. Kausalität mit Notwendigkeit und Allgemeinheit verknüpft werden.

Der Verstand bestimmt die Natur als den gesetzmäßigen Zusammenhang aller Sinneserscheinungen. Nach der materialen Seite dieser Bestimmung stellt die Natur den Inbegriff aller empirischen Dinge dar, nach der formalen Seite deren gesetzmäßige Verknüpfung. Die kategoriale Verknüpfung der Erscheinungen zu Erkenntnisgegenständen steht unter Bedingungen des Raumes und der Zeit und stellt − ebenso wie Raum und Zeit als die ihr zugrundeliegenden Ordnungsschemata − immer nur *Beziehungen* zwischen Sinneserscheinungen her. Kant kommt hierauf am Ende der transzendentalen Analytik, im Amphibolienkapitel, zu sprechen. In Zusammenhang mit der dritten Amphibolie (derjenigen von Innerem und Äußerem) heißt es, „die inneren Bestimmungen einer substantia phaenomenon im Raume" seien „nichts als lauter Verhältnisse, und sie selbst ganz und gar ein Inbegriff von lauter Relationen" (KdrV, B 321). Dies ist folgendermaßen zu verstehen: die innere Bestimmung irgendeiner räumlichen Erscheinung (z. B. eines materiellen Körpers), auf einen anderen (z. B. mittels einer Kraft) einzuwirken, läßt sich − da die Verknüpfung zweier Erscheinungen immer deren äußere Beziehung in Raum und Zeit voraussetzt und auch selbst unter räumlichen und zeitlichen Bedingungen steht − letztlich nur auf ein Verhältnis zurückführen. Jede Sinneserscheinung, jeder uns nur als Phänomenon gegebene Gegenstand muß deshalb als ein Inbegriff von Relationen bestimmt werden; innere oder wesenseigene Bestimmungen können ihm darüber hinaus nicht zugesprochen werden. Der Inbegriff aller Sinneserscheinungen, die *Natur*, muß deshalb in formaler Hinsicht ebenfalls als ein *Inbegriff von Relationen* aufgefaßt werden. Dies folgt aus der erkenntnistheoretischen Bestimmung von Raum und Zeit als Formen der Anschauung und der Rolle, die diese Anschauungsformen im Verstandesbegriff der Natur spielen. Man sieht hier schon, in welch engem Zusammenhang der von Kant in den MAG entwickelte Materiebegriff mit den Begriffen von Raum und Zeit stehen muß. – Die dem Verstand entsprechende Bestimmung von Raum und Zeit läßt sich damit folgendermaßen fassen: Raum und Zeit sind die *Inbegriffe der äußeren Relationen*, die zwischen Sinneserscheinungen bestehen; auf diese Weise sind sie die *Form der Natur* als eines Inbegriffs von Sinneserscheinungen.

Man fühlt sich durch Kants Begriffe von Raum und Zeit als Verhältnissen von Sinneserscheinungen stark an *Leibniz* erinnert, der Raum und Zeit im Briefwechsel mit Clarke als die Ordnungen koexistenter bzw. aufeinanderfolgender materieller Dinge bestimmt hat, um aus dieser Bestimmung Argumente gegen Newtons Konzepte des absoluten Raums und der absoluten Zeit zu schöpfen. In der Ablehnung dieser Konzepte jedenfalls hinsichtlich ihrer objektiven Realität ist Kants Auffassung von Raum und Zeit mit derjenigen von Leibniz in der Tat sehr verwandt. Sie versteht sich allerdings ,empiristischer' als diese in dem Sinne, daß Kant im gegen Leibniz gerichteten Amphibolienkapitel darauf insistiert, Raum und Zeit seien Verhältnisse von empirischen Erscheinungen und nicht von Dingen an sich. Eine „transzendentale Amphibolie" ist für Kant die Verwechslung des reinen Verstandesobjekts oder Noumenon mit einer Erscheinung, dem Phänomenon – also eine Verwechslung dessen, was man nach den Grundprinzipien der Erkenntniskritik gerade scharf voneinander unterscheiden muß. Wir können den Begriff eines Dings an sich, d. h. eines reinen Verstandesobjekts, das nicht Gegenstand unserer sinnlichen Anschauung ist, zwar bilden. Ein solches Ding an sich bleibt für den Verstand aber immer ein „noumenon im negativen Verstande" (KdrV, B 307) und wird erst von der Vernunft mittels der spekulativen Ideen positiv mit begrifflichem Inhalt besetzt. Immer jedoch bleibt es für Kant ein inhaltsleerer Begriff in dem Sinne, daß ihm keine Sinneserscheinung korrespondiert und durch die Anschauung kein empirischer Inhalt gegeben werden kann. Insbesondere sind die einzelnen materiellen Dinge, die in raumzeitlichen Beziehungen stehen, Erscheinungen, denen kein Noumenon im positiven Sinne, aber ein unbekanntes „Etwas = X" (KdrV, Anm. A 250) zugrundeliegt, das allerdings nur als der unbestimmte und unbestimmbare Gedanke von irgend etwas überhaupt zu fassen ist.

Gegen eine solche transzendentale Verwechslung phänomenaler und noumenaler Substanzen durch Leibniz richtet sich Kant in seiner Kritik der vierten Amphibolie der Reflexionsbegriffe (der von Form und Materie): es sei falsch, Raum und Zeit als Ordnungen von ansichseienden Substanzen anstatt von Erscheinungen für unsere Sinne aufzufassen.

Nach Kant ist Leibniz bei der begrifflichen Bestimmung von Raum und Zeit diesem Fehler verfallen und hat damit das transzendentallogische Verhältnis verkehrt, in dem apriorische Formen und empirische Inhalte unserer Anschauung – nämlich Raum und Zeit einerseits und materielle Dinge andererseits – für unser Erkenntnisvermögen stehen.

Trotz dieser gegen Leibniz gewandten Kritik an der transzendentalen Verwechslung von Phänomena und Noumena (auf die ich im Zusammenhang mit den MAG noch ausführlicher eingehen werde) macht es für Kant Sinn, im Zusammenhang mit Raum und Zeit *auch* von Noumena zu sprechen: durch die *Totalisierung der verstandesgemäßen Bestimmung von Raum und Zeit* als Inbegriffen von Relationen zwischen Erscheinungen gelangt man sofort zu der spekulativen Idee einer Welt im Ganzen, die die Totalität aller Sinneserscheinungen in ihrer räumlichen und zeitlichen Extension ist. Man landet ganz unvermeidlich bei dieser alle Erfahrung übersteigenden, noumenalen Totalisierung des Verstandeskonzepts von Raum und Zeit, wenn man sich fragt, ob Raum und Zeit als Inbegriffe von Relationen auch *einen Gegenstand* haben.

Es ist schon der gesunde Menschenverstand, der diese Totalisierung suggeriert. Der Schritt von Raum und Zeit als Inbegriffen von Relationen zu ihnen als Ganzen der Erscheinung ist für ihn insofern natürlich und unvermeidbar, als Raum und Zeit *empirisch* objektive Realität haben und wir annehmen können, daß jeder Sinnesgegenstand – er befinde sich direkt vor unseren Augen oder außerhalb des Sonnensystems – mit allen anderen existierenden materiellen Dingen in räumlichen und zeitlichen Beziehungen steht. Wir können deshalb von keinem uns bekannten Gegenstand der Erfahrung sagen, mit ihm seien der Raum oder die Zeit zu Ende. Wir können auch nicht von Dingen, die gegenwärtig außerhalb des Bereichs unserer Sinneserfahrung liegen, die aber existieren mögen, behaupten, sie seien nicht räumlich oder nicht zeitlich; im Gegenteil müssen wir annehmen, daß wir sie, *wenn* sie irgendwann in unseren Erfahrungsbereich rücken, in Raum und Zeit erfahren werden. Der empirische Raum und die empirische Zeit sind also in ihrer maximalen Extension der Gesamtheit aller materiellen Erscheinungen gleich.

Die Totalisierung der verstandesgemäßen Bestimmung von Raum und Zeit ist kein Verstandesbegriff im Kantischen Sinne mehr, denn dann müßte ihr Gegenstand empirisch erfahrbar sein. Dies ist nicht der Fall: Raum und Zeit sind in ihrer empirischen Extension nur durch den Fortgang von einem Erfahrungsgegenstand zum anderen gegeben, d. h. durch die *empirische Synthesis* von Sinneserscheinungen, die unter den

Bedingungen der *Zeit* steht. Raum und Zeit als Ganze der Erscheinungen sind jeweils die – unendliche – Totalität dieser sukzessiven Synthesis von Bedingungen, die selbst nicht mehr unter den empirischen Bedingungen der Zeit stehen kann, sondern ein noumenaler Gegenstand der spekulativen Vernunft ist, die Idee einer Welt im Ganzen in ihrem „mathematischen" Zusammenhang.

Durch diese Idee gelangt man zu einem der von Kant angezeigten Dilemmata, in die sich die Vernunft beim Schluß vom empirisch Bedingten auf die Totalität der Reihe seiner Bedingungen notwendig verwickelt. Der Versuch einer Bestimmung der Welt im Ganzen hinsichtlich ihrer Extension durch Verstandesbegriffe führt zu Satzpaaren, in denen jede der zwei Aussagen einerseits durch gute Gründe bewiesen scheint und andererseits genau das Gegenteil der anderen behauptet – wir geraten in die folgende Antinomie:

Einerseits ist zu behaupten, die Welt habe „einen Anfang in der Zeit, und ist auch dem Raum nach in Grenzen eingeschlossen." (KdrV, B 454 – Thesis)

Andererseits ist zu behaupten, die Welt habe „keinen Anfang, und keine Grenze im Raume, sondern ist, sowohl in Ansehung der Zeit, als des Raums, unendlich." (KdrV, B 455 – Antithesis)

Kants Beweis der Thesis beruht im wesentlichen darauf, daß die *ganze* Reihe der empirischen Sukzession, wenn die Welt in Raum oder Zeit unendlich wäre, in beiden Fällen in endlicher Zeit niemals vollendet werden könnte. Das für die Antithesis sprechende Argument besteht im Kern darin, daß die Welt – wenn sie endlich in Raum oder Zeit wäre – durch den leeren Raum oder die leere Zeit begrenzt sein müßte, was der Bestimmung von Raum und Zeit als Verhältnissen empirischer Dinge widerspricht. Ich möchte auf diese Beweise – die als Gegenstand einer eigenen Untersuchung in vieler Hinsicht interessant wären[16] – hier nicht näher eingehen, sondern nur kurz die Auflösung referieren, die Kant seiner ersten Antinomie gibt.

---

16 Man müßte z. B. untersuchen, inwieweit Kants Beweisführung auf den Kategorien beruht und inwieweit sie Argumente der traditionellen Metaphysik aufgreift. Wichtig wäre in diesem Zusammenhang der Leibniz-Clarke'sche Briefwechsel: der Beweis für die Antithesis macht offenbar von Leibniz' Argument gegen Clarke, Materie könne nur zu Materie und nicht zu einem leeren Raum in Relation stehen, Gebrauch. – Ein anderer hochinteressanter Untersuchungsgegenstand wäre Hegels Kritik an der angeblichen Zirkularität von Kants „apagogischem" Beweisverfahren; siehe L I, S. 271 ff.

Kant versucht zu zeigen, daß *sowohl* die Thesis *als auch* die Antithesis falsch sind, weil sie von falschen Voraussetzungen ausgehen. Der Schluß vom Bedingten – einem empirischen Raum oder einer empirischen Zeit von endlicher Ausdehnung – auf die unbedingte Totalität seiner Bedingungen, den die Beweise für Thesis und Antithesis jeweils an irgendeiner Stelle der Argumentation stillschweigend vollziehen, ist unzulässig. Die *empirische* Sukzession von einem Raumpunkt oder Zeitpunkt zum anderen, die in jedem Schritt endlich und unvollständig ist, muß von der *vollständigen*, unendlichen Synthesis, die in endlicher Zeit niemals vollzogen werden kann, strengstens unterschieden werden. Der Schluß von der einen auf die andere ist deshalb nicht erlaubt, weil beide Male nicht von derselben Synthesis die Rede ist und es sich in der Konsequenz um ganz verschiedene Arten von Gegenständen handelt, zu denen die Synthesis führt: die empirische Synthesis ist durch die Bedingungen der Zeit eingeschränkt und bezieht sich immer auf Erscheinungen; die vollständige Synthesis dagegen ist uneingeschränkt und bezieht sich auf ein reines Verstandesobjekt, dem kein Erfahrungsgegenstand korrespondiert – ein Noumenon im positiven Sinne. Der Schluß vom phänomenalen Gegenstand eines Verstandesbegriffs auf das noumenale Objekt einer Vernunftidee ist ein dialektischer Trugschluß der Vernunft.

Die Antinomie beruht in Kants Augen – so könnte man nach dieser Auflösung sagen – auf einer *transzendentalen Amphibolie zweiter Stufe*. Während bei Leibniz' Begriffen des Raumes und der Zeit (die man nach Kants Auffassung richtiger als Inbegriffe von Relationen zwischen Erscheinungen auffassen müßte) einzelne Sinnesgegenstände unzulässigerweise nicht von Dingen an sich unterschieden werden, so wird jetzt deren phänomenale *Synthesis* mit einer noumenalen verwechselt, die jede mögliche (endliche) Erfahrung übersteigt. Die unangenehmen logischen Folgen dieser transzendentalen Verwechslung zweiter Stufe lassen sich nach der Vernunftkritik nur durch die Einschränkung der Synthesis auf das jeweils im Endlichen phänomenal Gegebene beheben: Thesis und Antithesis sowie deren Beweise übersteigen das prinzipiell endliche Gebiet der Verstandeserkenntnis und sind deshalb falsch. Erkenntnis bezüglich der Extension der Welt in Raum und Zeit läßt sich nur durch die sukzessive empirische Synthesis von Dingen gewinnen, die immer irgendwo stehengeblieben, aber niemals abgeschlossen ist. Kant nennt die (in jedem Schritt endliche) Sukzession der empirischen Synthesis einen *Regreß ins Indefinite*, d. h. ins Unbestimmte, und unterscheidet ihn vom *infiniten* Regreß, der die unendliche Totalität der Synthesis einschließen würde. Die Erkenntnis soll in diesem indefiniten Regreß bei keiner empirischen Erscheinung als einer letzten in Raum und Zeit stehenbleiben; dies besagt das regulative Vernunftprinzip, das sich für die Verstandeserkenntnis aus der spekulativen Idee der Welt im Ganzen hier gewinnen läßt.

Für *Hegel* stellt diese Kantische Auflösung der ersten Antinomie einen schlichten Erkenntnisverzicht dar, der zuviel „Zärtlichkeit für die Welt" (siehe z. B. Enz., § 48 A) beweist, indem er sie von Widersprüchen reinigen will. In der Tat läßt sich gegen Kants Auflösung der Antinomie einiges einwenden. Für Hegel steht und fällt sie − darauf wird im zweiten Teil der Arbeit noch einzugehen sein − mit der Notwendigkeit der Unterscheidung von Phänomenon und Noumenon für die Erkenntnis der Welt bzw. Natur. Hier möchte ich nur darauf hinweisen, daß aus Kants Auflösung zunächst bloß folgt, daß sowohl Thesis als auch Antithesis falsch sein *können*, nicht aber daß sie notwendigerweise beide falsch sein *müssen*. Aus einer falschen Prämisse können sowohl falsche als auch richtige Sätze gefolgert werden; aus der Falschheit der Prämisse selbst kann weder die Falschheit eines aus ihr gezogenen Satzes noch die Entscheidbarkeit oder Nichtentscheidbarkeit von dessen Wahrheitsgehalt geschlossen werden. Mit der Kantischen Auflösung war ja in der Tat das letzte Wort über die Endlichkeit oder Unendlichkeit der Welt noch nicht gesprochen. Die heutige Kosmologie sieht sich zumindest prinzipiell durchaus in der Lage, eine (auch empirisch begründbare) Entscheidung über diese zwei Alternativen herbeizuführen − die Verstandeserkenntnis der Natur intendiert also längst eine theoretische Erfassung derjenigen Gegenstände, die für Kant spekulative, ihre Realität nur vorspiegelnde Vernunftideen waren, und sie tut dies auf vielen Gebieten erfolgreicher, als Kant es je für möglich hielt. Dieser Einwand zeigt aber nur, daß das von Kant bestimmte Verhältnis von Gegenständen der Verstandes- bzw. Vernunfterkenntnis neu überdacht werden muß.

Kant meint, so läßt sich seine Auflösung der ersten Antinomie zusammenfassen, die Welt als Ganzes der Erscheinungen in ihrer Extension sei kein Gegenstand der Verstandeserkenntnis, über den wahre oder empirisch überprüfbare Sätze ausgesagt werden können, sondern eine spekulative Idee, die keine objektive Realität hat. Diese Idee ist ein *Vernunftkonzept von Raum und Zeit*, das sich aus der Totalisierung der Verstandesbegriffe von Raum und Zeit als Inbegriffen von Relationen ergibt. Für die Verstandeserkenntnis der Natur wirft die Idee der Welt im Ganzen nur das regulative Prinzip ab, in der sukzessiven empiri-

schen Synthesis der Erscheinungen in Raum und Zeit nirgends stehen-
zubleiben – zu objektiver Erkenntnis über die Extension der Welt in
Raum und Zeit führt sie nicht.

Es läßt sich zeigen, daß diese Einschränkung der Verstandeserkenntnis auf das empirisch jeweils Gegebene Kants Stellungnahme zum Problem des *absoluten Raums* bedingt, die durch den Versuch einer Vermittlung zwischen dem Newtonschen und dem Leibnizschen Standpunkt gekennzeichnet ist. Kant identifiziert nämlich den absoluten
Raum, den Newton als fundamentales Bezugssystem für sein Trägheits-
und Kraftgesetz benötigt, entsprechend der Bestimmung von Raum und
Zeit als Verhältnissen von Sinneserscheinungen mit der Gesamtheit aller
materiellen Dinge in Raum und Zeit, also der Welt im Ganzen. Hierzu
kann er sich nur in Gestalt eines regulativen Prinzips durchringen: dies
soll im folgenden anhand seines in den MAG entwickelten Materiebegriffs gezeigt werden.

2. Der Materiebegriff der „Metaphysischen Anfangsgründe"

2.1 Form und Materie

Das Charakteristische am Materiebegriff der MAG soll hier unter
Rückgang auf die KdrV herausgearbeitet werden, denn der Schlüssel zu
seinem Verständnis liegt in dem für die Theorie der Verstandeserkenntnis fundamentalen Begriffspaar von Form und Materie. Kant handelt
seine allgemeinsten Begriffe von Form und Materie im Zusammenhang
mit seiner Leibniz-Kritik innerhalb des Amphibolienkapitels der transzendentalen Analytik ab. Diese beiden Begriffe bilden ein Paar von Reflexionsbegriffen, die „aller andern Reflexion zum Grunde gelegt werden, so sehr sind sie mit jedem Gebrauch des Verstandes untrennbar
verbunden." (KdrV, B 322) Die Materie ist „das Bestimmbare überhaupt" und die Form „dessen Bestimmung" (ebda.). Im Verstandesge-
brauch ist die Materie der Gegenstand einer begrifflichen Bestimmung
(der auch ein Begriff sein kann, wie z. B. in einem Urteil das Subjekt
oder das Prädikat), und die Bestimmung selbst (im Falle des Urteils das
Verhältnis, in dem Subjekt und Prädikat stehen) ist die Form des Gegenstands. Kant entnimmt diese Unterscheidung von Form und Materie
als Reflexionsbegriffen der traditionellen Logik.

Wenn der Gegenstand, von dem die Rede ist, eine Sinneserscheinung
ist, sind die Begriffe von Form und Materie im Rahmen von Kants
Theorie der Verstandeserkenntnis noch zu präzisieren: in der KdrV ist

der Gegensatz von Form und Materie im allgemeinen derjenige zwischen einer synthetischen Funktion unserer vorstellenden Vermögen – der Anschauung und des Denkens – und etwas kontingent Daseiendem; die Materie ist das empirisch Empfundene oder Vorgefundene, das unserer Vorstellung in apriorischen Formen gegeben ist. Die Formen der Anschauung, des Vermögens der figürlichen Synthesis, sind Raum und Zeit; die Formen des Denkens, des Vermögens der intellektuellen Synthesis, sind die reinen Denkbestimmungen oder Kategorien (und die Formen der Totalisierung von Verstandesbegriffen sind die Ideen). Die apriorischen Formen, in denen uns die empirischen Dinge begegnen und mittels deren wir sie in einer zusammenhängenden Erfahrung als Dinge denken, sind neben Raum und Zeit sowie den Kategorien noch die allgemeinen Naturgesetze, die auf Denk- und Anschauungsformen zurückgehen. Insgesamt ist im Rahmen von Kants Theorie der Verstandeserkenntnis die Form (oder Bestimmung) eines Sinnesgegenstands das Apriorisch-Synthetische an ihm und die Materie (oder das Bestimmbare) das sinnlich an ihm Vorgefundene, sein empirisches Dasein.

In der KdrV steht der Begriff der Materie deshalb von der transzendentalen Ästhetik an mit denen des Raums und der Zeit in folgendem Zusammenhang: die Materie ist dasjenige an einer in der Anschauung gegebenen Erscheinung, das der Empfindung korrespondiert, während Raum und Zeit die Formen sind, in denen die Empfindung gegeben ist. Demnach ist die Materie der empirische Inhalt einer Sinneserscheinung und damit der Inhalt von Raum und Zeit, der diese Formen zu seiner apriorischen Voraussetzung hat. Kants Leibniz-Kritik im Amphibolienkapitel beinhaltet gegenüber Leibniz' Monadenlehre die Auffassung, daß das Bestimmbare, weil es ein Gegenstand unserer Sinne ist, die Form als dasjenige, was es erst bestimmbar macht, zu seiner Voraussetzung hat. Die Form eines Sinnesgegenstands ist für Kant dessen Materie (nicht allerdings dessen Dasein!) a priori vorausgesetzt. Zugleich hat sie aber nur in seiner Materie ein Dasein. Dies läßt sich wiederum anhand der transzendentalen Ästhetik verdeutlichen: dem Raum und der Zeit kommt an ihnen selbst keine Realität zu; reales Dasein haben sie für Kant nur als Verhältnisse von empirisch Gegebenem.

Was hat nun der Materiebegriff der MAG mit dem Reflexionsbegriff der Materie zu tun? Man muß sich vor Augen halten, daß der Materiebegriff der MAG das Fundament der „rationalen Physik" bilden soll, d. h. desjenigen Teils der Metaphysik der Natur, der sich a priori begründen läßt und dessen Aussagen einerseits Gesetzescharakter oder apodiktische Notwendigkeit besitzen und sich andererseits auf empirische Naturdinge beziehen sollen. Im Materiebegriff der MAG muß deshalb das empirische Dasein von Sinnesgegenständen unter den Gesetzen gedacht werden, die auf das System der Kategorien zurückgehen, den allgemeinen Naturgesetzen; die Materie der MAG gehört zur Natur überhaupt. Genauer gesagt: der Materiebegriff stellt eine *Besonderung des Begriffs der Natur überhaupt* dar. Die Natur überhaupt – der allgemeine Gesetzeszusammenhang von Erscheinungen, der in materieller Hinsicht mit der Gesamtheit aller Sinneserscheinungen identisch ist – umfaßt einerseits die Gegenstände des äußeren Sinns, die empirischen Dinge, und andererseits die des inneren, unsere Vorstellungen. Von diesen ist hier nicht die Rede (sie gehören in die Seelenlehre, die zweite Unterabteilung der rationalen Naturlehre). Der Gegenstand der MAG ist in materieller Hinsicht die *ausgedehnte, körperliche Natur*, die Gesamtheit der materiellen Dinge. Mit dem allgemeinen Naturbegriff hat er gemeinsam, daß er eine formale *und* eine materielle Seite besitzt.

Der Verstand konstituiert seine empirischen Erkenntnisgegenstände nach dem Begriff der Natur überhaupt als dem „Zusammenhang der Erscheinungen ihrem Dasein nach, nach notwendigen Regeln, d. i. nach Gesetzen" (KdrV, B 263). Die *Form* dieser Erkenntnisgegenstände besteht in den allgemeinen Naturgesetzen und beruht auf den Formen der Anschauung und des Denkens. Ihre *Materie* ist ihr mit den Sinnen empfundenes Dasein. Kant hebt die formale und die materielle Seite des Naturbegriffs am Anfang der MAG folgendermaßen heraus: In formaler Hinsicht bedeutet Natur soviel wie „das erste innere Prinzip alles dessen ..., was zum Dasein eines Dinges gehört" (MAG, A III), d. h. dasjenige Naturgesetz, unter dem ein Ding in seinem Dasein innerhalb des Gesamtzusammenhangs der Natur bestimmt ist. In materieller Hinsicht bedeutet Natur „den Inbegriff aller Dinge, sofern sie Gegenstände der Sinne" sein können (ebda.), d. h. die Welt als Ganzes aller Sinneserscheinungen. Was auffällt, ist die Asymmetrie der Naturbegriffe in formaler bzw. materieller Bedeutung hinsichtlich ihrer Extension. Die Natur im formalen Sinn beinhaltet die gesetzmäßige Beschaffenheit *eines* Dings *innerhalb* der Welt, während die Natur im materiellen Sinn bereits mit der Welt im Ganzen identisch ist. Natur als Totalität ist für Kant im materiellen Sinn ein Verstandesbegriff, im formalen Sinn aber eine spekulative Idee der Vernunft, deren gedankliche Bestimmung in Antinomien führt.[17]

---

17 Darauf wurde im Ersten Kapitel, Abschnitt 3, schon hingewiesen. Die Totalisierung des Begriffs der Natur im formalen Sinne wäre der Inbegriff aller inneren

Diese Unterscheidung von Form und Materie der Natur überträgt sich vom allgemeinen Begriff der Natur überhaupt auf den besonderen Begriff der materiellen Natur; auch die Materie ist ein empirisches Dasein, das unter Naturgesetzen steht. Der Materiebegriff der MAG hat also nicht nur eine materielle Seite, sondern auch eine formale. Diese besteht allerdings nicht einfach in den allgemeinen Naturgesetzen: im Materiebegriff der MAG sind auch die Gesetze, unter denen das empirische Dasein gedacht wird, spezifiziert. Aus den allgemeinen Naturgesetzen der transzendentalen Analytik − wie z. B. dem der Kausalität − werden hier besondere Gesetze für mechanische Körper hergeleitet, z. B. das Trägheitsgesetz der Newtonschen Mechanik. Der *bestimmte* Gegenstand, auf den sich die in den MAG hergeleiteten Gesetze beziehen, ist in materieller Hinsicht mit der gesamten äußeren Natur identisch; schließlich ist die Mechanik eine universelle Theorie materieller Dinge. In formaler Hinsicht ist er aber *nur* mit einem Gegenstand der Newtonschen Mechanik identisch (und nicht etwa z. B. einem Gegenstand der Chemie zu Kants Zeit, die für Kant zwar eine „systematische Kunst", aber keine Wissenschaft im eigentlichen Sinne ist). Was ist damit gemeint?

In den MAG sollen Gesetze von apodiktischer Notwendigkeit angegeben werden, die sich auf einen bestimmten empirischen Gegenstand, nämlich auf irgendein materielles Ding, beziehen − und nicht nur auf einen lediglich als Sinneserscheinung bestimmten ‚Gegenstand überhaupt'. Die Erkenntnis dieses Gegenstands soll Metaphysik sein, d. h. Erkenntnis aus reinen Begriffen; sie muß sich empirischer Voraussetzungen also weitestgehend enthalten. Eine Wissenschaft, die auf bloß *empirische* Prinzipien aufbaut wie z. B. die Chemie zu Kants Zeit, kann nicht zu Gesetzen von apodiktischer Notwendigkeit gelangen. Kant sieht, daß sein Programm einer rationalen Physik, a priori begründete Gesetze für bestimmte empirische Dinge anzugeben (also a priori begründete empirische Naturgesetze!), höchstens auf eine einzige Weise möglich ist: wenn nämlich als einzige empirische Voraussetzung in die Begründung der besonderen Naturgesetze eingeht, daß überhaupt ein Gegenstand des äußeren Sinnes existiert, und alles Weitere teils mittels

---

Prinzipien, die zum Dasein *aller* Dinge gehören, also die Welt im Ganzen ihres dynamischen Zusammenhangs. − Zum Begriff des „inneren Prinzips" siehe auch P. Plaass, a. a. O., S. 27 f. Kants Begriff der Natur im formalen Sinne ist schon Leibniz-kritisch, denn er wendet sich gegen Leibniz' innere dynamische Bestimmungen der Materie. Siehe hierzu dieses Kapitel, Abschn. 2.3.

der Anschauungsformen von Raum und Zeit und teils mittels der Kategorien hergeleitet wird. Kant formuliert das Problem der Möglichkeit einer apriorischen Erkenntnis empirischer Dinge und den Ansatz zu seiner Lösung im Architektonik-Kapitel der KdrV folgendermaßen:

„Zuerst, wie kann ich eine Erkenntnis a priori, mithin Metaphysik, von Gegenständen erwarten, sofern sie unseren Sinnen, mithin a posteriori gegeben sind? und, wie ist es möglich, nach Prinzipien a priori, die Natur der Dinge zu erkennen und zu einer *rationalen* Physiologie zu gelangen? Die Antwort ist: wir nehmen aus der Erfahrung nichts weiter, als was nötig ist, uns ein Objekt, teils des äußeren, teils des inneren Sinnes zu *geben*. Jenes geschieht durch den bloßen Begriff Materie (undurchdringliche leblose Ausdehnung) ... Übrigens müßten wir, in der ganzen Metaphysik dieser Gegenstände, uns aller empirischen Prinzipien gänzlich enthalten, die über den Begriff noch irgendeine Erfahrung hinzusetzen möchten, um etwas über diese Gegenstände daraus zu urteilen." (KdrV, B 875 ff.)

Dieser Lösungsansatz für das Problem einer apriorischen Naturerkenntnis läßt sich mittels der Reflexionsbegriffe von Form und Materie folgendermaßen formulieren: Die formale und die materielle Seite des allgemeinen Naturbegriffs finden sich im Materiebegriff der MAG wieder – nur sind hier *beide* spezifiziert; die Kategorien zu den Bestimmungen der Materie sowie die gesetzmäßige Form der ‚Natur überhaupt‘ (die allgemeinen Naturgesetze) zu den Axiomen der Newtonschen Mechanik; und die sinnlich gegebene Materie der ‚Natur überhaupt‘ zur körperlichen Natur. Die Spezifizierung der Form der ‚Natur überhaupt‘ zur Form des Gegenstands der Newtonschen Mechanik erscheint Kant nur dadurch möglich, daß zur allgemeinen Form der ‚Natur überhaupt‘ eine begriffliche Bestimmung hinzugenommen wird, die sich einerseits a priori gewinnen läßt (anhand des Begriffs eines Objekts des äußeren Sinnes) und andererseits den empirischen Gegenstand – die Materie im doppelten Sinne – eindeutig bezeichnen kann. Diese begriffliche Bestimmung ist nach den MAG diejenige der *Bewegung*: „Die Grundbestimmung eines Etwas, das ein Gegenstand äußerer Sinne sein soll, mußte Bewegung sein; denn dadurch allein können diese Sinne affiziert werden." (MAG, A XX) Was hier passiert, ist folgendes: im Materiebegriff der MAG ist eine begriffliche Bestimmung für dessen Materie (im Sinne des Reflexionsbegriffs) miteingeschlossen; er umfaßt Bestimmungen für Form *und* Materie oder Bestimmung *und* Bestimmbares. Mit anderen Worten: im Materiebegriff der MAG wird das *Bestimmbare nicht nur als gegeben angenommen, sondern zugleich ge-*

dacht, also inhaltlich durch einen Begriff bestimmt. Man kann deshalb sagen, daß in den MAG die Bestimmung der Materie das empirische Bestimmbare seiner Form nach (aber natürlich nicht seinem Dasein nach!) a priori enthält. Hierin unterscheidet sich der Materiebegriff der MAG vom allgemeinen Naturbegriff der KdrV, der seiner Form nach keine nähere spezifische Bestimmung der Gegenstände enthält, auf die er sich bezieht – außer daß sie überhaupt Gegenstände im eigentlichen Sinne sind, d. h. etwas, das in der Anschauung gegeben und mittels der Kategorien gedacht wird.

Der Materiebegriff der MAG ist für Kant ein empirischer Begriff, der aus einem weiteren empirischen Begriff, demjenigen der Bewegung, gewonnen wird. Bewegung ist für Kant das Bestimmbare der Materie, dessen Vorhandensein empirisch gesichert ist, und anhand dessen die allgemeinen Naturgesetze spezifiziert werden können. Von anderen empirischen Begriffen unterscheidet sich der Bewegungs- und mit ihm der Materiebegriff darin, daß in ihm *nur das Dasein, nicht aber die empirische Beschaffenheit* eines Gegenstands des äußeren Sinns vorausgesetzt wird; nur so kann die apodiktische Notwendigkeit der besonderen Bestimmungen und Naturgesetze, die Kant im Verlauf der MAG für die Materie angibt, gewährleistet bleiben. Die inhaltlichen Bestimmungen des Materiebegriffs werden ausgehend vom Bestimmbaren, der Bewegung, in einem apriorisch-synthetischen Verfahren mittels der Kategorientafel gewonnen. Die einzige empirische Voraussetzung dieses Verfahrens ist die des Daseins von etwas Beweglichem oder das Faktum der objektiven Realität des Materiebegriffs.[18] Seinem begrifflichen Inhalt nach, d. h. allen seinen Bestimmungen nach, ist der Materiebegriff aber a priori, denn das Dasein eines Gegenstands gehört für Kant niemals zum Inhalt von dessen Begriff.

Kant nennt das apriorisch-synthetische Verfahren, mit dem er den vollständigen Begriff der Materie ausgehend von dem der Bewegung als dem Bestimmbaren an ihr entwickelt, an einer Stelle der Vorrede zu den MAG eine „metaphysische ... Konstruktion" (MAG, A XIV).[19] Die Voraussetzungen, die dieses Verfahren ermöglichen und in Kants Augen seine Apodiktizität sichern können, lassen sich zusammengefaßt mittels der Reflexionsbegriffe von Form und Materie nun folgendermaßen darstellen:

---

18 Hierzu siehe Plaass, a. a. O., S. 86 ff.
19 Zu diesem Begriff siehe Plaass, a. a. O., S. 74 ff.

1. Das *Bestimmbare* des Materiebegriffs − d. h. seine Materie im Gegensatz zu seiner Form − läßt sich seinem Begriff nach mit Notwendigkeit aus dem Begriff eines Gegenstands des äußeren Sinns bestimmen und bezeichnet tatsächlich etwas empirisch Daseiendes.
2. Die *Bestimmung* des Materiebegriffs − d. h. die gesetzmäßige Form, in der die Materie gedacht wird − kann a priori erfolgen, indem anhand des Begriffs für das Bestimmbare die Kategorien spezifiziert werden oder, wie Kant sich ausdrückt, dieses unter die Kategorien gebracht wird.

Beide Voraussetzungen sind für Kant mit dem Begriff der Bewegung erfüllt. Wie geht Kant bei der Bestimmung der Materie anhand ihrer Bewegung nun im einzelnen vor?

2.2 Das Verfahren der „metaphysischen Konstruktion"

Kant legt in der Vorrede der MAG die Bewegung als das *Bestimmbare* der Materie fest und vollzieht dann in vier Hauptstücken die eigentliche „metaphysische Konstruktion", nämlich die *Bestimmung* des Materiebegriffs, indem er den Begriff, der Bewegung unter die vier Kategorien bringt bzw. diese durch jenen spezifiziert.[20] Bei dieser Bestimmung erhält die Materie nacheinander folgende Prädikate:
1. In der *Phoronomie*, unter der Kategorie der Quantität: das Prädikat der Beweglichkeit im Raum, die ihrer Quantität nach relative Geschwindigkeit ist. Kant gibt anschließend Prinzipien für die Konstruktion relativer Geschwindigkeiten von materiellen Körpern an. Die Materie wird hier noch ausdehnungslos, d. h. als materieller Punkt, und ohne Masse gedacht.
2. In der *Dynamik*, unter der Kategorie der Qualität: die Prädikate der Undurchdringlichkeit und Schwere, die bestimmt sind durch die Begriffe einer raumerfüllenden, abstoßenden (repulsiven) und einer anziehenden (attraktiven) Kraft. Die Materie wird jetzt als ausgedehnt, schwer und undurchdringlich gedacht.
3. In der *Mechanik*, unter der Kategorie der Relation: das Prädikat einer bewegenden Kraft, vermittels deren verschiedene materielle Körper äußerlich aufeinander wirken. Hier erst wird der Begriff der (trägen) Masse eingeführt. Außerdem leitet Kant drei Gesetze her:

---

20 Was hier etwas ungenau einerseits als Subsumtion und andererseits als Spezifikation bezeichnet ist, soll weiter unten noch erläutert werden, siehe Anm. 22.

ein Massenerhaltungsgesetz, Newtons Trägheitsgesetz und das Gesetz der Gleichheit von Wirkung und Gegenwirkung; dies sind die besonderen Naturgesetze, die sich aus den drei allgemeinen Naturgesetzen der Substanzerhaltung, Kausalität und Wechselwirkung ergeben.

4. In der *Phänomenologie*, unter der Kategorie der Modalität: die Prädikate der Möglichkeit, Wirklichkeit und Notwendigkeit verschiedener relativer Bewegungen. Kant unterscheidet hier die verschiedenen dynamisch nicht äquivalenten Bewegungstypen der klassischen Mechanik und versucht so das Problem der mit Zentrifugalkräften verbundenen Kreisbewegung zu lösen, durch das sich Newton zur Behauptung der Realität des absoluten Raums genötigt sah (siehe dieses Kapitel, Abschn. 3.2).

Kant ist oft vorgeworfen worden, diese Konstruktion des Materiebegriffs sei nicht synthetisch, sondern analytisch, weil er aus der empirischen Beschaffenheit der Materie (z. B. ihrer Undurchdringlichkeit und Schwere) die entsprechenden begrifflichen Prädikate deduziere (bei diesem Beispiel: die Repulsiv- und Attraktivkraft, die der Materie inhärent sind). Der Prominenteste aus der Reihe der Kritiker, die sich diesen Vorwurf zu eigen machten, ist sicher *Hegel* gewesen: „Kants Verfahren in der Deduktion der Materie . . ., das er eine Konstruktion nennt, verdient, näher betrachtet, diesen Namen nicht", denn es sei „im Grunde analytisch, nicht konstruierend", heißt es in Hegels Logik (L I, S. 201). *Plaass* weist gegenüber Unterstellungen solcher Art darauf hin, daß es „sicher nicht in der metaphysischen Konstruktion darum gehen", kann, „etwas, was *im* empirischen Begriff schon liegt, nur gleichsam unter dem Gesichtspunkt der Kategorie (analytisch) herauszuziehen, sondern es muß die Erzeugung reiner Begriffe gemeint sein" (Plaass, a. a. O., S. 76). Wie kommen so gegensätzliche Auffassungen über Kants Vorgehen zustande?

Eine weitere Irritation (die Plaass allerdings nicht verspürte) sollte für den heutigen Leser der MAG in der apodiktischen Notwendigkeit liegen, die Kant für sein Verfahren beansprucht. Schließlich wissen wir heute, daß das Trägheitsgesetz der klassischen Mechanik, das Kant in den MAG herleitet, vom Standpunkt der Allgemeinen Relativitätstheorie aus falsch ist, wenn es auch eine in vielen Fällen ausgezeichnete Näherung darstellt und nach wie vor eine unabdingbare Grundlage für die meisten Bereiche der Physik ist. Wenn Kant meint, das Newtonsche Trägheitsgesetz mit zwingender Notwendigkeit bewiesen zu haben, dann muß es an irgendeiner Stelle als Voraussetzung in seine Argumentation miteingegangen sein, ohne daß er sich über die Konsequenzen im klaren war, die dies für seinen Apodiktizitätsanspruch hat.

Beide Probleme können erhellt werden, wenn man sich die Intention der MAG wieder vor Augen hält, die ja das *metaphysische* Fundament der (im übrigen mathematischen) „rationalen Physik" bilden sollen. Kant will hier nicht weniger, als die Begriffe und Axiome der (Newtonschen) Mechanik a priori zu begründen. Diese Begriffe und Axiome – wie z. B. den Trägheits- und Massenbegriff und die drei Newtonschen Gesetze – hat Newton im Erklärungsteil der „Principia" deren mathematischem Teil unbewiesen vorangestellt, denn sie lassen sich vom Standpunkt der Physik aus höchstens empirisch (durch ihre Übereinstimmung mit dem Experiment) begründen und gelten als Hypothesen. Kant merkt zu dieser Vorgehensweise der Physiker an: „Darüber aber bloß empirische Grundsätze gelten zu lassen, hielten sie mit Recht der apodiktischen Gewißheit, die sie ihren Naturgesetzen geben wollten, gar nicht gemäß, daher sie solche lieber postulieren, ohne nach ihren Quellen a priori zu forschen" (MAG, A XIII). Er hält es deshalb für notwendig, die von der mathematischen Physik selbst versäumte Begründung ihrer Prinzipien (d. h. hier: Grundbegriffe und fundamentale Gesetze) in einer ‚metaphysischen' Grundlegung, eben den MAG, nachzuliefern, deren Titel bewußt im Gegenzug zu Newtons „mathematischen Prinzipien der Naturphilosophie"[21] formuliert ist. Für Kant besteht die Leistung der Metaphysik als einer Wissenschaft gegenüber den Naturwissenschaften gerade darin, daß sie die Prinzipien a priori zu *begründen* vermag, die die Physik selbst nur unbewiesen *postulieren* kann.

Die einzige Chance, einen solchen Begründungsanspruch einzulösen, besteht für Kant darin, erneut die Strategie der transzendentalen Analytik zu verfolgen, nämlich in einem Experiment der reinen Vernunft die Bedingungen der Möglichkeit objektiver Erkenntnis als eine konstitutive Voraussetzung für den Erkenntnisgegenstand selbst darzustellen. Es geht Kant darum, „Prinzipien der Konstruktion der Begriffe, welche zur Möglichkeit der Materie überhaupt gehören" (MAG, A XII), anzugeben. Die Konstruktion des Materiebegriffs ist also daraufhin angelegt, die Bedingungen der Möglichkeit einer Mechanik – oder genauer: der Möglichkeit einer Erkenntnis ihrer Gegenstände – durchsichtig zu ma-

---

21 ... und sicher in Anlehnung an Leibniz' „Metaphysische Anfangsgründe der Mathematik".

chen und sie als notwendig auszuweisen. Die „metaphysische Konstruktion" des Materiebegriffs soll mit anderen Worten die Art und Weise, in der die Mechanik ihre Gegenstände konstituiert, objektiv und mit zwingender Notwendigkeit begründen können. Kants Anspruch der Apodiktizität (oder Wahrheitsfähigkeit) dieses Begründungsverfahrens steht und fällt allerdings mit der Antwort auf die Frage, ob die Weise, in der die (Newtonsche) Mechanik ihre Gegenstände konstituiert, die *einzige* physikalisch sinnvolle Weise ist, zu einer Theorie mechanischer Körper zu gelangen: soviel wird hier schon deutlich.

Zugleich wird aber deutlich, daß der Vorwurf, das Verfahren bei der Konstruktion des Materiebegriffs sei analytisch, an Kants eigener Intention jedenfalls völlig vorbeizielt. Würde Kant nicht mittels synthetischer Urteile a priori die Kategorien durch den Begriff eines empirischen Bestimmbaren – der Bewegung der Materie – spezifizieren, sondern die Bestimmungen des Materiebegriffs einfach mittels analytischer Urteile aus den empirischen Prädikaten der Materie gewinnen und diese dann unter die Kategorien subsumieren, so könnte er kaum den Anspruch eines objektiven Begründungsverfahrens wahren, das zu Aussagen mit apodiktischer Notwendigkeit führen soll – für eine so plumpe Taschenspielerei sollte man sein Vorgehen bei der Begründung des einzigen vorliegenden Stücks seiner Metaphysik der Natur nicht halten. An welchen Bedingungen die Apodiktizität seines Begründungsverfahrens hängt und inwiefern sie erfüllt sind, wird im folgenden untersucht.

Wie geht Kant vor, um in der „metaphysischen Konstruktion" die Bedingungen der Möglichkeit objektiver Erkenntnis von Gegenständen der Mechanik auszuweisen? Wenn er die Bewegung als Grundbestimmung der Materie festlegt, so muß ihm diese Festlegung notwendig erscheinen im Sinne solcher Bedingungen der Möglichkeit objektiver Erkenntnis. Kant müßte also zeigen, daß die Bewegung eine notwendige Bedingung der Möglichkeit unserer Erkenntnis materieller Dinge ist. Der Beweis dafür müßte – in Analogie zur transzendentalen Deduktion der KdrV – hier in einer *metaphysischen Deduktion* bestehen. Kant bleibt sie in den MAG weitgehend schuldig und begründet die Wahl des Bewegungsbegriffs knapp in zwei Sätzen. Der erste lautet: „Die Grundbestimmung eines Etwas, das ein Gegenstand äußerer Sinne sein soll, mußte Bewegung sein; denn dadurch allein können diese Sinne affiziert werden." (MAG, A XX) Hier wird die Bewegung als das empirische Bestimmbare der Materie ausgewiesen, und hier wäre ein Beweis dafür fällig, daß unser äußerer Sinn allein durch *Bewegung* und durch nichts anderes affiziert werden kann, die Bewegung somit als apriorische Bedingung der Möglichkeit einer Erfahrung durch den äußeren Sinn die Erkenntnis materieller Dinge erst ermöglicht. *Plaass* versucht in seinem Buch eine Rekonstruktion dieser unterlassenen metaphysischen Deduktion, die sehr überzeugend ist und hier nicht referiert werden soll (Plaass, a. a. O., S. 98). – Kants zweiter Satz lautet in seinem ersten Teil: Auf die Bewegung „führt auch der Verstand alle übrigen Prädikate der Materie, die zu ihrer Natur gehören, zurück" (MAG, A XX). Hier kann Kant offenbar den Stoff zu einem Argument dafür liefern, daß der Bewegungsbegriff tatsächlich geeignet ist, unter die Kategorien gebracht zu werden: die Natur der Materie – d. h. ihre Form oder die Gesetzmäßigkeit, unter der ihr Dasein steht – ist für den Verstand im Rahmen einer mathematischen Naturwissenschaft die Gesetzmäßigkeit, nach der sie sich bewegt; diese Gesetzmäßigkeit wird, sofern der Verstand sie überhaupt denken kann, wie die jedes Gegenstands unter den Kategorien gedacht; die Gesetzmäßigkeit einer Bewegung ist aber eine Gesetzmäßigkeit in Raum und Zeit und also vermittels der Anschauungsformen von Raum und Zeit auch unter den Kategorien denkbar.[22]

Die Bestimmung des Materiebegriffs seinem Inhalt nach erfolgt nun, indem das Bestimmbare der Materie (die Bewegung) unter die Katego-

---

22 Der Begriff der Bewegung ist ein reiner abgeleiteter Begriff (ein Prädikabile), der nur auf die Begriffe von Raum und Zeit zurückgeht. Er ist deshalb eine den Kategorien ‚gleichartige' Vorstellung in etwa demselben Sinn, in dem am Anfang des Schematismuskapitels der KdrV eine Gleichartigkeit zwischen Kategorie und Gegenstandsvorstellung gefordert wird, damit diese unter jene subsumiert werden kann. Der Bewegungsbegriff ist vermutlich deshalb der einzige für die „metaphysische Konstruktion" taugliche Ausgangspunkt, weil nur er eines (hier metaphysischen) *Schematismus* fähig ist; er ist eine zwischen den Kategorien und dem empirischen Gegenstand (der Materie des Materiebegriffs) vermittelnde Vorstellung, die einerseits intellektuell ist – weil sie ein reiner Begriff ist – und andererseits sinnlich veranschaulicht werden kann – weil sie auf die Raum- und die Zeitvorstellung zurückgeht und in der reinen Anschauung konstruierbar ist. Nur vermittels des Bewegungsbegriffs kann darum den Kategorien die ihnen korrespondierende Anschauung eines Gegenstands des äußeren Sinns gegeben werden – dies ist wiederum eine Bedingung für die objektive Realität des Materiebegriffs (siehe hierzu Plaass, a. a. O., S. 79 f.). Und nur der Bewegungsbegriff kann ‚unter' die Kategorien ‚gebracht' werden oder, genauer gesagt, diese spezifizieren, indem er jeweils den Gegenstand bestimmt, von dem unter dem Titel der Kategorie die Rede ist. In der *Phoronomie* ist dieser Gegenstand z. B. die Geschwindigkeit (sie ist dasjenige, was an der Bewegung in Raum und Zeit quantitativ bestimmt werden kann).

rien gebracht wird. Dabei sind die Bedingungen der Möglichkeit von Erfahrung der Materie auch im Hinblick auf die einzelnen Kategorien zu berücksichtigen. Diese werden dadurch spezifiziert, daß anhand des Bewegungsbegriffs und unter der Perspektive der Bedingungen möglicher Erfahrung jeweils festgelegt wird, *was* die Quantität, Qualität, Relation und Modalität der Bewegung eines materiellen Etwas ist:

1. Ihrer Quantität nach bestimmt Kant die Bewegung als die relative Geschwindigkeit eines Materiepunkts im Raum. Die Bedingung der Möglichkeit von Erfahrung ist hier offenbar die *Relativität* der Bewegung, denn der absolute Raum ist per definitionem kein Gegenstand möglicher Sinneserfahrung.

2. Ihrer Qualität nach bestimmt Kant die Bewegung als eine Kraft, die die Ursache für die Raumerfüllung der Materie ist. Hier besteht die Bedingung der Möglichkeit von Erfahrung der Materie in ihrer *Undurchdringlichkeit*, die Voraussetzung dafür ist, daß unsere Sinnlichkeit etwas von ihr selbst Unterschiedenes erfahren kann. (Die Attraktion oder Schwere der Materie sieht Kant demgegenüber als etwas Abgeleitetes an, das nicht zu den Bedingungen möglicher Erfahrung gehört.)

3. Nach der Kategorie der Relation bestimmt Kant die Bewegung als dasjenige, was sich materielle Dinge gegenseitig mitteilen, wenn sie mechanische Wirkungen aufeinander ausüben. Die Bedingung der Möglichkeit von Erfahrung ist hier die *Trägheit* der Materie, d. h. ihr Vermögen des Beharrens in einem geradlinig-gleichförmigen Bewegungszustand; ohne den Widerstand, den Körper einer Änderung ihres Impulses entgegensetzen und der instantane Beschleunigungen verhindert, könnten unsere Sinne keine äußeren Dinge erfahren.[23]

4. Unter der Kategorie der Modalität schließlich klassifiziert Kant die verschiedenen nach dem Trägheitsgesetz dynamisch nicht äquivalenten Typen relativer Bewegungen danach, wie sie Gegenstand der Sinneserfahrung sind, d. h. ob einem Körper eine Bewegung gegen andere Körper bloß möglicherweise, tatsächlich oder sogar mit Notwendigkeit zukommt. Hier werden also die Bedingungen einer Möglichkeit von Erfahrung selbst im Hinblick auf den Bewegungstypus unterschieden. (In der Thematik der Phänomenologie liegt wieder ein Grund zur Irritation vor, denn man fragt sich sofort,

---

23 Zur Trägheit als Bedingung der Möglichkeit von Erfahrung der Materie siehe wiederum Plaass, a. a. O., S. 99 ff.

wenn wir doch wissen, daß Bewegung immer nur relativ erfahren werden kann, wozu ist dann dieser Teil der MAG noch nötig? Fügt er dem Materiebegriff überhaupt noch neue Bestimmungen hinzu? Hier nur soviel: die Phänomenologie hängt eng mit dem Problem des absoluten Raums zusammen.)

Die *Apodiktizität* von Kants Verfahren der „metaphysischen Konstruktion" hängt an zweierlei: erstens an der Stichhaltigkeit der metaphysischen Deduktion des Bewegungsbegriffs; und zweitens am Nachweis, daß die unter der Perspektive der Bedingungen möglicher Erfahrung von Bewegung stehende Spezifikation der Kategorien durch den Bewegungsbegriff auf die einzig mögliche Weise geschehen, also zwingend ist, weil sie von Bedingungen a priori ausgeht, die nicht nur hinreichend, sondern notwendig für die Möglichkeit von Erfahrung der Materie sind.

Selbst wenn man einmal annimmt, die Stichhaltigkeit der von Kant unterlassenen metaphysischen Deduktion des Bewegungsbegriffs sei gegeben, muß die Konstruktion des Materiebegriffs also nicht in allen ihren Schritten zwingend sein. In der Tat hat Kant zumindest eine Lücke in seinem apriorischen Begründungsverfahren übersehen. Auch wenn die Trägheit materieller Dinge eine notwendige Bedingung der Möglichkeit ihrer Erfahrung ist, ist damit die Annahme, Trägheitsbewegungen seien geradlinig-gleichförmig, die Kant in den MAG überall fraglos voraussetzt, noch längst nicht bewiesen. Es lassen sich mehrere Belege dafür finden, daß Kant − was er nirgends explizit macht − mit seiner Grundbestimmung der Materie *immer schon* von der *Bewegung der trägen Materie im Sinne des ersten Newtonschen Axioms* und nicht von irgendeiner beliebigen relativen Bewegung ausgeht. Z. B. ist in der Phoronomie nur von der Konstruktion geradlinig-gleichförmiger Bewegungen im Raum die Rede, d. h. gerade der Trägheitsbewegungen der Newtonschen Mechanik.[24] Und bei der Herleitung des Trägheitsgesetzes setzt Kant ganz selbstverständlich voraus, daß die „Veränderung der Materie", die immer „eine äußere Ursache hat" (MAG, A 119), mit der Veränderung ihres geradlinig-gleichförmigen Bewegungszustands (den

---

24 Siehe auch Abschnitt 3.2 dieses Kapitels. − Kant geht interessanterweise in der Phoronomie auch bei seiner Definition der *Ruhe* vom Beharrungsvermögen eines Körpers (z. B. im Umkehrpunkt seiner Bewegung) aus. Die „beharrliche Gegenwart an demselben Ort" (MAG, A 10), die der Grenzwert einer stetig abnehmenden Geschwindigkeit ist, ist der Ruhezustand eines trägen Körpers − ohne Trägheit wäre seine instantane Richtungsänderung möglich.

nach dem Trägheitsgesetz dynamische Äquivalenz mit dem Zustand der Ruhe auszeichnet) identisch ist. Kant hat also gerade das für Newtons Mechanik fundamentalste Axiom nicht apriorisch begründet, sondern als unbegründete Voraussetzung in die „metaphysische Konstruktion" des Materiebegriffs hineingesteckt.

Trotzdem ist Kants Vorgehen bei der Begründung von Newtons Axiom nicht einfach zirkulär, denn er sieht die Trägheit der Materie mit guten Gründen als eine echte Bedingung der Möglichkeit ihrer Erfahrung an. Der einzige Vorwurf, den man ihm machen kann, ist der, er habe nicht gesehen, daß auch andere Trägheitsbewegungen als geradlinig-gleichförmige denkbar sind oder daß Newtons Trägheitsgesetz ein a priori nicht begründbares hypothetisches Element enthält. Dieser Einwand läuft jedoch auf den etwas absurden Vorwurf hinaus, daß Kant ein fundamentales Prinzip der Allgemeinen Relativitätstheorie seiner Möglichkeit nach noch nicht antizipiert hat. Für Kant mußte es noch ganz fraglos sein, daß geradlinig-gleichförmige gegenüber allen beschleunigten Bewegungen durch ihre Kräftefreiheit ausgezeichnet sind. Er konnte nicht wissen, daß sich die Behauptung, Trägheitsbewegungen seien geradlinig-gleichförmig, von derjenigen der Trägheit der Materie abkoppeln läßt. Das Trägheitsgesetz, das die geradlinig-gleichförmige Gestalt der Trägheitsbewegung impliziert, stellte ja gerade die großartige Errungenschaft von Newtons Mechanik dar und erlaubte, zu einer universellen Theorie materieller Dinge zu gelangen, die Himmelskörper und Gegenstände unserer Alltagserfahrung gleichermaßen einschließt.[25]

---

25 Kant hat auch noch nicht gesehen, welche Kluft sich mit Newtons „Principia" zwischen den Bedingungen der Möglichkeit einer strengen naturwissenschaftlichen Erkenntnis und den Bedingungen der Möglichkeit von Alltagserfahrung aufzutun begann. Die Gegenstände der unmittelbaren Erfahrung sind in formaler Hinsicht − d. h. den Gesetzen nach, unter denen sie gedacht werden − mit den Gegenständen der Mechanik gerade *nicht* identisch: die besonderen Naturgesetze der Newtonschen Mechanik sind eine Spezifikation der allgemeinen Naturgesetze, die (was Kant noch nicht wissen konnte) nicht mehr unter notwendigen Bedingungen stehen. Es ist auch eine andere Mechanik (d. h. eine andere Spezifikation der allgemeinen Naturgesetze) denkbar als die von Newton − deren Begriffe und Axiome sind (wenn sie auch für die neuzeitliche Physik immer fundamental bleiben) nicht die einzige Weise, die Gegenstände einer mathematischen Physik zu konstituieren. Von der stillschweigenden Voraussetzung des Trägheitsgesetzes abgesehen ist mit Plaass darauf hinzuweisen, welche „radikale Offenheit" (Plaass, a. a. O., S. 202) Kants Konzeption der Materie im Vergleich mit

Die Lücke in Kants apriorischem Begründungsverfahren weist darauf hin, wie man Kants eigenen Begründungsanspruch heute zu werten hat. Die „metaphysische Konstruktion" des Materiebegriffs stellt eigentlich eine *Rekonstruktion des Materiebegriffs der Newtonschen Mechanik* unter dem Gesichtspunkt der Bedingungen der Möglichkeit einer Erfahrung von materiellen Dingen dar. Diese Rekonstruktion beruht in ihren einzelnen Schritten auf echten synthetischen Urteilen a priori, nicht auf empirischen Voraussetzungen. Als (möglicherweise einzige) unbegründete Annahme enthält sie Newtons Trägheitsgesetz. Dieses stellt die fundamentale theoretische Voraussetzung (oder den Kern des ‚Paradigmas') dar, nach der die klassische Mechanik im Gegensatz zu anderen universellen Theorien materieller Dinge ihre Erkenntnisobjekte konstituiert. In diesem Sinne kann man das Trägheitsgesetz in der von Newton formulierten Gestalt als Bedingung der Möglichkeit wenn auch nicht von Erfahrung, so doch von theoretischer Naturerkenntnis ansehen. Diese Bedingung ist im Unterschied zu dem, was Kant von ihr dachte, ihrem Inhalt nach allerdings nicht apodiktisch oder zwingend notwendig für die Möglichkeit theoretischer Naturerkenntnis.

Was ist nun zu der umstrittenen Frage zu sagen, ob Kant in den MAG analytisch oder synthetisch vorgeht? Man könnte sein Verfahren *analytisch* nennen in dem Sinne, in dem er einmal selbst von der analytischen Methode spricht: „Analytische Methode, sofern sie der synthetischen entgegengesetzt ist, ist ganz was andres, als ein Inbegriff analytischer Sätze: sie bedeutet nur, daß man von dem was gesucht wird, als ob es gegeben sei, ausgeht und zu den Bedingungen aufsteigt, unter denen es allein möglich" ist (Prolegomena § 5, Anm.). Kant geht in den MAG von Newtons Begriff der (trägen) Materie aus, als ob er gegeben sei, und rekonstruiert mit Hilfe der Kategorientafeln Schritt für Schritt die Bedingungen, unter denen er allein möglich ist. Er unternimmt also tatsächlich eine „vollständige Zergliederung des Begriffs einer Materie überhaupt" (MAG, A XII) und legt bei der Zerlegung des Materiebegriffs in vier zu rekonstruierende Bestimmungsstücke das System seiner Kategorien und Newtons Trägheitsbegriff (ein anderer war für ihn nicht

---

der Mechanik seiner Zeit (die schon eine Verengung der Newtonschen war) durchhielt − z. B. hinsichtlich der Auffassung, daß Bewegung durchgängig relativ zu verstehen ist (hierzu siehe auch Schäfer, Kants Metaphysik der Natur, S. 53, Anm. 13), und hinsichtlich der symmetrischen Behandlung von Raum und Zeit als Bestimmungsstücken der Bewegung (hierzu siehe Plaass, a. a. O., S. 101 f.).

denkbar) zugrunde.[26] Die Darstellung, die er seiner Rekonstruktion des Newtonschen Materiebegriffs gibt, ist dann synthetisch oder konstruktiv, indem er dem abstrakten Begriff eines beweglichen materiellen Punkts in den vier Hauptstücken eine Bestimmung nach der anderen hinzufügt.

Es bleibt noch zu zeigen, wie sich die (Newtonsche) Voraussetzung einer geradlinig-gleichförmigen Trägheitsbewegung im Materiebegriff der MAG nun auswirkt und wie Kant sie mit der (Leibniz'schen) Voraussetzung der durchgängigen Relativität von Bewegung zu vereinbaren versucht, die in der Materiekonstruktion als Bedingung der Möglichkeit von Erfahrung der Materie ja auch enthalten ist. Dazu möchte ich noch einmal auf die Reflexionsbegriffe von Form und Materie zurückgehen, ehe die Mittelstellung zwischen Newton und Leibniz, die Kant in der Frage des absoluten Raums unbeschadet seiner Übernahme des Trägheitsgesetzes einnimmt, anhand der Phänomenologie der MAG in voller Schärfe herausgearbeitet werden kann.

2.3 Die Form der Materie

Der Materiebegriff der MAG umfaßt, wie gezeigt wurde, seiner *Form* nach einerseits die Bestimmung der Materie, die in den vier Hauptstücken mittels der Kategorien erfolgt, und andererseits einen Begriff für das Bestimmbare (den Bewegungsbegriff), der dieser Bestimmung zugrundegelegt ist. Die *Materie* des Materiebegriffs ist dasjenige empirische Dasein (ein Gegenstand des äußeren Sinns), auf das sich dieser Begriff bezieht und dessen faktisches Vorhandensein als einzige empirische Voraussetzung und Bedingung seiner objektiven Realität in ihn eingeht. Diese Reflexionsbestimmungen von Form und Materie liefern den Schlüssel für die verschiedenen Aspekte des Zusammenhangs zwischen Raum, Zeit und Materie, den Kant sieht, und für die Art und

---

26 In diesem (und *nur* in diesem) Sinne einer metaphysischen *R*ekonstruktion des Materiebegriffs der Newtonschen Mechanik hat *Buchdahl* recht, wenn er Kants Verfahren eine „Begriffsanalyse" nennt, bei der die Kategorie eine „Begriffsschablone" ist, die „der Analyse des physikalischen Begriffs zugrundegelegt" wird (Ratio Bd. 15, 1973, S. 7 ff.). Davon abgesehen hat Buchdahl Kants „metaphysische Grundlegung" allerdings ebenso mißverstanden wie etliche Interpreten außer Plaass. Wenn Plaass aber von „synthetischer Zergliederung" spricht und diese Formulierung selbst paradox nennt, so ist das auch irreführend (Plaass, a. a. O., S. 77).

Weise, wie er die (gegensätzlichen) Standpunkte von Newton und Leibniz bezüglich dieses Zusammenhangs in sein Konzept der Materie zu integrieren versucht. Für Kant sind *Raum und Zeit* nämlich *die Form der Materie.* Dies gilt in mehreren Hinsichten, die einer fortlaufenden Bestimmung dieser Beziehung von der transzendentalen Ästhetik über die transzendentale Logik bis zu den MAG entsprechen und von denen hier vier herauszuheben sind.

Raum und Zeit sind die Form der Materie

1. für die *Sinneswahrnehmung*: insofern materielle Dinge ihrem empirischen Dasein nach in Raum und Zeit gegebene Erscheinungen sind;
2. für die *empirische Erkenntnis*: insofern ein materieller Körper der exemplarische Fall eines ,Gegenstands überhaupt' ist, der nur durch die auf den Kategorien beruhende Verknüpfung der Erscheinungen in Raum und Zeit zum Gegenstand gesetzmäßiger Erfahrung wird;
3. für die *Naturwissenschaft*: insofern die Materie Gegenstand einer „reinen oder angewandten Bewegungslehre" (MAG, A XX) ist, die ihre empirischen Gesetze auf Raum und Zeit als Bestimmungsstücke der Bewegung zurückführt;
4. für die *„rationale Physik"* als Teil der Metaphysik der Natur: insofern die Materie hier Gegenstand eines apriorischen Begründungsverfahrens ist, das *alle* ihre Bestimmungen auf den Bewegungsbegriff zurückführt und sie damit ausschließlich mittels raumzeitlicher Relationen bestimmt.

Die Beziehung zwischen Raum, Zeit und Materie hat nach (1) und (4) zwei Seiten. Kant führt einerseits Raum und Zeit, wenn er sie in der transzendentalen Ästhetik als Verhältnisse von Sinneserscheinungen bestimmt, ihrer empirischen Realität nach auf das Dasein der Materie (d. h. auf die Materie des Materiebegriffs) zurück. Andererseits führt er die Materie ihrer apriorischen Form nach in den MAG wiederum auf Raum und Zeit zurück. Die Beziehung, die vorliegt, ist beide Male die *zwischen einer Relation und ihren Relaten.* Nach (1) führt Kant eine räumliche oder zeitliche (oder − im Falle der Bewegung − raumzeitliche) Relation auf ihre Relate zurück und nach (4) umgekehrt die materiellen Relate auf ihre Relationen. Bei dieser wechselseitigen Bestimmung von Form und Materie (bzw. Relationen und Relaten) liegt kein Zirkel vor, denn die Beziehung wird beide Male in verschiedenen Hinsichten bestimmt. Die Relationen werden *empirisch* auf die durch den äußeren Sinn gegebenen Relate zurückgeführt, die Relate dann aber *a priori* auf die durch reine Begriffe gedachten Relationen. Die Unterscheidung beider Hinsichten ist Kant möglich, weil nach seiner Erkenntnistheorie die Materie nur als „substantia phaenomenon" im Raume gegeben ist.[27]

Die Kantische Auffassung von Raum und Zeit als Form der Materie ist *Leibniz* ebenso verwandt, wie sie sich kritisch gegen ihn richtet. Verwandt ist sie ihm nicht nur in der Bestimmung von Raum und Zeit als Beziehungen, sondern auch darin, daß Kant in der Folge davon den MAG einen durchgängig *relativistischen* Bewegungsbegriff zugrundelegt. Die Bewegung eines Körpers ist die zeitliche Veränderung der räumlichen Relation, in der er zu anderen materiellen Dingen steht. Räumliche und zeitliche Relationen und mit ihnen die Bewegung sind immer mehrstellig zu denken, d. h. es sind mindestens zwei materielle Relate erforderlich, damit Bewegung empirisch erfahrbar ist; die Relativität der Bewegung ist für Kant eine Bedingung der Möglichkeit ihrer Erfahrung. Diese Relationalität der Bewegung ist in den MAG schon in der Grundbestimmung der Materie enthalten. Die Bewegung ist dort die notwendige Bedingung dafür, daß ein Gegenstand des äußeren Sinns erfahren werden kann; in dieser Bestimmung sind immer schon *zwei* Relate einer raumzeitlichen Beziehung vorausgesetzt — einerseits der Gegenstand des äußeren Sinns, dessen Prädikate a priori bestimmt werden sollen, und andererseits der Körper des wahrnehmenden Subjekts, das einen äußeren Sinn hat, durch den es das Dasein von etwas Beweglichem erfährt.

Kants kritische Wendung gegen Leibniz liegt dagegen in der Bestimmung der Materie als „substantia phaenomenon", aus der die Kritik an Leibniz' Auffassung von Raum, Zeit und Materie folgt, die im schon wiederholt angeführten Amphibolienkapitel der KdrV zu finden ist. Kant wendet im wesentlichen die obigen Punkte (1) und (4) gegen Leibniz ein. In der *vierten Amphibolie* wirft er Leibniz vor, er habe in seinen Begriffen von Raum und Zeit das transzendentallogische Verhältnis von Form und Materie umgekehrt; die Form der Anschauung sei ihrer Materie, dem sinnlich Gegebenen, als Bedingung der Möglichkeit ihrer Erfahrung a priori vorausgesetzt, so daß man Raum und Zeit nicht auf die Ordnung vorgegebener noumenaler Substanzen zurückführen könne. In der *dritten Amphibolie* ist Kants Argument, daß die „inneren

---

27 *Hegel* läßt später diese Unterscheidung beider Hinsichten fallen und macht sich einen durch diesen Zirkel entstehenden *Widerspruch* bei der Bestimmung von Raum, Zeit und Materie für ein dialektisches Begründungsverfahren zunutze. Vgl. Viertes Kap. 2.1–2.3 und Fünftes Kap. 1.2.

Bestimmungen einer substantia phaenomenon im Raume nichts als Verhältnisse" (KdrV, B 321) sind; deswegen führt Kant im Gegensatz zu
Leibniz später im zweiten Hauptstück der MAG auch die inneren –
dynamischen – Bestimmungen der Materie (d. h. ihre anziehenden und
abstoßenden Kräfte) ebenso wie im dritten Hauptstück die äußeren –
mechanischen – Wirkungen materieller Dinge auf pure raumzeitliche
Bestimmungen zurück.

Beide Kritikpunkte hängen über das Leibniz'sche Prinzip der Identität des Ununterscheidbaren zusammen, das Kant im Rahmen der ersten
Amphibolie anhand seiner Auffassung des Raums als Anschauungsform
kritisiert[28]. Leibniz faßt Raum und Zeit nicht als apriorische Formen
der Anschauung auf, die nur als Verhältnisse von Sinneserscheinungen
Dasein haben, sondern als Verhältnisse von Substanzen oder Dingen an
sich selbst. Er kann deshalb im Gegensatz zu Kant die beiden Hinsichten, nach denen diesem Relate und Relationen zur gegenseitigen Bestimmung dienen, nicht voneinander unterscheiden. Deshalb *muß* er der
Materie schon um der Konsistenz seiner Begriffe von Raum und Zeit
willen innere Bestimmungen beilegen; sonst wäre nicht recht einzusehen, wie Raum und Zeit ausschließlich aufgrund der materiellen Substanzen existieren könnten, und Leibniz käme nicht darum herum, der
bloßen (kräftefreien) Ausdehnung Realität zuzusprechen – wie es *Descartes* getan hatte, gegen den wiederum er sich kritisch absetzen will.
(Dabei liegt natürlich auch Leibniz' metaphysischer Materiebegriff seinen Begriffen von Raum und Zeit zugrunde und nicht etwa bloß umgekehrt.)

Der gravierende Unterschied der Kantischen und Leibniz'schen Auffassungen von Raum, Zeit und Materie zeigt sich schon allein daran,
daß man überhaupt sagen kann, für Kant seien Raum und Zeit die Form
der Materie. Ihre Materie im Sinne des Reflexionsbegriffes ist für ihn
nur ihr sinnliches Dasein als „substantia phaenomenon". Bei Kant treten die Begriffe der Form und der Substanz, sofern sie auf Sinneserscheinungen bezogen werden, scharf auseinander: die eigentliche Substanz der Materie in den MAG *ist* das phänomenal Gegebene oder expe-

---

28 Das Prinzip der Identität des Ununterscheidbaren gilt nach Kants Auffassung
   nur für Noumena, nicht aber für Phänomena, da für diese die bloße numerische
   Vielheit „schon durch den Raum selbst als die Bedingung der äußeren Erscheinungen" (KdrV, B 320) gegeben sei; der Raum ist für ihn als Anschauungsform
   eine reine Vorstellung, die unendlich viele Teilvorstellungen in sich enthält (vgl.
   KdrV, B 39 f.).

rimentell Bestimmbare – nämlich die (träge) *Masse* eines materiellen Dings, die mechanische Wirkungen ausübt, aufgrund von deren Größe sie nur empirisch festgestellt werden kann (diese empirische Größe wird dann formal wieder auf den Bewegungsbegriff zurückgeführt, d. h. durch Bewegung quantitativ bestimmt; siehe MAG, A 107 ff.).

Dagegen sind bei Leibniz die Begriffe der Form und der Substanz gekoppelt. Die „substantielle Form"[29] materieller Dinge ist für ihn wohl mit dem identisch, was Kant in seiner Leibniz-Kritik als „innere Bestimmungen" der Materie bezeichnet, und stellt für Leibniz ein dynamisches metaphysisches Prinzip der Dinge als Substanzen dar, das zwar allen mechanischen Wirkungen von Körpern zugrundeliegt, begrifflich aber strikt von ihnen zu trennen ist und auch innerhalb der Mechanik nicht benutzt werden darf. Gegenstand der Mechanik ist für Leibniz die ausgedehnte, träge und undurchdringliche Materie, deren dynamische Wirkungen im Rahmen der Mechanik zwar berechnet, aber nicht erklärt werden können: aus der Betrachtung bestimmter Eigenschaften von Kräften in der Mechanik zieht er den „Schluß, daß man außer den rein mathematischen Prinzipien, die der sinnlichen Anschauung angehören, noch metaphysische, die allein im Denken erfaßbar sind, gelten lassen muß und daß zum Begriffe der stofflichen Masse ein übergeordnetes, gleichsam formales Prinzip hinzuzufügen ist." (Leibniz, HS I, S. 269 f.) Diese „substantielle Form" der Dinge ist für Leibniz zugleich ein „tätiges Prinzip ...‚ das den bloß materiellen Dingen bloß übergeordnet ist und gleichsam ein Lebensprinzip heißen kann" (ebda., S. 270). Das Lebensprinzip der Materie ist für ihn eine metaphysische Erklärung für Wirkungen zwischen materiellen Dingen, wie z. B. vor allem die Gravitation als eine innerhalb der Mechanik selbst unerklärbare Fernwirkung.

Demgegenüber legt *Kant* schon in der KdrV großen Wert darauf, daß die Materie „undurchdringliche leblose Ausdehnung" (KdrV, B 876) ist. Seine stillschweigende Übernahme des Newtonschen Trägheitsgesetzes in den Bewegungsbegriff der MAG hat ihre Ursache auch in seiner Kritik an Leibniz' Metaphysik: „Die Trägheit der Materie bedeutet nichts anders, als ihre Leblosigkeit, als Materie an sich selbst. Leben" hieße dagegen „das Vermögen einer materiellen Substanz, sich zur Bewegung

---

29 Siehe Specimen dynamicum, Leibniz, Hg.: H. G. Dosch u. a., Hamburg 1982, S. 7. Leibniz schließt sich mit diesem Begriff an Aristoteles an. Vgl. auch den auszugsweisen Abdruck der Schrift in der Übersetzung von Buchenau, HS I, S. 256 ff., nach der im folgenden zitiert wird.

oder Ruhe, als Veränderung ihres Zustandes, zu bestimmen" (MAG, A 120 f.). Ein solches Lebensprinzip der Materie ist für den Metaphysik-Kritiker Kant eine Annahme, die die Grenzen aller möglichen Erfahrung übersteigt. Man muß Kants Kritik an Leibniz' Begriff der „substantiellen Form" mithören, wenn man seinen Begriff der „Natur in bloß formaler Bedeutung" ganz verstehen will, nach dem die Natur „das erste innere Prinzip alles dessen bedeutet, was zum Dasein eines Dings gehört" (MAG, A III). Dieses „Prinzip" ist kein Lebensprinzip wie bei Leibniz, sondern bezieht sich auf die *immanente* Verknüpfung empirischer Dinge in Raum und Zeit, d. h. auf die von Kant als pure raumzeitliche Relationen gedachten „inneren Bestimmungen" der Materie.

Kants Bestimmung von Raum und Zeit als Form der Materie beinhaltet eine Mittelstellung zwischen Newtons und Leibniz' Konzepten von Raum, Zeit und Materie, die sich direkt aus seiner Kritik an allen metaphysischen, jeder möglichen empirischen Entsprechung ledigen Begriffen ergibt. Bei *Leibniz* fällt den erkenntniskritischen Schnitten der Begriff eines jeder Materie zugrundeliegenden tätigen Prinzips, der „substantiellen Form", zum Opfer; Kant setzt gegen sie die Rückführung der inneren Bestimmungen der Materie auf äußere Relationen in Raum und Zeit sowie Newtons Trägheitsgesetz, das für ihn ein Prinzip der Leblosigkeit (oder des Angewiesenseins der Materie auf äußere Einwirkung) bedeutet. Bei *Newton* wird um den Begriff des absoluten Raums gekürzt; Kant hält Raum, Zeit und Bewegung mit Leibniz für durchgängig relational und einen völlig leeren, nicht durch materielle Dinge konstituierten Raum für jeder Realität und jeden Daseins bar. Beide Kritikpunkte folgen für Kant aus der Überprüfung der Bedingungen, unter denen die Erfahrung von Materie bzw. Bewegung allein möglich ist. Zu den notwendigen Bedingungen, unter denen die Materie a priori steht, weil wir sie sonst nicht erfahren könnten, gehören für ihn sowohl die Trägheit der Materie als auch die Relativität ihrer Bewegung.

Im Hinblick auf die erkenntniskritischen Prinzipien der KdrV ist diese Mittelstellung zwischen Newton und Leibniz nur konsequent und auch stimmig. Zu Schwierigkeiten wird sie aber hinsichtlich der gegensätzlichen *physikalischen* Standpunkte führen, zwischen denen Kant gleichzeitig Stellung beziehen muß: er ist Leibniz treu in der relativistischen Auffassung der Bewegung und der Verneinung eines realen absoluten Raums; zugleich ist er Newton treu in der Übernahme des Trägheitsgesetzes, nach dem sich ein kräftefreier Körper geradlinig-gleichförmig gegen den leeren Raum bewegt. Wie gelingt es ihm in den MAG, diese beiden gegensätzlichen Standpunkte zu vereinbaren? Wie geraten beide Standpunkte überhaupt in Konflikt?

3. Kant zwischen Newton und Leibniz

3.1 Das Problem des absoluten Raums

Der Streit um Newtons Begriff des absoluten Raums ist so alt wie dieser Begriff selbst. An ihm entzündete sich eine lange philosophische Debatte, die mit dem Briefwechsel zwischen Leibniz und Newtons Anhänger Clarke begann. Sie dauerte mehr als zweihundert Jahre und wurde erst anhand der Revision der klassischen Begriffe von Raum und Zeit durch Einsteins Theorien überhaupt entscheidbar.[30]

Newton selbst unterschied in der berühmten Anmerkung zum Definitionsteil seiner „Principia" den *relativen*, sinnlich erfahrbaren Raum, der durch materielle Dinge konstituiert wird und Gegenstand der empirischen Naturerkenntnis ist, von einem *absoluten* Raum, der unabhängig von jeder Beziehung auf äußere Gegenstände gedacht wird und absolut unbeweglich ist; in ihm oder auf ihn bezogen finden letztlich alle Bewegungen von Dingen oder empirischen, relativen Räumen statt. Dieselbe Unterscheidung trifft Newton für die Zeit: außer der empirischen, durch mehr oder weniger gleichmäßige periodische Bewegungen materieller Dinge erzeugten relativen Zeit gibt es für ihn noch eine absolute Zeit, die unabhängig von allen empirischen Bewegungen ist und absolut gleichmäßig verfließt.

Der Begriff der absoluten Zeit ist für Newton hypothetisch in dem Sinne, daß es keine physikalische Wirkung gibt, anhand deren sich das Vorhandensein der absoluten Zeit empirisch überprüfen ließe; sie ist das in der Natur nur näherungsweise verwirklichte Ideal für die Zeitmessung. Wenn Newton dieser idealen Zeit dennoch Realität zuspricht, so geschieht dies in Analogie zu seiner Auffassung des absoluten Raums, dessen Realität ihm beweisbar aufgrund dynamischer Wirkungen erscheint. Newton demonstriert diese anhand seines berühmten Eimerversuchs: ein in „wahrer" oder „absoluter" Drehbewegung befindliches, mit Wasser gefülltes Gefäß läßt sich von seiner bloß scheinbaren, relativ gegen eine wahrhaft rotierende Umgebung erfolgenden Drehung empi-

---

30 Die physikalischen Grundlagen für diesen Streit und seine Auflösung findet man z. B. dargestellt in: M. Strauss, Modern Physics and its Philosophy, Dordrecht 1972, S. 152 ff.

risch unterscheiden; im ersten Fall verformt sich die Wasseroberfläche durch die Zentrifugalkraft parabolisch, während sie im zweiten Falle eben bleibt. Newton deutet die kreisförmige oder rotierende Bewegung deshalb als eine Bewegung gegen den absoluten Raum, der seiner Auffassung nach dynamische Wirkungen ausüben kann.

Seiner *physikalischen Bedeutung* nach ist der − für Newton auch mit metaphysischer Bedeutung beladene − Begriff des absoluten Raums eine Konsequenz des *Trägheitsgesetzes*. Das Trägheitsgesetz beinhaltet, daß die kräftefreie Bewegung eines isolierten Körpers geradlinig und mit konstanter Geschwindigkeit verläuft. Diese Trägheitsbewegung ist auf einen idealen (relativen) Raum bezogen, der selbst keinerlei beschleunigende Kräfte auf den betrachteten Körper ausübt und zur Klasse der geradlinig-gleichförmig bewegten Inertialsysteme gehört. Die empirischen relativen Räume, auf die Bewegungen gewöhnlich bezogen werden, sind im allgemeinen selbst ungleichförmig bewegt; alle Dinge üben nach dem Gravitationsgesetz beschleunigende dynamische Wirkungen aufeinander aus. In der Natur ist deshalb kein empirisches Bezugssystem realisiert, in bezug auf das die Geradlinigkeit und Gleichförmigkeit von Bewegungen fehlerfrei definiert werden könnte. Alle realen relativen Räume stellen nur Näherungen für das im Trägheitsgesetz vorausgesetzte globale Bezugssystem kräftefreier Bewegungen dar.

Newton identifiziert den *absoluten Raum* mit diesem idealen *globalen Bezugssystem für Inertialbewegungen*. Er hält ihn aber für mehr als das bloß hypothetische Ideal eines Inertialsystems und spricht ihm aufgrund des dynamischen Unterschieds zwischen Inertialsystemen und beschleunigten Bezugssystemen *Realität* zu. Alle Nicht-Inertialbewegungen eines Systems materieller Dinge sind nämlich (wie der Eimerversuch zeigt) mit dem Auftreten von Scheinkräften verbunden, die nicht auf den gegenseitigen dynamischen Wirkungen dieser Dinge beruhen, sondern auf der Trägheitsbewegung; diese überlagert sich für jeden innerhalb des Systems beweglichen Gegenstand der Gesamtbewegung des Systems. Bei der ‚wahren' Rotation des Eimers bewirkt eine solche Scheinkraft die Fluchtbewegung der Wasserpartikel, aufgrund deren das Wasser an der Gefäßwand hochsteigt. Jede Nicht-Inertialbewegung eines Systems von Dingen hat für Newton deshalb die Qualität einer absoluten Bewegung, die die materiellen Dinge von ihrer gegen den absoluten Raum gerichteten Trägheitsbewegung abbringt, mit dem Auftreten von Scheinkräften verbunden ist und nach dem Kraftgesetz durch äußere Kräfte erzwungen werden muß.

Das empirische Kriterium, aus dem Newton die Realität des absoluten Raums schließt, ist also das Auftreten dynamischer Wirkungen bei Kreisbewegungen, anhand deren sich ‚wahre‘ Bewegungen gegen den absoluten Raum von bloß scheinbaren, relativen Bewegungen unterscheiden lassen: „Die wirkenden Ursachen, durch welche absolute und relative Bewegungen voneinander verschieden sind, sind die Fliehkräfte von der Axe der Bewegung." („Principia", S. 29). Nach Newtons Auffassung wären diese Scheinkräfte auch bei der Rotation eines Systems von Dingen innerhalb des sonst völlig leeren Raums vorhanden; wären zwei Kugeln im unendlich großen leeren Raum mit einem Faden verbunden, so könnte man – obwohl kein äußerer Bezugspunkt mehr vorhanden wäre – doch noch an der Spannung dieses Fadens ein etwaiges Vorhandensein von Fliehkräften entdecken und so feststellen, ob sich die Kugeln um ihren gemeinsamen Schwerpunkt drehen oder nicht (ebda., S. 31). Nach dieser Argumentation müßte sich z. B. auch eine Kreisbewegung der Welt im Ganzen anhand von Fliehkräften vom Zustand ihrer Ruhe unterscheiden lassen.

Newton benutzt in seinem Gedankenexperiment, um dessen prinzipielle empirische Nichtdurchführbarkeit er sich keine Gedanken macht, als Argument eine dynamische Wirkung des absoluten Raums auf die (relative) Bewegung materieller Dinge, aufgrund deren diese voneinander fortstreben. Da er den absoluten Raum unabhängig von aller Materie und leer (d. h. als eine Art immateriellen Behälter der Welt) denkt, formuliert er hier das Vorhandensein einer einseitigen dynamischen Wirkung des leeren Raums auf die Materie. Diese Wirkung ist im Unterschied zu den Kräften, die Körper untereinander ausüben, nicht beschleunigend, sondern sie bestimmt die geradlinig-gleichförmige Gestalt von deren Trägheitsbahn. Diese Deutung des absoluten Raums als eines immateriellen Behälters der Welt, der einseitige dynamische Wirkungen ausüben kann, ist die Nahtstelle zu der metaphysischen Bedeutung, die für Newton der absolute Raum als ein „sensorium dei", d. h. als ein Wahrnehmungsorgan Gottes besitzt.

Leibniz hat gegen Newtons Konzept eines realen absoluten Raums und gegen den Begriff einer realen absoluten Zeit, der in dessen Schlepptau folgt, etliches einzuwenden, auf metaphysischer wie auf physikalischer Argumentationsebene; beide Ebenen sind in Leibniz' Auffassung von Raum, Zeit und Materie schwer zu trennen, wie sein Begriff einer „substantiellen Form" oder eines Lebensprinzips der Materie zeigt. Für ihn sind Raum und Zeit in jeder Hinsicht ideale oder mathematische Größen, die ihre einzige Substanz und Realität in der

Materie haben: Raum und Zeit sind die Beziehungen der Koexistenz bzw. Aufeinanderfolge materieller Dinge, für sich genommen sind sie gar nichts – dies ist ihr physikalischer Begriff. Sie sind die mathematischen äußeren Ordnungen, in denen die Substanzen oder Monaden, deren äußere Erscheinungsform die Materie ist, nach den metaphysischen Prinzipien des zureichenden Grundes ihrer Anordnung und der prästabilierten Harmonie untereinander im Einklang stehen – dies ist in etwa ihr metaphysischer Begriff.

Ihrer physikalischen Bedeutung nach ist Leibniz' Auffassung von Raum und Zeit *relativistisch* in einem sehr modernen Sinne: wenn Raum und Zeit bloße Ordnungsbeziehungen sind, dann sind der Ort und die Bewegung eines Körpers immer nur durch seine raumzeitliche Relation zu anderen Körpern definiert, und Raum und Zeit besitzen weder gegen die Materie noch gegeneinander[31] eine völlig selbständige Existenz. Diese relativistische Auffassung von Raum und Zeit gerät zwangsläufig mit der Newtonschen in Konflikt, nach der Raum und Zeit Absolutheitscharakter haben und es eine absolute Bewegung gegen den leeren Raum gibt. – Darüber hinaus ist Leibniz' Auffassung von Raum und Zeit *dynamisch* in folgendem Sinne: es gibt für ihn weder innerhalb noch außerhalb der materiellen Welt einen leeren Raum, der frei wäre von den materiellen Substanzen, denen ein dynamisches Prinzip innewohnt und die durch ihre Anordnung Raum und Zeit erst erzeugen. Es gibt für Leibniz also – und hiermit steht er ebenfalls in scharfem Gegensatz zu Newton – kein Vakuum (siehe z. B. HS I, S. 125).

Leibniz hält im Briefwechsel mit Clarke der Newtonschen Auffassung des absoluten Raums und der absoluten Zeit vor allem seinen eng mit der Monadenlehre verknüpften Materiebegriff entgegen, der eine selbständige Existenz von Raum und Zeit ausschließt. Ich möchte hier nur das wichtigste Argument angeben, mit dem Leibniz die Relativität von Raum und Zeit zu begründen versucht. Es beruht auf dem metaphysischen *Prinzip des zureichenden Grundes*. Angenommen – so Leibniz – es gäbe einen leeren Raum, in dem sich keine materiellen Dinge befinden, so könnte man die verschiedenen Punkte des Raums nicht voneinander unterscheiden. (Für Leibniz liegen allen Dingen Substanzen zugrunde, die ihren inneren Bestimmungen nach verschieden sind, denn zwei ununterscheidbare Dinge sind für ihn nach dem Prinzip

---

31 *Darüber* hat sich aber erst Hegel Gedanken gemacht.

der Identität des Ununterscheidbaren identisch; deshalb gibt es ohne unterscheidbare Dinge keinen Raum für ihn. Gegen diese „inneren Bestimmungen" richtet sich Kants Leibniz-Kritik im Amphibolienkapitel.) Wenn die Raumpunkte ununterscheidbar sind, gibt es aber keinen zureichenden Bestimmungsgrund dafür, weshalb Gott die Dinge in ihrer Gesamtheit und vorgegebenen Anordnung an eine ganz bestimmte Raumstelle gesetzt haben soll. Mit anderen Worten: gäbe es einen absoluten Raum, so müßte es auch einen Grund dafür geben, daß Gott die Welt im Ganzen an einen bestimmten Ort in diesem Raum gesetzt hat und an keinen anderen. Da ein Raum ohne unterscheidbare Dinge homogen ist und keinen ausgezeichneten Punkt besitzt, läßt sich ein solcher Grund nicht angeben; deshalb kann es keinen absoluten, leeren Raum geben, in dem sich die Welt befindet wie in einem Behälter. Leibniz argumentiert hier mit der Homogenität des Raums (ein analoges Argument gibt es bei ihm für die Zeit), die es unmöglich macht, überhaupt Bestimmungen für einen Ort der Welt in Raum (und Zeit) anzugeben. Nach dem Prinzip des zureichenden Grundes müssen sich aber für einen Zustand der Welt, den Gott vor anderen ausgezeichnet hat, auch unterscheidende Bestimmungen nennen lassen.[32]

Antoßerregend am Begriff des absoluten Raums muß für Leibniz vor allem die Konsequenz von Newtons Interpretation des Eimerversuchs sein, daß der leere, nicht von dynamisch ‚beseelter' Materie erfüllte Raum dynamische Wirkungen auf materielle Dinge ausüben soll. Der durch den Eimerversuch demonstrierte dynamische Unterschied zwischen geradlinig-gleichförmigen Bewegungen und Trägheitsbewegungen ist das einzige starke Argument, das Newton zugunsten der Realität des absoluten Raums anführen kann, und es bezieht seine Stringenz aus dem empirischen Faktum der Zentrifugalkraft. Es ist deshalb sehr spannend zu sehen, wie Leibniz dieses Faktum in seine Theorie von Raum, Zeit und Materie integrieren kann, und wie es ihm gelingt, Newtons Schlußfolgerungen zu vermeiden. Newtons Gedankenexperiment, nach dem Wirkungen der Fliehkraft auch zwischen zwei durch einen Faden verbundenen, im völlig leeren Raum umeinanderkreisenden Kugeln auftreten würden, kann für Leibniz gar keine Beweiskraft haben, wenn es für ihn keinen leeren Raum gibt. Wie kann er aber das Vorhandensein

---

32 Siehe HS I, S. 134. Man sieht hier, wie eng die Prinzipien der Identität des Ununterscheidbaren und des zureichenden Grundes bei Leibniz zusammenhängen; der zureichende Grund ist in diesem Fall eine Bestimmung, die es ermöglicht, einen Zustand der Welt von allen anderen Zuständen zu unterscheiden.

von Scheinkräften wie der Fliehkraft erklären, die nur dann auftreten, wenn man ein System materieller Dinge gegen den äußeren Raum rotieren läßt?

Leibniz läßt sich, von Clarke im vierten Schreiben zu diesem Punkt zur Rede gestellt, erst in seinem fünften Brief auf das Problem der Kreisbewegung ein. Er streitet dort vehement ab, daß im Scholium zum Definitionsteil der „Principia" ein Beweis für die Realität des absoluten Raums zu finden sei, gibt aber dennoch einen „Unterschied zwischen der absoluten wahrhaften Bewegung eines Körpers und seiner einfachen, relativen Lageveränderung mit Bezug auf einen anderen Körper" zu (HS I S. 189). Diese ‚absolute' Bewegung hat für Leibniz mit Newtons absolutem Raum nichts zu tun. Der „absolute Raum" ist für Leibniz ein bloß geometrischer Begriff, der nicht mit dem Begriff eines leeren physikalischen Raums verwechselt werden darf[33]. Leibniz begreift die mit Fliehkräften verbundene ‚absolute' Bewegung wie Newton als ein *dynamisches* Phänomen. Seine Deutung dieses Phänomens unterscheidet sich von der Newtons aber in zwei wesentlichen, miteinander zusammenhängenden Punkten:

1. Für Leibniz ist auch diese ‚wahre' Bewegung hinsichtlich ihrer empirischen Bestimmbarkeit *relativ*, denn einer Bewegung, die – wie es für Newtons Bestimmung der absoluten Bewegung gilt – nur gegen den leeren Raum und nicht relativ zu einem materiellen Bezugssystem definiert ist, gehen die vom Prinzip des zureichenden Grundes geforderten Bestimmungsgründe ab.

2. Im Gegensatz zu Newton und im Einklang mit seiner eigenen, auf der Monadenlehre beruhenden Theorie der Materie verlegt Leibniz die dynamische Ursache, die den empirischen Unterschied zwischen „absoluten wahrhaften" und bloß scheinbaren Bewegungen bewirkt, in die unter diesen Wirkungen stehenden Körper selbst und nicht in den leeren Raum: „Liegt nämlich die unmittelbare Ursache der Veränderung im Körper selbst, so ist er wahrhaft in Bewegung, zugleich aber wird sich nunmehr auch die Lage der anderen Körper mit Bezug auf ihn ändern, obwohl die Ursache dieser Veränderung nicht in ihnen selbst liegt" (HS I, S. 189).

---

33 Siehe „Metaphysische Anfangsgründe der Mathematik", HS I, S. 59 f.: „Der absolute Raum ist der durchweg erfüllte Ort oder der Ort aller Örter. ... Aus vier, nicht in dieselbe Ebene fallenden Punkten resultiert der absolute Raum." Der absolute Raum ist für Leibniz also der geometrisch vollständig bestimmte Raum, in dem die „Lage" aller Dinge, d. h. ihre räumliche Beziehung zueinander, eindeutig festgelegt ist.

Leibniz argumentiert hier mit den der Materie und ihren Bewegungen zugrundeliegenden dynamischen Prinzipien oder „substantiellen Formen"; der einzige Unterschied, durch den die wahre gegenüber der scheinbaren Bewegung ausgezeichnet sein kann, muß im Rahmen seiner Metaphysik ein der Materie immanenter Bestimmungsgrund sein. Für ihn sind alle beschleunigenden Kräfte letztlich auf die inneren dynamischen Prinzipien der Materie zurückzuführen und nicht, wie es Newtons Trägheitsgesetz postuliert, auf äußere Einwirkungen. Man muß Leibniz' Deutung der bei Kreisbewegungen auftretenden Fliehkräfte deshalb vermutlich in etwa folgendermaßen verstehen: wenn ein System materieller Dinge künstlich gegen seine Umgebung in Rotation versetzt wird, werden irgendwelche inneren Kräfte dieser Dinge aktiviert, die sodann die Wirkungen der Fliehkraft bedingen.[34] Da solche inneren Kräfte bei einer bloß scheinbaren Rotation nicht vorhanden sind, ist diese von einer wahren verschieden. – Dieser metaphysische Hintergrund von Leibniz' Interpretation der Kreisbewegung ist in einem Brief an *Huygens* deutlich zu erkennen: „Was den Unterschied zwischen der absoluten und relativen Bewegung betrifft, so glaube ich, daß wenn die Bewegung oder vielmehr die bewegende Kraft etwas Reales ist, … sie notwendigerweise auch einem Subjekt zukommen muß" (HS I, S. 243). Dieses „Subjekt" ist der Körper, an dem im Gegensatz zu seiner Umgebung Fliehkräfte auftreten. Leibniz schreibt einige Sätze weiter: „Sie werden indeß, denke ich, nicht leugnen, daß jedem Körper wirklich ein bestimmter Grad von Bewegung oder, wenn Sie wollen, von Kraft zukommt" (ebda.). – Der ‚wirkliche' Anteil einer Bewegung geht also auf die dem Körper inhärente bewegende Kraft zurück, und diese sieht Leibniz als ein der bloßen Extension und den räumlichen Verhältnissen „übergeordnetes Prinzip" (ebda.) an, das nur metaphysisch und nicht physikalisch erklärt werden kann.

Leibniz' Deutung der Kreisbewegung wird in dem Brief an Huygens nicht auf den ersten Blick voll verständlich. Leibniz scheint einerseits innere Kräfte der Materie anzunehmen, die deren ‚wahre' Bewegung auszeichnen, und andererseits die universelle Äquivalenz von Ruhe und Bewegung (eines Bezugskörpers bzw. -systems für Bewegung) zu behaupten: „Und selbst bei 1000 Körpern gebe ich zu, daß die Phänomene weder uns (noch den Engeln) einen unfehlbaren Anhaltspunkt zur Be-

---

34 Zu dieser Deutung kommt auch *Reichenbach* in seinem Aufsatz „Die Bewegungslehre bei Newton, Leibniz und Huyghens", (Kant-Studien 29, Berlin 1924, S. 416).

stimmung des Subjekts und des Grades der Bewegung liefern; und daß jeder einzelne ebensowohl als ruhend angesehen werden könnte." (ebda.) Unmittelbar danach wird aber deutlich, daß diese Äquivalenz von Ruhe und Bewegung nur *geometrisch* zu verstehen ist (d. h. als kinematische Äquivalenz). Zu ihr tritt die Kraft als der metaphysische Bestimmungsgrund hinzu, der für bestimmte Bewegungstypen die Differenz zwischen Kinematik und Dynamik bedingt.[35] Leibniz hat damit den dynamischen Konflikt zwischen dem Relativitätsprinzip und der Existenz von Fliehkräften behoben, indem er nur das (rein kinematische) Relativitätsprinzip in die Physik verlegt, die (dynamische) Ursache der Fliehkraft aber in die Metaphysik.

Leibniz' Deutung des Phänomens der bei Kreisbewegungen auftretenden Scheinkräfte ist ebenso konsistent wie die Newtons. Wo Newton den absoluten Raum als Ursache für die Existenz der Zentrifugalkraft in seine Theorie einbaut, indem er ihn zum globalen Bezugssystem für Trägheitsbewegungen macht, verweist Leibniz einerseits auf die durchgängige Relativität aller Bewegung und andererseits auf die inneren dynamischen Bestimmungen der Materie, die sich als mechanische Wirkungen in die äußeren Erscheinungen fortpflanzen. Beide Theorien argumentieren dynamisch: Newton mit äußeren Wirkungen nach dem Trägheitsgesetz und Leibniz mit inneren dynamischen Prinzipien der Materie. Beide können sich in ihrer Argumentation für bzw. gegen die Realität des absoluten Raums auf die Erfahrung berufen: Newton auf das empirische Faktum der Fliehkraft; Leibniz auf einen nach dem Prinzip des zureichenden Grundes erforderlichen empirischen Bestimmungsgrund für Bewegung gegen den leeren Raum oder – Kantisch ausgedrückt – auf die Bedingung der Möglichkeit einer empirischen Bestimmung von Bewegung.

Einigen konnten sich die Kontrahenten Leibniz und Newtons Verteidiger Clarke in ihrem Briefwechsel nicht, denn der Kern ihres Streits um den absoluten Raum liegt nicht in ihren physikalischen Theorien, sondern in der Metaphysik, die sie diesen zugrundelegen. Beiden Positionen ist die Schwäche gemeinsam, daß sie an der entscheidenden Stelle der Erklärung der Fliehkraft ihre metaphysischen Überzeugungen ins Spiel bringen müssen, weil die empirischen Prinzipien der Physik keinen Erklärungsgrund mehr abgeben. Newton verweist an der zentralen Stelle seiner Interpretation des Eimerversuchs auf Schlußfolgerungen aus einem empirisch prinzipiell undurchführbaren Gedankenexperi-

---

35 Siehe auch HS I, Anm. 104 von Cassirer, S. 158 f.

ment, das von der Kreisbewegung von Dingen in einem sonst völlig leeren Universum ausgeht. Leibniz verweist auf die inneren Bestimmungen der Materie, die allen äußeren dynamischen Wirkungen zugrundeliegen, selbst aber nicht erfahrbar sind. Wenn Newton die Existenz der Zentrifugalkraft als Beweis für die Realität des absoluten Raums in Anspruch nimmt, so kann Leibniz sie mit gleichem Fug und Recht zum Beweis für die Realität von Lebensprinzipien in der Materie hernehmen. Beide Beweise überschreiten, Kantisch ausgedrückt, die Grenzen aller möglichen Erfahrung.

Über ihrer metaphysischen Debatte blieb Leibniz und Clarke der *physikalische* Grund für den Konflikt zwischen dem Trägheitsgesetz und dem Relativitätsprinzip verborgen. Er liegt einzig und allein in der Universalität der Gravitation bzw. in der empirischen Identität von träger und schwerer Masse, wegen der das Trägheitsgesetz der Newtonschen Mechanik mit ihrem Gravitationsgesetz nur approximativ zu vereinbaren ist. Wegen der universellen Nichtabschirmbarkeit der Schwerkraft gibt es auch keinen kräftefreien Raum, in dem sich die Konsequenzen von Newtons Gedankenexperiment empirisch überprüfen ließen. Behoben ist der Konflikt zwischen Trägheitsgesetz und Relativitätsprinzip erst in der Allgemeinen Relativitätstheorie, der es mittels eines gegen Newton *und* Leibniz tiefgreifend geänderten Konzepts von Raum und Zeit gelingt, Trägheits- und Schwerebewegungen miteinander zu identifizieren und das Phänomen der Fliehkraft im Rahmen einer relativistischen Gravitationstheorie der Welt im Ganzen zu erklären.

3.2 Der absolute Raum in den „Metaphysischen Anfangsgründen"

Kant sieht in der Trägheit der Materie *und* der Relativität der Bewegung Bedingungen der Möglichkeit von deren Erfahrung, so daß für ihn sowohl Newtons Trägheitsgesetz als auch Leibniz' Relativitätsprinzip den Charakter apodiktischer besonderer Naturgesetze besitzen. In seinen Augen stehen beide Gesetze nicht in Widerspruch; er meint, der Gegensatz zwischen Newtons und Leibniz' Auffassungen von Raum und Zeit ließe sich beheben, wenn man nur mit den Mitteln der Vernunftkritik ihren jeweiligen metaphysischen Hintergrund ins Reich der alle Erfahrung übersteigenden Spekulation verweist. Bei Leibniz fallen der Metaphysik-Kritik die inneren Bestimmungen oder dynamischen Prinzipien der Materie zum Opfer, bei Newton die Annahme eines realen absoluten Raums. Kant kann allerdings dem absoluten Raum zwar die empirische Realität absprechen, aber (weil er das Trägheitsgesetz übernimmt) nicht völlig auf dieses Konzept verzichten, denn er ist sich wohl genauso wie Newton darüber im klaren, daß die Bestimmung geradlinig-gleichförmiger Trägheitsbewegungen ein universelles, kräftefreies Bezugssystem voraussetzt. Er kritisiert deshalb Newtons Auffassung des absoluten Raums, indem er ihm den Status einer *Vernunftidee* zuweist, die in der Verstandeserkenntnis der Natur als ein erkenntnisleitendes, regulatives Prinzip beibehalten werden darf. Damit scheint ihm zugleich die Vereinbarkeit von Trägheitsgesetz und Relativitätsprinzip gewährleistet.

Kant entwickelt diese Lösung schon im ersten Hauptstück der MAG, der Phoronomie, die mit der Definition beginnt: „Materie ist das Bewegliche im Raume" (MAG, A 1). Die Grundbestimmung der Materie – die Bewegung – steht hier unter der Kategorie der Quantität und wird im folgenden als relative Geschwindigkeit eines Materiepunkts gegen den Raum bestimmt. Der Raum, auf den die Bewegung bezogen wird, muß selbst empirisch erfahrbar sein; dies ist für Kant der Inhalt des Relativitätsprinzips als einer Bedingung möglicher Erfahrung von Bewegung. Der Bezugsraum für Bewegung ist deshalb immer selbst materiell oder relativ. Nun beinhaltet seine Relativität, daß er wiederum gegen einen erweiterten, ihn enthaltenden materiellen Raum beweglich ist. Dies gilt offenbar für *jeden* noch so großen empirischen, relativen Bezugsraum, wie umfassend er auch sein mag. Kant erhält mit dieser Überlegung eine ins Unendliche gehende Folge ineinander eingebetteter materieller Bezugsräume, deren Grenzwert er mit dem absoluten Raum identifiziert: der absolute Raum ist die Totalität, die man aus der Folge aller umeinandergeschachtelten endlichen, relativen Räume durch einen Schluß vom Bedingten aufs Unbedingte erhält. Diese Totalität ist der ideale Bezugsraum, „in welchem alle Bewegung zuletzt gedacht werden muß" (MAG, A 1).

Der absolute Raum ist für Kant also die unbedingte Totalität einer unendlichen Reihe von Bedingten, deren Begriff die Grenzen jeder möglichen Erfahrung übersteigt, und hat den Status einer spekulativen Idee. Er ist in materieller Hinsicht mit der Welt im Ganzen ihrer Extension nach (dem Gegenstand der ersten Antinomie der reinen Vernunft) identisch, denn er umfaßt alle materiellen Bezugsräume und damit die Gesamtheit aller Gegenstände des äußeren Sinns. Aus dieser Identifikation der Materie (im Sinne des Reflexionsbegriffs) des absoluten Raums mit derjenigen der Welt im Ganzen, einem der imaginären Gegenstände, deren Realität durch die Vernunft nur vorgespiegelt wird, ergibt sich sofort Kants Newton-Kritik: „Der absolute Raum ist also an sich gar nichts und gar kein Objekt, sondern bedeutet nur einen jeden andern relativen Raum, den ich mir außer dem gegebenen jederzeit denken kann, und den ich nur über jeden gegebenen ins Unendliche hinausrükke ... Ihn zum wirklichen Dinge zu machen, heißt die logische Allgemeinheit irgendeines Raums, mit dem ich jeden empirischen als darin eingeschlossen vergleichen kann, in eine physische Allgemeinheit des wirklichen Umfanges verwechseln, und die Vernunft in ihrer Idee mißverstehen" (MAG, A 3 ff.). Kritisiert wird hier Newtons Auffassung des absoluten Raums als eines immateriellen Behälters der Welt, nach der ein bloß gedachtes, ‚logisches‘ globales Bezugssystem für Bewegungen mit einem realen, ‚physischen‘ universellen Bezugsraum verwechselt wird. Kant setzt sich gegen Newton mit seiner Deutung des absoluten Raums gleich doppelt ab: dieser ist für ihn nicht ein leerer Raum, ‚in‘ dem sich die materielle Welt befindet, sondern eine Totalisierung endlicher, empirischer Räume; und er ist für ihn kein Gegenstand objektiver Erkenntnis.

Im Vorrang, den Kant dem Relativitätsprinzip vor Newtons Konzept des absoluten Raums gibt, ist er Leibnizianer. Als der Newtonianer, der er zugleich ist, kann er aber auf den absoluten Raum im Sinne eines globalen Bezugssystems für geradlinig-gleichförmige Trägheitsbewegungen nicht verzichten. Er behält ihn deshalb in den MAG als ein *erkenntnisleitendes regulatives Prinzip* bei, das die Bestimmung von Bewegungen ermöglicht. Diese Lösung ist angesichts der Funktion, die in der KdrV die Vernunftideen schließlich für die Verstandeserkenntnis zugewiesen bekommen, naheliegend. Kant benutzt den absoluten Raum, wie ich jetzt zeigen möchte, schon in der Phoronomie der MAG als ein regulatives Prinzip und schreibt ihm bereits hier, wo nur die Kinematik − und noch nicht die Dynamik − von Bewegungen abgehandelt wird, *alle* Eigenschaften eines *globalen Bezugssystems für Trägheitsbewegungen* zu.

In der Phoronomie spielt der absolute Raum die Rolle eines gedachten (also ‚logischen‘, nicht ‚physischen‘) Bezugsraums, der dazu erforderlich ist, zusammengesetzte Bewegungen in der Anschauung zu konstruieren. Die Überlagerung zweier verschieden gerichteter Bewegungen eines Punktes läßt sich in der Anschauung nur dadurch a priori darstellen, daß sie als die Überlagerung von einer Bewegung dieses Punkts gegen den absoluten Raum mit der Bewegung eines relativen Raums gegen den Punkt vorgestellt wird − dies ist der Inhalt von „Lehrsatz 1" der Phoronomie. Auf diese Weise können aber (dies ist entscheidend für Kants Gebrauch vom Begriff des absoluten Raums in der Phoronomie) nur geradlinige, keine gekrümmten Bewegungen zusammengesetzt werden. Kant benutzt nämlich beim Beweis des Lehrsatzes das *Newtonsche Äquivalenzprinzip*, nach dem die Ruhe eines Körpers relativ zu einem geradlinig bewegten Raum äquivalent mit der entgegengesetzten Bewegung des Körpers gegen einen ruhenden Raum ist. Diese Äquivalenz folgt aus der Newtonschen Dynamik. Sie enthält gegenüber der *alle* Bewegungstypen umfassenden *kinematischen* Äquivalenz schon eine dynamische Einschränkung. Ausgeschlossen sind hier gerade die gekrümmten Bewegungen (wie z. B. die Kreisbewegung), bei denen „eine Ursache dieser Veränderung, welche nun nicht der bloße Raum sein kann, herbeigezogen werden" muß (MAG, A 29). Kant benutzt also schon in seiner Phoronomie eine *dynamische Voraussetzung, mittels deren die Kinematik auf die dynamisch äquivalenten Bewegungstypen eingeschränkt wird.*[36] Diese sind gerade die gleichförmig-geradlinigen Trägheitsbewegungen, so daß für Kant die Totalität aller relativen, empirischen Räume – der absolute Raum, „in welchem alle Bewegung zuletzt gedacht werden muß" (MAG, A 1) – tatsächlich schon in der Phoronomie die Eigenschaften eines globalen Inertialsystems hat.[37]

---

36 Diese Einschränkung der Kinematik nimmt auch später die Spezielle Relativitätstheorie vor – allerdings aus völlig anderen, theorieimmanenten Gründen. Siehe M. Strauss, a. a. O., S. 172 ff.

37 Das Newtonsche Äquivalenzprinzip ist der Inahlt von „Grundsatz 1" der Phoronomie (MAG, A 14); dieser wird beim Beweis von „Lehrsatz 1" benutzt. Man beachte, daß hier nur geradlinige gegenüber gekrümmten Bewegungen ausgezeichnet sind, aber noch keine Gleichförmigkeit verlangt ist. Die beschleunigte, aber geradlinige gemeinsame Bewegung eines Systems von Körpern ist mit Kräften verbunden, die auf alle Körper in derselben Richtung und Größe wirken, so daß an den relativen Bewegungen der Körper *innerhalb* des Systems keine besonderen dynamischen Wirkungen erfahren werden. Dagegen wirkt bei einem rotierenden System die Zentrifugalkraft auf alle bezüglich der Achse diametralen Körper in entgegengesetzter Richtung, so daß sie eine im Ruhezustand nicht vorhandene relative Fluchtbewegung erhalten. Ich vermute, daß Kant die dynamische Nicht-Äquivalenz von geradlinig-gleichförmigen und geradlinig-beschleunigten Bezugssystemen nicht gesehen hat, denn die dynamische Unterscheidung *aller* geradlinigen von gekrümmten Bewegungen (MAG, Anm. 3 zum Lehrsatz 1, A 29), nach der nur letztere einer äußeren Ursache bedürfen, steht in klarem Widerspruch zum in der Mechanik der MAG von ihm hergeleiteten Newtonschen Trägheitsgesetz. Kant hatte also noch nicht den modernen Begriff der Beschleunigung, der alle Nicht-Inertialbewegungen umfaßt. Die Identifikation

Kant benutzt den in der Phoronomie eingeführten Begriff des absoluten Raums nun im Fortlauf der MAG und kümmert sich nicht mehr um das Problem eines globalen Bezugssystems für Bewegungen nach dem Trägheitsgesetz. Der absolute Raum, der ein ideales Inertialsystem darstellt, hat für ihn die Funktion eines für die Bestimmung von Bewegungen unabdingbaren regulativen Prinzips; er ist „als eine Idee, welche zur Regel dienen soll, alle Bewegung in ihm bloß als relativ zu betrachten, notwendig" (MAG, 149). Auf diese Weise hat Kant zwischen Newtons und Leibniz' Auffassungen von Raum und Zeit folgendermaßen vermittelt: die Idee des absoluten Raums ermöglicht es einerseits, Bewegung materiellen Dingen *immer* als ein bloß relatives Prädikat beizulegen, wie es das Relativitätsprinzip verlangt, und andererseits, jede Bewegung auf ein ideales, kräftefreies Bezugssystem zu beziehen, wie es das Trägheitsgesetz erfordert.

Kant weiß sehr wohl, daß der Begriff eines absoluten Raums, dem alle idealen Eigenschaften eines Inertialsystems zukommen, eine *Abstraktion* darstellt; er ist „nur die Idee von einem Raume, in welchem ich von aller besonderen Materie, die ihn zum Gegenstande der Erfahrung macht, abstrahiere" (MAG, A 155). Abstrahiert wird hier zunächst von der Tatsache, daß jeder erweiterte materielle Bezugsraum, der zur empirischen Bestimmung der Bewegung eines Systems von Körpern dient, wiederum beweglich und relativ ist. Kant übersieht allerdings, daß er mit seiner Deutung des absoluten Raums als bloßer Idee zugleich auch von den *dynamischen Wirkungen* abstrahiert, die die einen materiellen Bezugsraum erzeugenden Dinge ausüben. Er erkauft die Vermittlung von Newtons Trägheitsgesetz und Leibniz' Relativitätsprinzip

___

von Kants Idee des absoluten Raums mit einem globalen Bezugssystem für Trägheitsbewegungen ist hier und im folgenden mit dieser Einschränkung gemeint.

Allerdings kann der absolute Raum für Kant schon deshalb gar kein geradlinig beschleunigtes System sein, weil er – wie alle Noumena – kein empirischer Gegenstand ist, dem die Prädikate der Ruhe oder Bewegung zugesprochen werden könnten: er ist „schlechthin unbeweglich" (MAG, A 1) im Gegensatz zur Materie, deren Grundbestimmung Beweglichkeit ist – nur von ihr kann Ruhe oder Bewegung prädiziert werden. Auch diese Unterscheidung ist in Kants Grundbestimmung der Materie mitzulesen. Der absolute Raum steht selbst nicht mehr in „äußeren Verhältnissen ... zu einem gegebenen Raum" (siehe Erklärung 2, Definition der Bewegung, MAG, A 5), und *alle* Aussagen über seinen Bewegungszustand sind falsch. Er ist mit der Welt im Ganzen zu identifizieren, der weder Ort noch Bewegung als mögliche Prädikate zukommen. Vgl. auch Transzendentale Dialektik, KdrV, B 530 ff.

deshalb um den Preis, daß er – im Gegensatz zu Newton und Leibniz selbst – den dynamischen Unterschied zwischen Inertialbewegungen und Nicht-Inertialbewegungen nur noch phänomenologisch klassifizieren, aber nicht erklären kann: dies soll jetzt gezeigt werden.

Die Klassifikation verschiedener Bewegungstypen hinsichtlich ihrer Modalität als Gegenstand der Erfahrung ist Thema der Phänomenologie, dem vierten Hauptstück der MAG. Kant unterscheidet hier drei Bewegungstypen. Die geradlinige Bewegung sieht er als ein „bloß mögliches Prädikat" (Lehrsatz 1, A 140) von Materie an, die Kreisbewegung als ein „wirkliches Prädikat" (Lehrsatz 2, A 142) und die entgegengesetzt-gleiche Bewegung zweier Körper, die bewegende Wirkungen aufeinander ausüben, als ein „notwendiges" Prädikat (Lehrsatz 3, A 144). Diese Bewegungstypen entsprechen den durch die drei Newtonschen Axiome bezeichneten Vorgängen. Geradlinig-gleichförmige Trägheitsbewegungen sind kräftefrei und nicht durch dynamische Wirkungen erfahrbar; Kreisbewegungen stehen unter dem Einfluß äußerer Kräfte und sind anhand dynamischer Wirkungen wie z. B. der Zentrifugalkraft erfahrbar; Bewegungen, bei denen Impuls übertragen wird (die also beschleunigend sind), müssen nach dem Gesetz der Gleichheit von Wirkung und Gegenwirkung als entgegengesetzt gleiche Relativbewegungen der aufeinander wirkenden Körper bestimmt werden.

Der Unterschied, den Kant zwischen ‚möglichen' und ‚wirklichen' Bewegungen macht, beinhaltet die dynamische Nichtäquivalenz von geradlinig-gleichförmigen und kreisförmigen Bewegungen: beim zweiten Bewegungstypus läßt sich die Bewegung eines Systems von Körpern von der entgegengesetzten Bewegung des Bezugsraums empirisch unterscheiden, beim ersten nicht. Wie versucht nun Kant diesen Unterschied zu deuten? Als Kritiker von Leibniz' der Materie immanenten dynamischen Prinzipien muß er die Ursache von Fluchtbewegungen als eine äußere Kraft begreifen. Als Kritiker von Newtons einseitigen dynamischen Wirkungen des leeren Raums auf Materie muß er diese äußere Kraft wiederum in die Materie verlegen. Wie kommt er damit zu Rande?

In der „Allgemeinen Anmerkung zur Phänomenologie" fügt Kant, um die bei der Kreisbewegung auftretenden Scheinkräfte zu deuten, Newtons und Leibniz' zentrale Argumente auf eigentümliche Weise ineinander. Zunächst übernimmt er von Leibniz die Kritik am Begriff der absoluten Bewegung (im Sinne einer Bewegung gegen den absoluten Raum) und spricht von der Kreisbewegung als einer „wahren" Bewegung, zum Unterschiede vom Schein, nicht aber von ihr als „absoluten im Gegensatze der relativen" (MAG, A 150); die Wirkungen der Zentrifugalkraft sind auch für ihn relative Fluchtbewegungen und keine Bewegungen gegen den äußeren Raum. Dann stellt Kant eine dem Newtonschen Gedankenexperiment analoge Überlegung an: „Man kann sich z. B. die Erde im unendlichen leeren Raum als um die Achse gedreht vorstellen, und diese Bewegung auch durch Erfahrung dartun, obgleich weder das Verhältnis der Teile der Erde untereinander, noch zum Raume außer ihr, phoronomisch, d. i. in der Erscheinung verändert wird. ... Allein, wenn ich mir eine zum Mittelpunkt der Erde hingehende tiefe Höhle vorstelle, und lasse einen Stein darin fallen, finde aber, daß, obzwar in jeder Weite vom Mittelpunkte die Schwere immer nach diesem hin gerichtet ist, der fallende Stein dennoch von seiner senkrechten Richtung im Fallen kontinuierlich und zwar von West nach Ost abweiche, so schließe ich, die Erde sei von Abend gegen Morgen um die Achse gedreht." (MAG, 150 f.) Kant argumentiert hier mit der Corioliskraft und nicht wie Newton mit der Zentrifugalkraft. Wie aus dem folgenden hervorgeht, nimmt er an, aus den Wirkungen dieser Scheinkraft lasse sich schließen, daß sich die Erde gegen den Fixsternhimmel dreht und nicht umgekehrt dieser gegen jene. Daß ein völlig leerer äußerer Bezugsraum von einem mit fernen Massen erfüllten dynamisch verschieden sein könnte, sieht er dabei ebensowenig wie Newton.

Anschließend deutet Kant die Achsendrehung der Erde ganz unabhängig von sichtbaren Fluchtbewegungen als eine Relativbewegung aller diametral zur Achse in gleicher Entfernung befindlichen Teile der Erde, da diese ständig dazu tendieren, sich aufgrund der Fliehkraft voneinander zu entfernen, und nur durch die Schwerkraft zurückgehalten werden (siehe MAG, A 152). Die Wirkungen der Schwerkraft und der Fliehkraft halten einander an der Erdoberfläche die Waage – sie sind für Kant *real-entgegengesetzte Größen*, die sich gegenseitig kompensieren können. Größen, die sich gegenseitig zu Null aufheben können, haben nach dem Kantischen Begriff der Realentgegensetzung denselben Grad an Realität, sie unterscheiden sich nur durch das Vorzeichen.[38] Der Wirkung der Fliehkraft kommt deshalb genauso viel Wirklichkeit

---

38 Siehe hierzu z. B. im Amphibolienkapitel der KdrV die zweite Amphibolie der Reflexionsbegriffe (diejenige von Einstimmung und Widerstreit). Kant führt dort gegen Leibniz an: „der reale Widerstreit findet allerwärts statt, wo A-B = 0 ist, d. i. wo eine Realität mit der andern, in einem Subjekt verbunden, eine die Wirkung der andern aufhebt, welches alle Hindernisse und Gegenwirkungen in der Natur unaufhörlich vor Augen legen" (KdrV, B 329).

zu wie derjenigen der Schwerkraft, auch wenn sie an starr miteinander verbundenen Teilen der Materie nicht direkt erfahrbar ist. Eine nicht um die eigene Achse rotierende Erde müßte nach diesem Argument in jedem Fall einen kleineren Äquatorialdurchmesser haben – sie besäße keine abgeplattete Gestalt. Das empirische Kriterium für die Unterscheidung von ‚wahren‘ und ‚scheinbaren‘ Kreisbewegungen ist also auch für Kant dynamischer Natur. Aufgrund seines Konzepts einer Realentgegensetzung, mit dem er sich kritisch gegen Leibniz wendet, kann er im Unterschied zu diesem die Fliehkraft als äquivalent zu einer relativen repulsiven Wirkung materieller Dinge aufeinander betrachten, die durch die attraktive relative Wirkung der Gravitation kompensiert wird. Damit kann er wiederum gegen Newtons Begriff der absoluten Bewegung mit guten Gründen einwenden, auch die mit Scheinkräften verbundene Kreisbewegung sei „mithin wirklich nur relative und sogar darum allein wahre Bewegung" (MAG, A 152).[39]

Kants Versuch, den Streit zwischen Befürwortern und Gegnern eines dynamische Wirkungen verursachenden absoluten Raums auf diese Weise zu schlichten, ist ebenso genial wie letztlich unbefriedigend. Nach seiner Deutung der ‚wahren‘ Kreisbewegung ist nämlich die Fliehkraft in allen ihren Wirkungen einer repulsiven Kraft äquivalent. Trotzdem sollen ihre Wirkungen „ohne alle dynamische zurücktreibende Ursache" (MAG, A 152) sein; diese Behauptung belegt Kant mit dem Zitat von Newtons Gedankenexperiment zweier im leeren Raum rotierender, durch einen Faden verbundener Kugeln. Die Fliehkraft ist für Kant also eine *Kraft*, denn sie ist die Ursache einer Bewegungsänderung[40], *die keine Kraft ist*, denn sie hat keine dynamischen zurücktreibenden Ursachen. Die Fluchtbewegung ist für ihn damit eine dynamische Wirkung, die keine dynamische Ursache hat.

Kant hat in dieser Konsequenz seiner Auflösung des Gegensatzes zwischen Newton und Leibniz offenbar kein Problem gesehen. Er bleibt bei der Konstatierung des phänomenologischen Unterschieds zwischen Trägheitsbewegungen und Kreisbewegungen hinsichtlich der

---

39 Kant sieht hier möglicherweise einen Zusammenhang zu Lehrsatz 3 der Phänomenologie, nach dem relativen Bewegungen, die nach dem Gegenwirkungsgesetz aufeinander bezogen sind, Notwendigkeit zukommt. Die Schwerebewegung zweier Massenpartikel aufeinander zu, die deren Fluchtbewegung real-entgegengesetzt ist, ist offenbar von diesem Typus.

40 „Die Ursache einer Bewegung", die nicht geradlinig-gleichförmig ist, „heißt aber bewegende Kraft" (MAG, A 33).

mit ihnen verbundenen dynamischen, empirisch bestimmbaren Wirkungen stehen. Seine Metaphysik-Kritik hindert ihn daran, nach den *naturimmanenten*, physikalischen Ursachen der Zentrifugalkraft wenigstens zu fragen. Der absolute Raum in Gestalt eines universellen Inertialsystems, das alle empirischen Bezugsräume umfaßt, ist für ihn eine alle mögliche Erfahrung übersteigende bloße Idee, die keine objektive Realität besitzt. Die später von *Mach* durchdachte Möglichkeit einer *empirisch überprüfbaren physikalischen Theorie der Welt im Ganzen*, die den absoluten Raum mit der Gesamtheit aller materiellen Dinge identifiziert und die Fliehkraft auf deren dynamische Wirkungen zurückzuführen versucht, erschien Kant noch unvorstellbar.

Kants Lösung für die Probleme des absoluten Raums und der Kreisbewegung ist zwar sowohl mit seinen erkenntniskritischen Prinzipien als auch mit den empirischen Tatsachen verträglich, aber schon im Rahmen seines eigenen Programms einer „rationalen Physik" unbefriedigend. Kant gibt sich in der Phänomenologie der MAG mit der Klassifizierung der Phänomene zufrieden, die auf das Trägheitsgesetz zurückgehen. Er vermag das Trägheitsgesetz in der Gestalt, die Newton ihm gegeben hat, nicht zu begründen, sondern nur unbegründet als ein höchstens empirisch bestätigtes Prinzip vorauszusetzen. An dieser Stelle versagt der Anspruch der MAG, das Fundament für eine auf apriorischen besonderen Naturgesetzen beruhende „rationale Physik" zu liefern, das als einzigen empirischen Baustein die Voraussetzung des faktischen Daseins von Materie enthält.

3.3 Die Materie als Totalität

Kant hat das Problem des absoluten Raums in den MAG nicht überzeugend in den Griff bekommen. Die Funktion, die er dem absoluten Raum in Form eines regulativen Prinzips in seiner Materietheorie zuweist, kann den dynamischen Unterschied zwischen Inertialbewegungen und kreisförmigen Bewegungen eines Systems materieller Dinge nicht begründen in dem Sinne, in dem er selbst die Begründung von Naturgesetzen, denen apodiktischer Charakter zukommen soll, für erforderlich hielt. Kant erkennt, daß der dynamische Unterschied von Trägheitsbewegung und beschleunigter Bewegung mit der Existenz eines inertialen Bezugssystems zu tun hat; sonst hätte er die Idee des absoluten Raums nicht für unverzichtbar im Rahmen eines theoretischen Konzepts der Materie gehalten. Er nimmt aber das mit der realen Existenz eines Inertialsystems verknüpfte Vorhandensein der Zentrifugalkraft als gegeben hin und stellt sich nicht die Frage, wie denn eine bloß spekulative Idee, der kein objektiver Status im Gebiet der Verstandeserkenntnis zukommt, dynamische Wirkungen zur Folge haben soll. Kant bleibt uns in den MAG die „metaphysische" Begründung eines konstitutiven Bestandteils der Newtonschen Theorie schuldig und zieht sich – ohne diese Lücke in seinem Begründungsverfahren zu bemerken – auf ein regulatives Prinzip zurück, das er aus der Totalisierung von dynamischen Zusammenhängen zwischen materiellen Körpern gewinnt. Der absolute Raum ist für ihn ein alle mögliche Erfahrung übersteigender Grenzwert einer unendlichen Folge endlicher, umeinandergeschachtelter materieller Bezugsräume für Trägheitsbewegungen.

Was ist daraus nun für die in Kants Programm einer Metaphysik der Natur angelegten Trennung von verstandes- und vernunftgemäßer Bestimmung der körperlichen Natur zu lernen, die in der rationalen Physik bzw. der rationalen Kosmologie ihre Prinzipien finden? Die MAG sollen ja das a priori begründete „metaphysische" Fundament der rationalen Physik sein und diese wiederum der reine Teil der „eigentlichen" Naturwissenschaft, deren Gesetzen apodiktischer Charakter zukommt. Die Gegenstände der rationalen Physik müssen also in dasjenige Teilgebiet der Verstandeserkenntnis gehören, in dem Verstandesbegriffe sogar konstitutiv für besondere Naturgesetze sind, und nicht in die Erweiterung dieses Gebiets, die mittels der durch die Vernunft vorgespiegelten, bloß erkenntnisleitenden kosmologischen Objekte ermöglicht ist, wo die Verstandesbegriffe zwar noch erfahrungskonstitutiv, die durch sie erkannten Naturgesetze aber nur noch empirisch begründbar sind. Nun hat sich gezeigt, daß *schon das Fundament der „rationalen Physik" von kosmologischen Ideen nicht freizuhalten* ist – denn der absolute Raum ist ja eine kosmologische Idee. Er ist, da er alle empirischen Bezugsräume als deren Totalisierung umfaßt, seiner Extension nach mit der Materie insgesamt zu identifizieren, mit der Welt im Ganzen als dem mathematischen Zusammenhang aller Erscheinungen im Raum.

Er ist sogar mit einem *dynamischen* Zusammenhang aller Sinneserscheinungen identisch, denn er ist ein dynamisches und nicht bloß ein kinematisches Konzept – dies ist der Grund dafür, daß Kant in der Phoronomie für sein Verfahren zur Konstruktion von zusammengesetzten Bewegungen seine Kinematik auf die dynamisch äquivalenten Inertialbewegungen restringiert. Kant selbst hielt den absoluten Raum wohl für ein nur kinematisches Konzept[41] und sah nicht, in welcher

---

41 Siehe auch MAG, A 154, wo Kant den „leeren Raum in phoronomischer Rücksicht" mit dem absoluten Raum identifiziert. Kant muß gespürt haben, daß New-

Weise seine Phoronomie von der im Mechanik-Teil der MAG entwikkelten Newtonschen Dynamik bereits implizit Gebrauch macht. Deshalb war er auch nicht in der Lage, eine Identifikation der Wirkungen des absoluten Raums mit denen der Materie insgesamt (bzw. der fernen Massen des Universums) vorzunehmen, wie Mach es später versuchte. Hätte Kant einen solchen Versuch unternommen, so hätte er schon im Rahmen der MAG die strikte systematische Trennung von „rationaler Physik" und „rationaler Kosmologie" aufgeben müssen und wäre gezwungen gewesen, im Rahmen seines Verstandeskonzepts der Natur *die Materie als eine dynamische Totalität* zu denken.

Kant löst den Widerstreit zwischen Newtons und Leibniz' Konzepten von Raum und Zeit mittels eines regulativen Prinzips, dem eine kosmologische Idee zugrundeliegt. Man muß vermuten, dasjenige, was hier aufgelöst wird, sei eine *kosmologische Antinomie*, in die sich der Verstand bei der Bestimmung der Dynamik von Bewegungen verwikkelt. Tatsächlich ist es leicht, die Antinomie zu formulieren, in der Newtons Trägheitsgesetz und Leibniz' Relativitätsprinzip miteinander in Widerstreit geraten und die Kant mit dem von der transzendentalen Dialektik her bewährten Rezept aufzulösen versucht; sie hat für Kant wohl folgendermaßen ausgesehen:

Thesis: Es gibt einen von aller Materie unabhängigen, absoluten Raum, auf den alle kräftefreien Bewegungen in der Welt bezogen sind.

Antithesis: Es gibt weder innerhalb noch außerhalb der Welt einen absoluten, von der Materie unabhängigen Raum, der in irgendeiner Relation zu materiellen Substanzen steht.

Die Beweise für Thesis bzw. Antithesis sind Newtons und Leibniz' Argumente für bzw. gegen die Existenz eines absoluten Raums. Kant schafft diese Antinomie erkenntniskritisch aus der Welt, indem er sowohl Newtons absolutem Raum als auch Leibniz' inneren dynamischen Prinzipien der Materie die objektive Realität abspricht, und übersieht dabei, daß eine Antinomie zwischen Relativitätsprinzip und Trägheitsgesetz in veränderter Form dennoch weiterbesteht. In der Terminologie der Physik lautet sie:

Thesis: Es gibt ein universelles Bezugssystem für Trägheitsbewegungen, entweder in oder außer der materiellen Welt, das alle Eigenschaften eines Inertialsystems hat.

---

tons Mechanik auf das Konzept des absoluten Raums nicht verzichten kann. Aber Newtons Trägheitsgesetz war wohl so tief in seinem Denken verwurzelt, daß er die dynamische Beziehung zwischen Trägheitsgesetz und Existenz eines Inertialsystems nicht analysiert hat.

Antithesis: Es gibt kein Inertialsystem, weder in noch außer der materiellen Welt, auf das alle Trägheitsbewegungen gleichermaßen bezogen werden können.

Der Beweis für die *Thesis* ist mit Newtons Trägheitsgesetz und der Existenz von Zentrifugalbewegungen zu führen, wobei man aber – im Gegensatz zu Newton selbst und auch zu Kant – berücksichtigen muß, daß das Gedankenexperiment bezüglich der Existenz von Fliehkräften im völlig leeren Raum wegen seiner empirischen Undurchführbarkeit gar nichts beweist. Der Beweis für die *Antithesis* muß neben Leibniz' Relativitätsprinzip noch Newtons Gravitationsgesetz benutzen. Das Relativitätsprinzip schließt ein von der Materieverteilung in der Welt unabhängiges Inertialsystem aus – das Bezugssystem für kräftefreie Bewegungen muß nach ihm, wenn es überhaupt existiert, materiell sein. Das *Gravitationsgesetz* schließt aber aus, daß es einen materiellen Bezugsraum gibt, der die Eigenschaften eines Inertialsystems im strengen Sinne besitzt – aufgrund ihrer Schwere üben alle materiellen Dinge aufeinander Kräfte aus, so daß es gar keinen materiellen Bezugsraum gibt, in dem völlig kräftefreie Bewegungen möglich sind.

Diese Antinomie, die mit dem Begriff eines Inertialsystems verknüpft ist, beruht auf einem *inneren* Konflikt, der in Newtons Mechanik zwischen Trägheits- und Gravitationsgesetz entsteht, wenn man das Relativitätsprinzip als eine Bedingung der möglichen empirischen Bestimmung von Bewegungen ernst nimmt. Grund für diesen Konflikt ist die (vom Standpunkt der Newtonschen Theorie aus kontingente) empirische Identität von träger und schwerer Masse, aufgrund deren das Trägheits- und das Gravitationsgesetz genau dieselbe Extension besitzen. *Mach* hat versucht, diese Antinomie aufzulösen, indem er Trägheitsbewegungen auf dynamische Wirkungen der fernen Massen des Universums zurückführte, sie also als Schwerebewegungen interpretierte. Auf die Mängel dieses Lösungsversuchs, der noch im Rahmen der klassischen Mechanik verbleibt, kann hier nicht eingegangen werden. (Siehe M. Strauss, Modern Physics and its Philosophy, Dordrecht 1975, S. 17 ff.) Mach gab aber Einstein einen Schlüssel für die Lösung des Problems in die Hand, indem er einerseits vom Relativitätsprinzip und andererseits von der phänomenologischen Identität von träger und schwerer Masse ausging. *Einstein* löste die Antinomie des Inertialsystems im Rahmen der Allgemeinen Relativitätstheorie auf, indem er im Gegensatz zu Mach das Konzept eines *globalen* Inertialsystems überhaupt aufgab. Die Allgemeine Relativitätstheorie verknüpft die Beschaffenheit von Raum und Zeit tiefgreifend mit dem Vorhandensein von

Materie und läßt in einem gekrümmten Raum-Zeit-Kontinuum, dessen Struktur an die Anwesenheit von Materie geknüpft ist, nur noch *lokale* Inertialsysteme zu.

Entscheidend ist hier, daß die Antinomie, die noch übrig bleibt, wenn man das Problem um den absoluten Raum der Kantischen Metaphysik-Kritik unterzieht, eine *kosmologische Antinomie innerhalb des Gebiets der Verstandeserkenntnis* ist, die *nur im Rahmen einer Theorie der Materie als Totalität, aber durch das begriffliche Instrumentarium des Verstandes* aufgelöst werden konnte. Kants Restriktion der Verstandeserkenntnis auf materielle Bezugssysteme, die im Endlichen empirisch gegeben sind, wird zwar durch Einsteins Theorie noch dadurch eingeschränkt Recht gegeben, daß das Konzept eines mit der Welt im Ganzen identischen globalen Bezugssystems zugunsten der Lokalität von Inertialbewegungen preisgegeben werden mußte. Daß aber eine *globale* Theorie der Materie insgesamt in ihrem dynamischen Zusammenhang möglich ist, die *lokal* empirisch bestätigt werden kann − dies hat Kant nicht gesehen.

Es ist nun an der Zeit, das Fazit aus dem *Universalitätsproblem* zu ziehen, das sich angesichts von Kants Vernunftkritik und seiner systematischen Trennung zwischen „rationaler Kosmologie" und „rationaler Physik" stellt (siehe Erstes Kapitel, 3.). Kant traut sich nicht, die Materie ihrer Form nach im Rahmen der Grundlegung einer physikalischen Theorie über die Welt im Ganzen als eine dynamische Totalität zu bestimmen; sonst hätte er die Systematik seiner Metaphysik der Natur nicht mehr aufrechterhalten können. Für ihn ist der absolute Raum ein aus einer Vernunftidee entsprungenes regulatives Prinzip und sonst gar nichts; er sieht nicht den genauen Zusammenhang dieses Prinzips mit Newtons Trägheitsgesetz, das er für apodiktisch hält. Deshalb bleibt ihm die Sicht dafür versperrt, in welcher Weise Newtons Konzept des absoluten Raums einen fundamentalen, der Newtonschen Mechanik inhärenten Widerstreit zwischen Trägheitsgesetz und Gravitationsgesetz verdeckt. Dieser Widerstreit entsteht gerade dadurch, daß sich schon der Verstand und nicht erst die spekulative Vernunft, wie Kant wohl meinte, genötigt sieht, die von ihm entdeckten Naturgesetze für einerseits universell und andererseits miteinander vereinbar zu halten. Aufgelöst wurde dieser Widerstreit ebenfalls durch den Verstand selbst, in einer Theorie der Materie, die *universeller* ist als Newtons in dem Sinne, daß sie Trägheit und Schwere der Materie miteinander identifiziert, sie mit dem Raum-Zeit-Kontinuum verknüpft und so ein integrales theoretisches Konzept für Raum, Zeit und Materie entwickelt. Die Naturwissenschaft muß gerade im Rahmen einer mathematischen, ‚rationalen‘ Physik versuchen, theoretische Konzepte der Welt im Ganzen zu entwickeln, die eben nicht nur „logische Allgemeinheit" im Sinne der Allgemeinheit von Allgemeinbegriffen haben, sondern zusätzlich die „physische Allgemeinheit" – d. h. objektive Realität und universelle Gültigkeit – besitzen, die Kant dem absoluten Raum in den MAG (S. A 4) abspricht. Die Natur muß von der Verstandeserkenntnis nicht nur in materieller Hinsicht, sondern auch in formaler Hinsicht als Totalität bestimmt werden. Im Rahmen der Kantischen Systematik ist dies allerdings nur der Vernunft und ihr ohne Objektivitätsanspruch zugestanden.

Kants Systematik müßte, um diesem Desiderat gerecht zu werden, sicher in mehreren Punkten revidiert werden. Die systematische Trennung zwischen den Gesetzen der rationalen Physik, denen Apodiktizität und Objektivität zukommen soll, und den bloß regulativen Prinzipien der rationalen Kosmologie ist wohl nicht aufrecht zu erhalten – soviel ist sichtbar geworden. Das Programm einer *apriorischen* Metaphysik der Natur oder Naturphilosophie, die sich nicht auf vorausgesetzte Ergebnisse der empirischen Naturwissenschaften beruft, ist selbst unhaltbar – die Gesetze der mathematischen Physik haben hypothetischeren Charakter, als Kant zu einer Zeit wissen konnte, in der Newtons Mechanik unumstößlich erschien und die *einzige* universelle physikalische Theorie darstellte. Man muß offenbar versuchen, die Bedingung für die Objektivität naturwissenschaftlicher Theorien anders zu bestimmen, als Kant es tat: nach seinen erkenntniskritischen Kriterien ist vermutlich keine einzige heute bekannte physikalische Theorie objektiv. – Problematisch erscheint auch der innere Aufbau der MAG, denn Kant macht an mehreren Stellen (z. B. in der Phoronomie, aber vermutlich auch in der Dynamik) implizit von Newtons Trägheitsgesetz, das er erst in der Mechanik der MAG herleitet, Gebrauch. Kant hat die Beziehung, die in Newtons Mechanik zwischen Kinematik und Dynamik besteht, ebensowenig analysiert wie die Beziehung zwischen seinen Begriffen von Repulsiv- und Attraktivkraft (mit denen er die inneren dynamischen Eigenschaften der Materie bestimmt) und Newtons Kraftgesetz.

Zum Abschluß der Auseinandersetzung mit Kant möchte ich zusammenfassend zurückkommen auf sein Programm einer Naturphilosophie, die Metaphysik ist im Sinne einer Erkenntnis aus reinen Begriffen und die dennoch den Naturwissenschaften selbst gegenüber eine Daseinsberechtigung besitzt. Diese Daseinsberechtigung folgt für ihn aus dem Verhältnis zwischen den Naturwissenschaften und seiner geplanten Metaphysik der Natur, deren Unterabteilungen rationale Physik und rationale Kosmologie Kants Naturphilosophie der Systematik nach umfassen. Nach dem Programm einer Metaphysik der Natur sind die Naturwissenschaften, sofern sie echte Wissenschaften sein sollen, mehrfach abhängig von metaphysischen Prinzipien (siehe Erstes Kapitel, 3.). Insbesondere gilt dies hinsichtlich

(a) einer apriorischen Begründung ihrer fundamentalen Begriffe und Axiome, die systematisch nach Maßgabe der reinen Verstandesbegriffe oder Kategorien erfolgt; und

(b) der systematischen Einheit und Vollständigkeit ihrer Gesetze in einem Ganzen der Erkenntnis, das mittels der aus spekulativen Vernunftideen abgeleiteten regulativen Prinzipien angestrebt wird.

Die Prinzipien (a) werden in den MAG mittels der Kategorien hergeleitet und führen zur rationalen Physik, deren Gegenstand die *Materie*, der Verstandesbegriff der körperlichen Natur, ist. Die Prinzipien (b) folgen aus der Antithetik der reinen Vernunft und gehören zur rationalen Kosmologie, deren Gegenstand die *Welt im Ganzen*, der Vernunftbegriff der Natur, ist. − Kants systematische Trennung dieser beiden Unterabteilungen der Metaphysik der Natur ist problematisch; seine Bestimmung des Verhältnisses von Verstandes- und Vernunfterkenntnis der Natur bedarf einer Revision. Um diese These zu beweisen, wurde im vorliegenden Kapitel die Beweisstrategie verfolgt, anhand des durchgeführten Teils der rationalen Physik − der MAG − nachzuweisen, daß die Verstandeserkenntnis der Natur selbst von kosmologischen Ideen nicht freizuhalten ist, deren Inhalt zum Gegenstandsbereich physikalischer Theorienbildung gehört. Der Beweis wurde in drei Schritten geführt:

1. Das apriorische Begründungsverfahren der MAG beruht auf den Kategorien, die anhand des Bewegungsbegriffs − Kants Grundbestimmung für die körperliche Natur − spezifiziert werden, um die gesetzmäßige Form der Materie in Raum und Zeit zu bestimmen. Kants metaphysische Deduktion des Bewegungsbegriffs beruft sich auf die Bedingungen einer möglichen Erfahrung von Materie. Das Begründungsverfahren der MAG weist aber eine von Kant übersehene Lücke auf: die geradlinig-gleichförmige Gestalt von Trägheitsbewegungen kann so nicht bewiesen werden. Kant steckt Newtons *Trägheitsgesetz* als unbewiesene Voraussetzung in die MAG hinein (siehe 2.2).

2. Newtons Trägheitsgesetz steht im Konflikt mit Leibniz' Relativi-

tätsprinzip. Kant versucht in den MAG, beide zu vereinbaren, indem er dem *absoluten Raum* den Status einer regulativen Idee zuspricht. Dieser Versuch ist nicht überzeugend, da Kant die bei Kreisbewegungen vorhandene Zentrifugalkraft weder (durch Bedingungen der Möglichkeit von Erfahrung) metaphysisch begründen, noch (durch bewegende Kräfte) physikalisch erklären kann (siehe 3.2).

3. Der absolute Raum ist für Kant eine kosmologische Idee und damit kein Gegenstand objektiver Erkenntnis. Die Antinomie, die aus dieser Idee entsteht, läßt sich im Rahmen einer physikalischen Theorie der Materie als Totalität, also innerhalb des Gebiets der Verstandeserkenntnis, auflösen. Kants systematische Trennung von rationaler Physik und rationaler Kosmologie ist nicht aufrechtzuerhalten, da schon das Fundament einer physikalischen Theorie der Materie insgesamt − sofern diese Theorie Objektivitätsanspruch erhebt − von der Idee der Welt im Ganzen einen Gebrauch machen muß, der dem Gegenstand dieser Idee in irgendeiner Hinsicht objektive Realität zuspricht.

Die Systematik, die Kants Bestimmung des Verhältnisses von Verstandes- und Vernunfterkenntnis der Natur sowie von Naturwissenschaft und Naturphilosophie zugrundeliegt, kann also kaum aufrechterhalten werden. Mit dieser Kritik werden aber die Aufgaben einer von den Naturwissenschaften selbst unterschiedenen Naturphilosophie, auf die Kant mittels der vorhin unter (a) und (b) genannten metaphysischen Prinzipien hinweist, keineswegs hinfällig. Insbesondere müssen die Axiome naturwissenschaftlicher Theorien *begründet* und in ihrem systematischen Zusammenhang analysiert werden, wenn auch sicher in einem anderen Sinne, als Kant es versuchte. Programmatisch hierfür ist der von Kant in den MAG durchgeführte Versuch, die gesetzmäßige Form der Materie in Raum und Zeit mittels des Bewegungsbegriffs a priori zu bestimmen. Offenbar ist es erforderlich, gegenüber Kant neu zu bestimmen, was apriorische Form der Materie eigentlich heißen kann. Eine solche Neubestimmung sollte absehen dürfen von der Kantischen Unterscheidung zwischen Phänomena und Noumena, denn diese hatte uns ja die unerwünschten Restriktionen für mögliche Naturerkenntnis schon innerhalb des Gebiets der Mechanik beschert, und müßte einen Zusammenhang zu einer Bestimmung der Materie als Totalität im Sinne universeller Theorien herstellen. Begriffliche Mittel hierfür findet man in *Hegels* philosophischem System, dessen Naturphilosophie mit ihrem „Mechanik"-Kapitel im Mittelpunkt des zweiten Teils dieser

Arbeit steht. Hegels Programm ist eine apriorische Bestimmung der Form der Materie, die sich der empiristischen Elemente von Kants Theorie der Verstandeserkenntnis entledigt. Wenn ein solches Programm nach der Kritik an demjenigen Kants auch äußerst skeptisch stimmt: lassen wir uns darauf ein, um zu sehen, ob nicht von ihm ebenfalls etwas zu lernen ist.

TEIL II

HEGEL

DRITTES KAPITEL

Hegels Metaphysik der Natur

1. Ein neues Konzept von Wissenschaft

Der Anknüpfungspunkt zu Hegel ergibt sich durch die Forderung, das Verhältnis von Verstandes- und Vernunfterkenntnis der Natur neu zu bestimmen, die das Resultat der Auseinandersetzung mit Kants Programm einer Metaphysik der Natur und mit den MAG war. In *Hegels* Philosophie sind die Begriffe von Verstandes- und Vernunfterkenntnis sowie deren Beziehung zueinander auf der Grundlage einer kritischen Verarbeitung der Kantischen Transzendentalphilosophie gegenüber Kant völlig neu gefaßt. Hegel ist zu dieser Neubestimmung aus ganz anderen Gründen als den am Ende des letzten Kapitels genannten gelangt. Die dort vorgelegten Einwände gegen die systematische Trennung von rationaler Physik und Kosmologie sind Resultat einer Kant-immanenten Kritik, die den „metaphysischen" Teil der rationalen Physik, die MAG, nur an seinem eigenen Anspruch mißt, die Verstandeserkenntnis der Natur − genauer: der Gesetze, denen die Materie in ihren Bewegungen unterliegt − a priori und mit objektivem, apodiktischem Geltungsanspruch zu begründen. Dagegen sind Hegels Gründe dafür, die tragenden Säulen von Kants Transzendentalphilosophie umzustürzen und deren wichtigste Bestandsstücke teilweise für ein neues philosophisches System zu verwenden, auf dem Gebiet der *Vernunftbegriffe* und nicht dem der Verstandeserkenntnis zu suchen. Hegel mußte es als eine Zumutung erscheinen, daß ausgerechnet dasjenige, was die Philosophie den empirischen Wissenschaften voraus hat − nämlich die Bildung von Begriffen für Vernunftgegenstände wie z. B. die Natur insgesamt, die auch für Kant unabdingbarer Inhalt einer (kritisch begründeten) Metaphysik waren − der Objektivität entbehren sollten.

Dennoch sind die im letzten Kapitel herausgearbeiteten Einwände gegen Kants Bestimmung des Verhältnisses von Verstandes- und Vernunfterkenntnis mit denjenigen Hegels in der Stoßrichtung verwandt. Die gegenüber Kant resultierende Forderung ist beide Male, daß Totalitäten oder unbedingte Gegenstände wie z. B. die Natur insgesamt ihrem Inhalt nach mit Objektivitätsanspruch begrifflich zu bestimmen sind; dies muß das Anliegen einer Naturphilosophie sein, die nicht dem hinterherhinken will, was die Naturwissenschaften selbst immer schon tun;

und dies war das zentrale Anliegen Hegels sowie der gesamten philosophischen Epoche nach Kant, aus der Hegels Philosphie hervorgegangen ist.[1] Es ist deshalb kein Zufall, wenn sich die Resultate der Auseinandersetzung mit Kants Programm einer Metaphysik der Natur so umformulieren lassen, daß sie direkt zu wesentlichen Charakteristika von Hegels Naturphilosophie hinführen. Man kann nämlich zusammenfassend sagen, das Verhältnis von Verstandes- und Vernunfterkenntnis der Natur bzw. die systematische Trennung von rationaler Physik und rationaler Kosmologie sei gegenüber Kant vor allem hinsichtlich folgender Punkte zu revidieren:

1. Wenn überhaupt am Programm einer Metaphysik der Natur festgehalten werden soll, ist die Natur in ihrem Rahmen *als Totalität* zu denken, und zwar nicht bloß in Prinzipien, die regulativ für den Verstand sind und nur subjektive Gültigkeit für die Naturerkenntnis besitzen, sondern in Begriffen oder Denkbestimmungen, denen *Objektivität* zukommt. Die Grenze zwischen einer subjektiven (oder hypothetischen) und einer objektiven (oder apodiktischen) Bestimmung von Gegenständen der Naturerkenntnis kann nicht zusammenfallen mit der Grenze zwischen Begriffen für empirische Erscheinungen, die im Endlichen gegeben sind, und der Totalisierung dieser Begriffe hinsichtlich ihrer Extension.

2. Das Programm einer apriorischen Bestimmung von Naturdingen unter allgemeinen und notwendigen Gesetzen — d. h. einer (weitgehend) Empirie-unabhängigen Bestimmung der *Form der Materie* in einer rationalen Physik — muß, sofern es überhaupt haltbar ist, von vornherein den Zusammenhang zu einem Konzept der *Materie im Ganzen* herstellen, wie es auch die Naturwissenschaften selbst entwickeln. Die Natur ist entsprechend den verschiedenen *Stufen* der

---

1 Hauptsächlich richtete sich die Kritik dieser philosophischen Epoche gegen die Grundlagen von Kants Philosophie der Freiheit, also des zweiten Teils von Kants System der Metaphysik. Auch Hegels Kant-Kritik entzündete sich zunächst vorwiegend an dessen praktischer Philosophie. Der einzige, der in dieser Zeit direkt an Kants Programm einer Metaphysik der Natur kritisch anknüpfte, war *Schelling*, Hegels Vorgänger bezüglich des Projekts einer spekulativen Naturphilosophie. Schellings Naturphilosophie besaß aber in Hegels Augen den Mangel, auf der Ebene der Anschauung stehengeblieben, also nicht zur wirklichen, objektiven Naturerkenntnis gelangt zu sein. — Gemeinsam war allen Vertretern des Idealismus nach Kant der Anspruch, mit ihrer Philosophie eine *objektive Erkenntnis des Absoluten*, d. h. des Unbedingten im Sinne der 4. Kantischen Antinomie und des transzendentalen Ideals, zu begründen.

theoretischen Naturerkenntnis und beginnend mit den Begriffen für Raum, Zeit und Materie ihrer gesetzmäßigen Form nach als Totalität zu bestimmen.

3. Die partikularen Objekte naturwissenschaftlicher Theorien, die für Kant einerseits bloße Sinneserscheinungen sind und andererseits Dinge, die wir im *Experiment* selbst hergestellt haben, müssen in Zusammenhang gebracht werden mit derjenigen *Totalität von Wechselwirkungen und Dingen* in der Natur, aus der sie durch das Experiment herausgelöst werden und die man als noumenal im Kantischen Sinne interpretieren kann. Anders ausgedrückt: Das praktisch-experimentelle Verhalten gegenüber einzelnen Naturdingen ist in seiner fundamentalen Einheit mit der theoretischen Erkenntnis allgemeiner Naturgesetze zu sehen und wiederum auf den Begriff einer Natur im Ganzen zu beziehen.

Die hier formulierten Forderungen an eine Naturphilosophie zeigen große Verwandtschaft zu den Charakteristika derjenigen Weise der Naturerkenntnis, die Hegel zu Beginn seiner Naturphilosophie der Enzyklopädie von 1830 programmatisch das „begreifende Erkennen" der Natur nennt[2]. „*Begreifendes" Erkennen oder Denken* ist für Hegel nun kein Terminus, der spezifisch bloß für die Naturphilosophie ist; es stellt für ihn vielmehr diejenige Erkenntnismethode dar, die die Philosophie erst zu einer *Wissenschaft* macht. Die Revision von Kants Bestimmung der Naturerkenntnis, als die man Hegels Naturphilosophie auch lesen kann, ist eine Folge seiner allgemeinen Kritik an den Grundgedanken der Kantischen Transzendentalphilosophie und insbesondere der Kantischen Auffassung dessen, was objektive Erkenntnis und was eine Wis-

---

2 § 246 Z, S. 22. Hegels Konzept eines begreifenden Erkennens der Natur hat, wie in (2.1) ausführlich besprochen wird, folgende Charakteristika: 1. Die Natur wird durch das begreifende Erkennen als Totalität bestimmt, die objektiv erkannt werden kann. Die Grenze zwischen einer subjektiven und einer objektiven Bestimmung der Natur entspricht nach Hegels Auffassung nur der Grenze zwischen der subjektiven menschlichen Erkenntnistätigkeit und der objektiven, erkenntnisunabhängigen Totalität vernünftiger Denkbestimmungen (der absoluten Idee), die Gegenstand des subjektiven Erkennens ist. – 2. Gegenstand des begreifenden Erkennens ist die Natur als ein System von Stufen, deren jede schon eine Totalität darstellt, die aber noch unvollständig und entwicklungsbedürftig ist, und die durch reine Begriffe bestimmt wird. – 3. Methodisch gesehen stellt Hegel das begreifende Erkennen als die Verflechtung eines theoretischen und eines praktischen Verhaltens gegenüber der Natur dar. Auf die Rolle, die das Experiment für die theoretische Naturerkenntnis spielt, geht er allerdings dabei nicht ein.

senschaft ausmache. Hegels Konzept eines „begreifenden" Erkennens steht gerade Kants Konzepten der subjektiven, prinzipienbildenden Vernunftbegriffe einerseits und der objektiven, gegenstandskonstitutiven Verstandesbegriffe andererseits entgegen: Nach Hegels Auffassung muß es eine Einheit von Denken mittels Vernunftbegriffen und Objektivität in der Erkenntnis geben, die vernunftgemäßes Begreifen *und* objektives Erkennen in einem ist. Die aus dieser Denkmethode resultierende Philosophie allein verdient in Hegels Augen den Namen einer wahren Wissenschaft. Einem wirklichen Verständnis von Hegels Naturphilosophie muß skizzenhaft ein Grundriß dieser Denkmethode und des aus ihr resultierenden philosophischen Systems zugrundegelegt werden; dies soll im folgenden im Anschluß an und unter Abhebung gegen die Kantischen Auffassungen versucht werden.

1.1 Das neue Objektivitätskriterium

Um dem, was Hegels Konzept des „begreifenden" Denkens oder Erkennens beinhaltet, näherzukommen, soll kurz rekapituliert werden, was für Kant *objektive Erkenntnis* bzw. *Wissenschaft* bedeuteten. Kant hatte drei Forderungen an eine echte Wissenschaft, die sich auf Gegenstände außerhalb des menschlichen Erkenntnisvermögens bezieht, formuliert, die paradigmatisch in seiner Bestimmung „eigentlicher" Naturwissenschaft wiederkehrten: eine echte Wissenschaft muß
1. durch Begriffe a priori des Verstandes begründet sein; sich
2. auf empirisch in der Anschauung gegebene Gegenstände beziehen; und
3. systematisch nach der Idee eines Ganzen hin organisiert sein.

Die ersten beiden Forderungen gewährleisten für Kant schon die Objektivität der (Verstandes-) Erkenntnis, während die Einlösung der dritten (auf dem architektonischen Interesse der Vernunft beruhenden) Bedingung objektive Einzelerkenntnisse erst zu einer Wissenschaft organisiert. Zumindest in der empirischen Naturerkenntnis lassen sich, wie gezeigt wurde, die Forderungen (2) und (3) nach den Kriterien der KdrV nicht gleichzeitig realisieren. (3) impliziert in irgendeiner Hinsicht die Totalität des Erkenntnisobjekts, der materiellen Natur. Diese ist aber als Ganze niemals, wie von (2) gefordert, empirisch in der Anschauung gegeben. Sofern die Naturerkenntnis echte Wissenschaft im Sinne des Architektonikkapitels der KdrV sein soll, enthält sie also zwangsläufig immer Begriffe oder Prinzipien, die nicht zu objektiver

94

Erkenntnis von im Endlichen gegebenen empirischen Dingen führen.[3] Kant gestand der Forderung (3) ihren (unbedingten) Gegenständen nach deshalb bloß subjektive und keine objektive Geltung zu. Von Hegels Standpunkt aus ist mit dieser Lösung des Konflikts zwischen objektiver und systematischer Erkenntnis von Dingen die Vernunft als Erkenntnisvermögen den Erfordernissen des Verstands untergeordnet worden.

Wenn man nun mit Hegel dagegensetzt, zu einer Wissenschaft gehöre, daß sich der Begriff einer Totalität wie der der Natur im Ganzen – oder auch schon der Materie insgesamt – seinem Inhalt nach objektiv bestimmen lasse, so ist klar, daß hierfür die Kantischen Forderungen an Objektivität und Wissenschaftlichkeit der Erkenntnis tiefgreifend modifiziert werden müssen. Insbesondere muß die Forderung (2), nach der die Objektivität von Erkenntnis immer einen empirisch in der Anschauung gegebenen Gegenstand verlangt, zur Zielscheibe der Kant-Kritik werden; denn durch (2) wird ja (3) dem Gegenstand nach aus dem Gebiet der objektiven Erkenntnis verwiesen. Ein Infragestellen von (2) bedeutet aber einen frontalen Angriff auf das durch die transzendentale Ästhetik bereitgestellte Fundament der Kantischen Theorie der Verstandeserkenntnis, auf den Dualismus von Phänomena und Noumena. Im Rahmen einer philosophischen Theorie, die von allen Gegenständen unseres Verstandes allein den *Sinneserscheinungen* objektive Erkennbarkeit im strengen Sinne zuspricht, ist es nicht möglich, zu objektiven Begriffen für Totalitäten – die zwar Sinneserscheinungen umfassen mögen, nicht aber von diesen umfaßt werden – zu gelangen.

Hegels Kritik an Kants theoretischer Philosophie, die man an vielen Stellen seines Werks verstreut findet, richtet sich denn auch hauptsächlich *gegen den Kantischen Dualismus*. Auf diese Dualismus-Kritik kann hier nicht näher eingegangen werden. Wichtig an ihr ist im Hinblick auf Hegels Programm einer als Metaphysik der Natur verstandenen Naturphilosophie vor allem, was Hegel gegen die Kantische Forderung einwendet, Erkenntnisgegenstände müßten zur Gewährleistung der Objektivität empirisch in der Anschauung gegeben sein: diese Forderung erscheint ihm für ein oberstes Objektivitätskriterium untauglich.[4] In

---

3 Dies gilt, wie im letzten Kapitel gezeigt wurde, sogar schon für die rationale Physik, die systematisch nach Maßgabe der Kategorien und nicht der Vernunftideen vorgeht: die MAG beinhalten das Trägheitsgesetz als nicht objektiv begründbares Prinzip und den absoluten Raum als Vernunftidee, deren Gegenstand für Kant keine objektive Realität hat.

4 In Hegels Augen bleibt Kants dualistische Erkenntnistheorie dem Empirismus verhaftet, insofern sie ihr Objektivitätskriterium wie dieser immer an die (subjekt-

seinen Augen bleibt der Begriff einer objektiven Erkenntnis *unterbe-stimmt*, wenn er sich nur auf den Verstand als das menschliche Vermö-gen der Erkenntnis des Empirischen und Endlichen beruft. Gerade weil Hegel das im Hintergrund der KdrV stehende Programm einer Meta-physik, die den „sicheren Gang einer Wissenschaft" (KdrV, B VII) ha-ben soll, ernst nahm, mußte ihm Kants Objektivitätskriterium in zwei verschiedenen Hinsichten als unzureichend gelten. Beide haben etwas mit dem Verhältnis der Bedingungen (2) für Objektivität der Erkenntnis und (3) für Wissenschaftlichkeit zu tun:

Erstens läßt sich von Kant selbst lernen, daß eine Wissenschaft auf der Idee eines systematisch organisierten Ganzen, d. h. auf einem Vernunft-begriff, beruht. Der Begriff der objektiven, nur auf Verstandestätigkeit beruhenden Erkenntnis besitzt nun bei Kant eine geringere Extension als derjenige einer durch das Zusammenspiel von Verstand und Ver-nunft bewirkten Wissenschaft, denn Vernunftbegriffe haben für ihn kei-ne Objektivität. Hegels Anliegen mußte es sein, die Extension des Be-griffs der objektiven Erkenntnis mit dem Umfang des Kantischen Ver-nunftbegriffs von Wissenschaft zur Deckung zu bringen – denn das eigentliche Skandalon der Kantischen Philosophie bestand für ihn sicher darin, daß die KdrV *den Gegenständen einer Wissenschaft* (sofern deren Systematik sich nicht wie die der MAG auf die vier Kategorien be-schränkt) *die Objektivität absprach*.

Zweitens ist der Begriff der objektiven Erkenntnis bei Kant an das Erkenntnis- und Anschauungsvermögen eines erkennenden Subjekts gebunden und ergibt sich aus einer Theorie über dessen Erkenntnistä-tigkeit. Schon die Annahme, es sei überhaupt eine Theorie des subjekti-ven, empirischen Erkennens als Fundament dafür nötig, objektive Be-griffe zu bilden, stellt für Hegel eine systematische Verzerrung und Be-schränkung des Begriffs von Objektivität dar, und zwar aus zwei Grün-den: einerseits bewegt sich diese Erkenntnistheorie selbst bereits in der-jenigen Tätigkeit, deren Grundlagen sie gerade untersuchen soll, näm-lich dem Denken[5]; andererseits bindet sie sich an ein subjektives Ver-

gebundene) Sinneserfahrung knüpft; siehe z. B. Enzyklopädie I, § 40: „Die kriti-sche Philosophie hat es mit dem Empirismus gemein, die Erfahrung für den *ein-zigen* Boden der Erkenntnisse anzunehmen, welche sie aber nicht für Wahrhei-ten, sondern für Erkenntnisse von Erscheinungen gelten läßt."

5 Hegel drückt dies in der Enzyklopädie § 10 A polemisch folgendermaßen aus: „Erkennen wollen aber, *ehe* man erkenne, ist ebenso ungereimt als der weise Vor-satz jenes Scholastikers, *schwimmen* zu lernen, ehe er sich *ins Wasser wage*."

mögen, das dieser Tätigkeit völlig fremd ist, nämlich die Anschauung. Kants *Begriff der Objektivität* erscheint Hegel schief, weil er *nicht genügend wissenschaftlich* im Sinne seiner Auffassung systematischen Philosophierens ist.

Hegels Kritik an Kants dualistischer Theorie der Verstandeserkenntnis entledigt sich also nicht einfach der erkenntniskritischen Resultate; dies hieße in den vorkantischen Rationalismus zurückzufallen. Diese Kritik impliziert vielmehr eine Bedeutungsverschiebung im Begriffspaar von Subjektivität und Objektivität gegenüber Kant, nach der das Objektivitätskriterium der KdrV nicht hinreichend für objektives Denken ist, weil es in Hegels Wahrnehmung noch subjektivitätsbehaftet und Kants eigenem Anspruch an Wissenschaftlichkeit unterlegen bleibt. Hegel erklärt dabei die Kantische Forderung (2) an objektives Erkennen nicht einfach für falsch. Er mißt ihr aber in seinem philosophischen System einen seinem eigenen Objektivitätsbegriff untergeordneten Stellenwert bei.[6]

Was nimmt bei ihm nun den Platz dieses aus dem Zentrum der wissenschaftlichen Philosophie ausgegrenzten Objektivitätskriteriums ein, das ja gerade Kants großartige Errungenschaft gegen die vorkritische rationalistische Metaphysik gewesen war? Anders gefragt: Wie verge-

---

6 Für Hegel ist die in der KdrV entwickelte Theorie der Verstandeserkenntnis also nicht etwa ‚falsch‘. Deswegen fällt er mit seiner Auffassung von Wissenschaft und Objektivität auch keineswegs in die vorkantische Metaphysik zurück, wie man zunächst vielleicht Verdacht schöpfen möchte. Eine Theorie des subjektiven, menschlichen Erkennens gehört seiner Meinung nach jedoch an einen anderen systematischen Ort innerhalb der Philosophie als denjenigen, den Kant ihr zugedacht hat. Hegel verweist sie einerseits ins *Vorfeld* des eigentlichen philosophischen Systems, nämlich in die „Phänomenologie des Geistes", die die Aufgabe hat, das subjektive, an den Sinneserscheinungen hängende und mit den Vorurteilen des gesunden Menschenverstands behaftete Erkennen schrittweise an den Begriff einer objektiven Wissenschaft heranzuführen. Andererseits muß dem subjektiven Erkennen auch *innerhalb* des philosophischen Systems selbst noch sein Platz zugewiesen werden; dieser befindet sich innerhalb der Philosophie des Geistes, dem 3. Teil des Systems – und ganz bestimmt nicht innerhalb von dessen Fundament, wie bei Kant. Diese Ortszuweisung für die Theorie des subjektiven Erkennens schließt nun auch das Kantische Kriterium für Objektivität von Erkenntnis ein, nach dem der Erkenntnisgegenstand empirisch in der Anschauung gegeben sein muß: die Objektivität eines empirischen, durch die Sinne wahrgenommenen Gegenstands ist für Hegel eine noch mit der Subjektivität des erkennenden Subjekts behaftete Objektivität, und diese verbürgt in seinen Augen nicht den höchsten erreichbaren Grad an Gewißheit in der Erkenntnis.

wissert sich Hegel des *Gegenstands* objektiver Erkenntnis, wenn ihm die Gewißheit von dessen empirischem Dasein nicht als eine hinreichende Bedingung für die Objektivität von dessen Erkenntnis gilt?

Soviel ist klar: Hegel macht Kants Unterscheidung von Gegenständen im engen Sinne, die empirisch in der Anschauung gegeben sind und von denen allein objektive Erkenntnis möglich ist, und Gegenständen im weiteren Sinne, die der Bedeutung oder dem Inhalt eines Begriffs entsprechen, dabei aber keine eigentlichen Erkenntnisobjekte sind, nicht mit. Hegel kehrt Kants Bewertung dieser Gegenstandsbegriffe sogar um: Der Erkenntnisgegenstand, den es objektiv zu bestimmen gilt, ist für ihn gerade die Bedeutung oder der Inhalt eines Begriffs. Objektivität bedeutet dann in einer ersten Näherung, daß dieser Inhalt, der selbst begrifflich und nicht empirisch ist, durch andere Begriffe adäquat bestimmt wird. Der Erkenntnisinhalt ist für Hegel also nicht dasjenige, was Kant als die *Materie* eines Begriffs bezeichnet (nämlich der empirische Inhalt einer Vorstellung), sondern die *Form* dieses Begriffs, d. h. die Art und Weise, in der dieser Begriff bestimmend wirkt, oder die begrifflichen Bestimmungen, die er einschließt. Eine solche Auffassung vom Gegenstand einer Erkenntnis bzw. dem Inhalt eines Begriffs ist indifferent dagegen, ob diesem ein empirisch in der Anschauung gegebener Inhalt (eine Materie im Kantischen Sinne) entspricht oder nicht. Das Problem, wie sich Begriffe auf empirische Gegenstände beziehen, taucht für sie erst an untergeordneter Stelle wieder auf – zunächst geht es ihr darum, zu bestimmen, wie sich der Inhalt oder die Bedeutung von Denkbestimmungen eigentlich fixieren läßt.

Diese Auffassung über die Gegenstände objektiver Erkenntnis zielt darauf, eine Unterlassungssünde der KdrV sichtbar zu machen, die Hegel an Kants 1. Bedingung für objektives Erkennen (der apriorischen Begründung durch Verstandesbegriffe) feststellt. Hegel ist sich zwar mit Kant darin einig, daß Notwendigkeit und Gewißheit im Erkennen nur durch reine Formen des Denkens oder Kategorien zustandekommt. Er macht Kant aber den Vorwurf, er habe die Kategorien unhinterfragt vorausgesetzt und sie weder hinsichtlich ihres begrifflichen Gehalts noch hinsichtlich ihrer Beziehungen untereinander thematisiert (siehe Enz. § 41); auch in dieser Hinsicht fehlt ihm an Kants Erkenntnistheorie das systematische Vorgehen einer Wissenschaft. Nach Hegel besteht der Inhalt oder die Bedeutung reiner Denkbestimmungen in reinen begrifflichen Beziehungen und ist durch die Aufdeckung des systematischen Zusammenhangs von Kategorien zu explizieren.[7]

Das erste Geschäft einer objektiven philosophischen Wissenschaft ist es in Hegels Augen, die vielfältigen Bestimmungen des reinen Denkens zu entwickeln und sie *in ihrem systematischen Zusammenhang* darzustellen. Diese Darstellung umfaßt, wiederum im Gegensatz zu Kants KdrV, nicht nur vier Arten von Kategorien, sondern — möglichst vollständig — *alle* denkbaren reinen Begriffe in ihren Beziehungen aufeinander, also z. B. auch die aus Kants Kategorien a priori ableitbaren Begriffe (die Prädikabilien, deren Darstellung Kant aus dem erkenntniskritischen Fundament der Philosophie ausgegrenzt und einer späteren transzendentalphilosophischen Ontologie — dem ersten Teil der Metaphysik der Natur — vorbehalten hatte), aber auch alle Begriffe der traditionellen Metaphysik, also Begriffe wie Sein, Wesen, Substanz, Idee. Hegels Objektivitätskriterium ist dann in erster Linie die systematische *Vollständigkeit dieser Begriffe und ihrer Beziehungen*.[8]

Der Vernunftbegriff einer Wissenschaft, die nach der Idee eines Ganzen hin organisiert ist, steht für Hegel auf diese Weise von vornherein in innerer Verbindung mit dem Begriffsapparat unseres Verstandes und dessen Vermögen, mittels der Kategorien zu objektiver Erkenntnis zu gelangen. Die philosophische Wissenschaft thematisiert diese vom Verstand in weitgehender Unabhängigkeit gebrauchten Denkbestimmungen und stellt sie als ein systematisches Ganzes dar, in dem sich die Vielheit der verschiedenen Verstandesbegriffe organisiert zu dem architektonischen Gebäude vernünftigen Denkens, das Hegel als den spekulativen „Begriff" bezeichnet, der ebenso wesentlich *ein integrales Ganzes* darstellt, wie er *in sich vielfältig differenziert* ist. Die *Methode*, nach der dieses Denkgebäude zustandekommt, ist die des „begreifenden

---

7 Wie Hegel sich dies denkt und welche begrifflichen Voraussetzungen er dabei zuläßt, wird im Vierten Kapitel am Beispiel seiner Kategorie der „reinen Quantität" gezeigt, die für ein Verständnis seiner Begriffe von Raum und Zeit zentral ist.

8 Sein Objektivitätskriterium für eine einzelne Kategorie ist dann in erster Linie: die vollständige Explikation ihres Gehalts durch begriffliche Beziehungen — und erst in zweiter Linie: der Nachweis, daß der Gegenstand, dem diese Kategorie zugeordnet wird, in entsprechenden Beziehungen steht. Soweit ich sehe, gibt Hegel allerdings dem Problem, nach welchen inhaltlichen Kriterien die Objektivität dieser Zuordnung gewährleistet ist, im Gegensatz zur Theorie des subjektiven Erkennens (vgl. Anm. 6) keinen systematischen Ort. Hinsichtlich der Objektivität der mittels der Bestimmungen des reinen Denkens entwickelten *naturphilosophischen Kategorien* beruft sich Hegel zu Beginn der Naturphilosophie der Berliner Enzyklopädie (§§ 245–246) auf kantische Prinzipien der Zweckmäßigkeit der Natur an sich und für unser Erkennen (siehe Abschnitt 2.1 dieses Kapitels).

Denkens" (L I, S. 35). Ehe sie näher besprochen wird, soll die Veränderung zusammengefaßt werden, die die Kantischen Forderungen an Wissenschaft und Erkenntnis durch Hegels Kant-Kritik erfahren haben. Eine objektive philosophische Wissenschaft weist für Hegel folgende Charakteristika auf:

1. Wissenschaftliche Erkenntnis beruht auf den reinen Denkbestimmungen, die wir in unserem Verstand vorfinden, deren Objektivität aber nicht von unserem subjektiven Erkenntnis- und Anschauungsvermögen abhängig gemacht werden darf.

2. Ihr Gegenstand sind diese Denkbestimmungen selbst, genauer: ihre Beziehungen untereinander und ihr begrifflicher Gehalt, der wiederum mit Beziehungen von reinen Begriffen zu identifizieren ist. Die Frage, wie wir als erkennende Subjekte diese Denkbestimmungen auf Dinge außerhalb unseres Erkenntnisvermögens beziehen, ist der Untersuchung dieser Beziehungen gegenüber sekundär.[9]

3. Die Objektivität der Wissenschaft beruht gerade auf den systematischen Beziehungen zwischen den Denkbestimmungen. Ihre eigentliche Aufgabe besteht darin, diese in ihrem Zusammenhang zu entwickeln und auf diese Weise sichtbar zu machen, daß die Vielheit der Denkbestimmungen im Grunde nur *einen* „Begriff" ausmacht, der ein in sich differenziertes, integrales Ganzes von Denkbestimmungen ausmacht.

Maßgeblich für Hegels Auffassung einer objektiven philosophischen Wissenschaft sind im Unterschied zu Kant also nicht mehr die Experimente der Vernunft, nach denen die Objektivität unserer Erkenntnis gerade auf die subjektiven Formen unseres reinen Denkens und unserer reinen Anschauung gegründet ist. Während Kant die wesentlichen Züge seines Begriffs objektiver Erkenntnis an der Analogie zwischen der menschlichen Erkenntnistätigkeit überhaupt und dem naturwissenschaftlichen Experiment demonstrieren konnte, gewinnt Hegel sie aus einer Kritik an der *Partikularität dieser Experimente der Vernunft*, die ja einschließen, daß das Experimentierfeld der Vernunft sich auf das Gebiet der Verstandesgegenstände beschränkt und den Beziehungen zwischen diesen, sofern sie als Totalitäten aufgefaßt und nach der Idee eines Ganzen gedacht werden, die objektive Erkennbarkeit abspricht. Hegel setzt dagegen, die Objektivität wissenschaftlicher Erkenntnis sei

---

9 Ihre Beantwortung gehört systematisch in die Philosophie des subjektiven Geistes; siehe Anm. 6. Vgl. auch Anm. 8.

eine der Vernunft, nicht eine des Verstandes, und müsse den Erfordernissen der partikularen Verstandeserkenntnis übergeordnet werden. Offenbar entwickelt er seine Objektivitätskriterien aus einer Ausweitung von Kants Bedingung für eine Wissenschaft auf die Bedingungen für die Gegenstände objektiver Erkenntnis und deren Beziehungen untereinander. Das Ergebnis dieser Ausweitung ist, daß Hegel die Vernunfterkenntnis im Sinne des systematischen und wissenschaftlichen Erkennens eines Ganzen höher als die Verstandeserkenntnis bewertet und sie allein für objektiv gelten läßt.

1.2 Die Widerlegung der Experimente der Vernunft

Das Eigentümliche an Hegels Wissenschaftsbegriff ist folgendes: er identifiziert den Gegenstand der Wissenschaft mit dieser selbst in der Hinsicht, daß er den jeweiligen Gegenstand des Denkens als die Bedeutung von Begriffen und diese wiederum als Beziehungen von Denkbestimmungen auffaßt. Dies gilt zunächst für die Wissenschaft der Logik, in deren Einleitung Hegel den „Gedanken" mit der „Sache an sich selbst" gleichsetzt (L I, S. 43). Sein Programm besteht dabei nicht darin, nur ein möglichst vollständiges System von Kategorien anzugeben, die dann auf dem Denken äußere Gegenstände wie z. B. Naturdinge bezogen werden könnten; das in der Logik entwickelte System von Denkbestimmungen ist kein Begriffsapparat, der in einem Anwendungsverhältnis zu irgendwelchen Dingen steht. Die Identifikation der Denkbestimmungen mit den Gegenständen der Wissenschaft soll vielmehr bewirken, daß das Denken mit seinen Begriffen auch die Beziehung auf dasjenige, was außerhalb unseres Erkenntnisvermögens liegt, einholen und Begriffe für das Denken von Gegenständen und die Beziehung zwischen Begriff und Erkenntnisobjekt angeben muß (dies ist das Thema des 3. Teils der Logik, der Lehre vom Begriff). Hegel will damit den Gegensatz von Erkenntnissubjekt und -objekt, der Kant zu seiner dualistischen Theorie der Verstandeserkenntnis bewog, in doppelter Hinsicht überwinden; einerseits werden für ihn die Denkbestimmungen selbst zum Gegenstand der Wissenschaft, und andererseits wird die Beziehung des Denkens auf seine Gegenstände ebenfalls von der Wissenschaft erfaßt. Ein Resultat der Überwindung dieses Gegensatzes ist, daß Hegel dann in seiner Realphilosophie auch dasjenige, was Kant unter eigentlichen Erkenntnisgegenständen verstand, also empirische Dinge, als Denkbestimmungen begreifen kann − allerdings nur in der Hinsicht, daß das Denken sie sich als Begriffsinhalte aneignet und nicht als etwas dem Denken Fremdes, wie es z. B. empirische Anschauungsinhalte sind.

Hegels Identifikation von Erkenntnisobjekten mit Denkbestimmungen und deren Beziehungen läßt sich auch so ausdrücken: *Das Denken begreift seine Gegenstände ein.* Dieses Einholen oder Einbegreifen der Dinge durch das Denken geschieht gerade aufgrund der systematischen Totalität, in der die Denkbestimmungen und ihre Beziehungen entwikkelt werden. Die Methode für die Entwicklung dieses Ganzen von Denkbestimmungen ist das „begreifende" Denken; sein Produkt, die systematische Totalität objektiver Begriffsbestimmungen selbst, ist der spekulative Begriff. Der Endpunkt dieser Entwicklung, die letzte und schwierigste Denkbestimmung der Logik, die die gesamte Totalität von Denkbestimmungen sowie den überwundenen Gegensatz von Subjektivität und Objektivität in sich angereichert hat, dabei aber von den unvollständigeren Entwicklungsstadien des Denkens noch abgehoben ist, wird von Hegel als die *absolute Idee* bezeichnet. Die absolute Idee ist für Hegel zugleich der einzige und eigentliche, im obigen Sinne mit der Wissenschaft selbst gleichzusetzende Gegenstand der wissenschaftlichen Philosophie. Ihr Begriff ist der am schwersten zu fassende, für ein Verständnis seines philosophischen Systems aber eminent wichtige Bestandteil von Hegels Philosophie. Er läßt sich als eine Objektivierung des Kantischen Konzepts von Vernunftidee und insbesondere des Gegenstands der 4. Antinomie bzw. des transzendentalen Ideals (der dritten spekulativen Idee der Vernunft) interpretieren, obgleich diese Deutung das Mißverständnis nahelegt, Hegels absolute Idee sei mit dem Gott der vorkantischen rationalistischen Metaphysik gleichbedeutend.[10]

Das begreifende Denken gewährleistet nach Hegels Anspruch zugleich das Vernunftgemäße und die Objektivität im Erkennen. Man kann diese Denkmethode als *Synthesis* im Sinne der Stiftung einer Einheit in Manngifaltigem verstehen. Einheit wird durch sie allerdings unter Begriffen und nicht (wie nach Kants Theorie der Verstandeserkenntnis) in einem empirisch durch die Anschauung Gegebenen gestiftet. Das

---

10 Tatsächlich versteht sich Hegel, ebenso wie Kant, als ein *Kritiker* der traditionellen Metaphysik, der zugleich aufzeigt, in welcher Form eine von dogmatischen Inhalten gereinigte Metaphysik noch möglich ist. Der Begriff der absoluten Idee ist also keine Restituierung des Descartes'schen oder Leibniz'schen Gottes, sondern eher dasjenige, was von diesem nach Kant, aber unter dem Anspruch der Objektivität von Begriffen für Vernunftgegenstände, noch übrig bleibt.

begreifende Denken ist Erkenntnis aus reinen Begriffen, also Metaphysik im Kantischen Sinne, und die zwischen den mannigfaltigen Denkbestimmungen hergestellten Beziehungen beruhen auf einer *Synthesis durch die Vernunft*, die zu einer systematischen Totalität, dem spekulativen Begriff, führt. Zugleich beinhaltet das begreifende Denken ein Charakteristikum der durch den *Verstand* bewirkten intellektuellen Synthesis im Sinne der transzendentalen Analytik: es bewirkt die begriffliche Konstitution von Erkenntnisobjekten, die Voraussetzung für jede Erkenntnis ist und die Kant für die wesentliche Funktion der Kategorien hielt; denn jeder Gegenstand des Denkens und seine Beziehung auf die Erkenntnis von ihm ist für Hegel ebenfalls Inhalt reiner Denkbestimmungen und damit ein reines Produkt des begreifenden Denkens. Im begreifenden Denken finden sich also Züge der Kantischen Synthesis des Verstandes *und* der Vernunft ineinander verschränkt. Diese Verflechtung kommt dadurch zustande, daß die Gegenstände beider Arten von Synthesis von Hegel nicht mehr als etwas empirisch Gegebenes aufgefaßt werden, das das Denken voraussetzen muß, sondern von vornherein als reine begriffliche Beziehungen.

Der Hauptunterschied von Hegels begreifender Synthesis reiner Denkbestimmungen zu den Kantischen Arten von Synthesis besteht darin, daß sie *nicht mehr den Beschränkungen durch das Empirische* unterliegt. Insbesondere ist ihre Totalisierung nicht mehr aufgrund der Restriktion durch den Begriff eines im Endlichen gegebenen empirischen Gegenstands ‚verboten‘, wie es in Kants KdrV der Fall war. Wenn die Beschränkung der durch die Vernunft bewirkten Synthesis aufgrund eines veränderten Gegenstandsbegriffs wegfällt, so lassen sich vermutlich die Kantischen *Antinomien* nicht mehr mit den Hilfsmitteln der transzendentalen Ästhetik und nach dem Muster der transzendentalen Dialektik auflösen. Hegel zieht daraus (aus Gründen, die hier nicht ausfindig gemacht werden können) sogar den Schluß, daß die Katastrophe eines unauflöslichen Widerstreits der Vernunft an allen Verstandesbegriffen eintritt, mit denen wir normalerweise Dinge denken, und nicht nur an den Gegenständen der vier Kantischen Antinomien. Er insistiert gegen Kants Theorie der Verstandeserkenntnis, aber infolge von dessen Theorie der dialektischen Vernunft, darauf, an *allen* Verstandesbegriffen zeigten sich Antinomien, wenn die ihnen intrinsischen Beziehungen explizit gemacht werden. Hegel kleidet diese ganz unkantische Schlußfolgerung aus Kants Antinomien einmal in den prägnanten Satz: „Die Dinge sind an sich selbst widersprechend." (L II, S. 74) Danach haftet ein Widerspruch nicht nur den spekulativen, die Grenze der

Verstandeserkenntnis überfliegenden Sätzen der Vernunft an, wie Kant es glaubte, sondern kommt den — vom Standpunkt der Vernunft aus begrifflich möglichst vollständig zu erfassenden — Verstandesgegenständen objektiv zu. Dieser *objektiv verstandene Widerspruch* ist für Hegel gerade das *Prinzip* der systematischen Entwicklung der Totalität von Denkbestimmungen sowie das Prinzip ihrer philosophischen Darstellung; er ist so etwas wie die bewegende ‚Seele‘ des begreifenden Denkens und der Denkbestimmungen, deren immanente Beziehungen diese Denkmethode explizit macht.

Was meint Hegel mit einem Widerspruch, der den Dingen objektiv anhaftet? Hier kann auf Hegels Theorie des Widerspruchs und ihren Zusammenhang mit seinem Gegenstandsbegriff natürlich nicht näher eingegangen werden. Sinnvoll ist es, Hegels Begriff eines objektiven Widerspruchs als eine Bedeutungsverwandtschaft (Paronymie) des alltäglichen Gebrauchs von diesem Begriff aufzufassen.[11] Vorläufig möchte ich Hegels Gebrauch dieses Begriffs nur metaphorisch und in einer Ausweitung von Kants Analogie zwischen Erkenntnistätigkeit und naturwissenschaftlichem Experiment veranschaulichen — in der Hoffnung, dabei etwas von seiner Eigenart und seiner Funktion für das begreifende Denken sichtbar zu machen.

Üblicherweise versteht man unter einem Widerspruch das Verhältnis zweier kontradiktorischer Aussagen und oft auch die Handlung, irgendeinem Satz durch einen anderen Satz zu widersprechen. In einem weiteren Sinn spricht man davon, daß irgendeine Tatsache einer Theorie widerspricht, wenn sie mit deren Voraussagen nicht im Einklang ist — dann stehen ein Beobachtungssatz und ein theoretischer Satz miteinander im Widerspruch. Unter Erinnerung daran, daß Hegels Gegenstandsbegriff eine Kritik an der Partikularität der Kantischen Experimente der Vernunft darstellt, läßt sich nun Hegels Behauptung, die Dinge selbst seien widersprechend, als elliptische Redeweise auffassen und folgendermaßen ergänzen: *die Dinge selbst widersprechen den Kantischen Experimenten der Vernunft* — oder präziser formuliert: es gibt eine philosophische Theorie über die Beschaffenheit der Erkenntnisob-

---

11 Zu Hegels Theorie des Widerspruchs und ihren Wurzeln in den Kantischen Begriffen von Widerspruch, Widerstreit und Realentgegensetzung siehe M. Wolff: Der Begriff des Widerspruchs — Eine Studie zur Dialektik Kants und Hegels; Königstein/Ts. 1981. Dort findet man auch eine Darstellung der verschiedenen Paronymien des Begriffs ‚Widerspruch‘ und der Beziehung der Hegelschen Version dieses Begriffs zu ihnen (S. 19 ff.).

jekte, die der Kantischen Analogie zwischen Erkenntnistätigkeit und dem naturwissenschaftlichen Experiment zugrundeliegt, und diese Theorie wird durch die Beschaffenheit der Dinge bzw. Erkenntnisobjekte selbst widerlegt.

Kants Analogie bestand in folgendem: Das erkennende Subjekt erlegt der Natur die Kategorien auf, die Erkenntnisobjekte erst konstituieren und eine apodiktische Notwendigkeit im Erkennen ermöglichen, ebenso wie der Naturforscher den Dingen in einem Experiment ihr Verhalten durch künstliche Bedingungen vorschreibt, um isolierte Eigenschaften an ihnen zu studieren. In dieser Analogie entsprechen die reinen Formen des Denkens und der Anschauung dem experimentellen Versuchsaufbau, sowie der mittels der Kategorien konstituierte Gegenstand in Raum und Zeit dem künstlich isolierten Naturvorgang. Die dem Experiment zugrundegelegte *theoretische Annahme* ist im Falle des naturwissenschaftlichen Experiments irgendeine physikalische Hypothese oder Theorie; sie wird durch das „Ja" oder „Nein", mit dem die Natur auf die im Experiment gestellte Frage antwortet, bestätigt oder widerlegt. Die im Falle der Experimente der Vernunft zugrunde gelegte Theorie, die sich ja nicht auf *bestimmte* Naturdinge oder -vorgänge bezieht wie eine physikalische Theorie, sondern auf Gegenstände der Erkenntnis überhaupt, ist von Kant jedoch nicht in allen Zügen explizit gemacht worden, und er kam gar nicht auf die Idee, diese Theorie sei einer Widerlegung fähig. Hegels Kant-Kritik läßt sich deshalb auch dergestalt ausdrücken, Kant habe die Analogie mit dem Experiment nicht weit genug getrieben und ihr stillschweigend eine ungeprüfte Theorie über die Gegenstände der Erkenntnis zugrunde gelegt, die eine Alternative besitzt und sich widerlegen läßt und deren Kern die Behauptung ist, es gebe so etwas wie voneinander isolierbare Bestimmungen der Dinge. Um diesen Theorienkern explizit zu machen, muß die Analogie auf folgende zwei Charakteristika des physikalischen Experiments ausgeweitet werden:

1. Ein Experiment isoliert im allgemeinen *eine* Eigenschaft bzw. theoretische Bestimmung eines Vorgangs (oder jedenfalls einige wenige) und blendet damit alle Alternativen zu dieser(n) aus der jeweiligen Untersuchung aus – genauso wie die einzelne Kategorie einen Gegenstand (oder auch die Beziehung zwischen zwei Dingen) nur in einer Hinsicht bestimmt, z. B. hinsichtlich seiner Einheit (oder die Beziehung z. B. hinsichtlich des Verhältnisses von Ursache und Wirkung).

2. Dabei wird vorausgesetzt, daß sich die Eigenschaften der Naturdin-

ge durch das Experiment tatsächlich und ohne Verfälschung ihrer Beschaffenheit voneinander isolieren lassen, daß die Gegenstände des Experiments also eindeutige und in guter Näherung trennbare Eigenschaften besitzen. – Ebenso nahm Kant an, die den Dingen mittels der Kategorien und der empirischen Anschauung beigelegten Prädikate seien eindeutig und voneinander trennbar, ließen sich also zur vollständigen Bestimmung des Gegenstands einfach aufaddieren.

Eine Konsequenz der im Experiment gemachten Voraussetzung (2), ohne deren Gerechtfertigtsein ein einzelnes experimentelles Versuchsergebnis überhaupt nichts besagt oder jedenfalls ein verzerrtes und unvollständiges Bild des untersuchten physikalischen Gegenstands gibt, ist das gegenseitige Ausschließen der Ergebnisse von Experimenten, denen ‚widersprechende' theoretische Alternativen zugrunde liegen. Zum Beispiel nahm man lange Zeit an, daß Lichtstrahlen *entweder* aus Teilchen bestehen *oder* sich wellenförmig ausbreiten. Aus den positiven Resultaten von Beugungsexperimenten schloß man deshalb mit guten Gründen, die Teilchentheorie des Lichts sei widerlegt, die Gesetze der geometrischen Optik seien nur näherungsweise gültig, und alle Experimente zur Teilchennatur des Lichts müßten jedenfalls in der Größenordnung, in der Interferenzerscheinungen auftreten, negativ ausfallen. Die hier zugrundegelegte Annahme über das Licht als physikalisches Objekt ist, es sei entweder eine im Raum nicht lokalisierbare Welle oder bestehe aus räumlich lokalisierbaren Teilchen, aber beides könne nicht der Fall sein. – Ebenso folgt in Kants Analogie aus der stillschweigenden Voraussetzung, die den Dingen zukommenden (bzw. ihnen von uns auferlegten) Bestimmungen seien eindeutig und voneinander trennbar, daß sich kontradiktorische Prädikate an demselben Gegenstand der Verstandeserkenntnis gegenseitig ausschließen.

Man muß umgekehrt schließen, aus der Beilegung kontradiktorischer Bestimmungen zu demselben Gegenstand folge – ebenso wie in der heutigen Physik aus der Bestätigung zweier alternativer oder komplementärer, in ihren theoretischen Voraussagen sich gegenseitig ausschließender Experimente zur Orts- und Impulsbestimmung eines atomaren Objekts bzw. Lichtquants –, der Gegenstand habe keine eindeutigen und voneinander isolierbaren Eigenschaften. *Kant* zog aus dem Auftreten einer kontradiktorischen Bestimmung eines Vernunftgegenstands in den ersten beiden Antinomien die Konsequenz, ein unbedingter Gegenstand wie die Welt im Ganzen oder die letztliche innere Zusammensetzung der Materie sei überhaupt als Erkenntnisobjekt zu verwerfen, weil er nicht im Endlichen empirisch gegeben und deshalb seinen Eigenschaften nach nicht eindeutig zu bestimmen ist. *Hegel* dagegen zog daraus unter der Prämisse, die begriffliche Bestimmung von Erkenntnisobjekten dürfe nicht von ihrem empirischen Gegebensein abhängig gemacht werden und insofern sei der Unterschied von endlichen Verstandesobjekten und unendlichen Vernunftgegenständen irrelevant, den Schluß, die Annahme (2) sei für die Prädikation von Dingen nicht haltbar und Kants Theorie über Erkenntnisgegenstände sei falsch.

Widerlegt wird diese Theorie von den Dingen „an sich selbst"; denn diese erweisen sich gegen alle Versuche, sie mittels reiner Verstandesbegriffe eindeutig zu bestimmen, als resistent. Ausdruck dieser Resistenz ist die Unvermeidlichkeit, den Erkenntnisobjekten, sofern sie als reine Begriffsinhalte aufgefaßt und nicht als empirisch gegebene Erscheinungen vorausgesetzt werden, antinomische Bestimmungen beizulegen, die zu echten Kontradiktionen führen.

Zusammengefaßt ergibt sich aus der hier versuchten, ganz unkantischen Erweiterung der Analogie zwischen Erkenntnistätigkeit und Experiment das folgende: Die Experimente der Vernunft fördern, wenn man ihre Beschränkung durch eine Theorie des subjektiven Erkennens beiseite läßt, *komplementäre Aspekte* der Erkenntnisobjekte zutage, die ihnen intrinsisch sind − ähnlich wie, lange nach Kant und Hegel, die Experimente der heutigen Physik komplementäre Aspekte der physikalischen Objekte zutage fördern.[12] Die Inhalte aller reinen Verstandesbegriffe entpuppen sich, dies ist Hegels tiefste Überzeugung und dies will er mit den Argumentationen der Logik beweisen, als solche komplementären Aspekte der Erkenntnisobjekte, genauer gesagt: als *entgegengesetzte Denkbestimmungen*, die ineinander übergehen, weil sie sich nicht konsistent als isolierte Bestimmungen irgendeines Gegenstands festhalten lassen, wenn dieser nicht unabhängig von ihnen − z. B. als

---

12 Am oben gewählten physikalischen Beispiel von Welle- bzw. Teilchennatur des Lichts sollte deutlich gemacht werden, wie sehr Kants Gegenstandsbegriff mit der Ontologie der klassischen Mechanik übereinstimmt, wenn er Prädikate impliziert, die voneinander und von ihrem Träger unabhängig sind. Von der Annahme, physikalische Objekte zeigten in allen alternativen Experimenten scharfe und voneinander unabhängige Eigenschaften, wissen wir ja heute, daß sie falsch ist. Quantenmechanische Objekte besitzen zu einem bestimmten Zeitpunkt *entweder* einen scharf bestimmten Impuls *oder* einen scharf bestimmten Ort, je nach der vorhergehenden Messung, aber niemals beides gleichzeitig, und vereinen sowohl Wellen- als auch Teilchenaspekte in sich. Hegels Gegenstandsbegriff ist offenbar mit der Ontologie der heutigen Physik vereinbar.

etwas empirisch durch die Anschauung Gegebenes – vorausgesetzt wird. Eine solche Voraussetzung ist aber nach Hegels Objektivitätskriterium einer Theorie der wissenschaftlichen Erkenntnis nicht ohne weiteres erlaubt. Unter Verzicht auf sie wird der Kern von Kants Theorie über Erkenntnisobjekte unhaltbar, der in der Annahme besteht, es gebe Gegenstände, die sich durch voneinander und von ihren Trägern unabhängige Prädikate bestimmen lassen. Diese Theorie wird durch die Beschaffenheit der Erkenntnisobjekte selbst widerlegt, die ihr widerspricht; denn diese sind immer so beschaffen, daß sie durch entgegengesetzte Bestimmungen gedacht werden müssen und insofern „an sich selbst widersprechend" (L II, S. 74) sind. Kants Theorie der Verstandeserkenntnis stellt gegenüber dieser Einsicht in die Natur der Dinge, sofern sie Inhalt von Denkbestimmungen sind, eine Approximation dar, die vernachlässigt, daß auch das Gegebensein der Dinge, etwa in Raum und Zeit, zum Gegenstand reiner Begriffsexplikationen werden muß und bei der Begriffsbildung nicht implizit oder explizit vorausgesetzt werden darf. Nur in dieser Approximation lassen sich die Verstandesbegriffe gegeneinander ,festhalten'.

Mit dieser etwas metaphorischen Darstellung von Hegels Konzept des Widerspruchs, das im Vierten Kapitel anhand der Kategorie der „reinen Quantität" noch für einen Fall konkretisiert wird, möchte ich mich an dieser Stelle zufriedengeben. Zu ergänzen bleibt, zu welcher Art von begrifflicher Totalität die Synthesis des begreifenden Denkens, dessen treibende Kraft der Widerspruch entgegengesetzter Denkbestimmungen ist, gegenüber dem Kantischen Begriff von Totalität gelangt. Ziel dieser Synthesis ist die Herstellung begrifflicher Totalitäten, in denen die Entgegengesetzten in einer Einheit gedacht werden; metaphorisch: in der die komplementären Aspekte der Erkenntnisobjekte in einer vollständigeren Theorie vereinigt werden. Diese Totalitäten, soviel sei hier nur kurz angedeutet, sind von Hegel zwar systematisch an die Stelle der Kantischen Vernunftideen gerückt, entsprechen diesen aber in mehreren Hinsichten nicht ganz. Zum einen entstehen sie für Hegel an *allen* Verstandesbegriffen. Zum andern sind sie nicht einfach ein Unbedingtes im Kantischen Sinne, sondern immer die Synthesis von einem Bedingten *und* seinem Unbedingten, die auch deren Beziehung aufeinander enthält.[13] Außerdem sind die verschiedenen begrifflichen Totalitäten nicht systematisch gegeneinander abgegrenzt (wie die Kantischen Vernunftideen von Seele, Welt im Ganzen und Gott), sondern stellen

---

13 Vgl. z. B. Hegels 6. Habilitationsthese, Werke 2, S. 533.

Stadien des begrifflichen Entwicklungsprozesses dar, dessen Endpunkt die absolute Idee ist.

1.3 Das System der Wissenschaft

Das gesamte System der philosophischen Wissenschaft, dessen Entwicklungs- und Darstellungsmethode das begreifende Denken ist, besteht aus drei Teilen: der Logik, der Naturphilosophie und der Philosophie des Geistes (in der letzteren findet dann auch Kants Theorie des subjektiven Erkennens ihren systematischen Platz). In geschlossener Form liegt es nur in den Enzyklopädien von 1817 und 1830 vor, die zum Gebrauch für Hegels Vorlesungen konzipiert waren. Dieses System der Philosophie besitzt von seinem Aufbau her einige Verwandtschaft mit Kants Projekt einer vollständigen Metaphysik, von der nur zwei ausgeführte Teile vorliegen, die MAG und die „Metaphysik der Sitten", deren Gliederung aber im Architektonik-Kapitel der „Kritik der reinen Vernunft" angegeben wird. Kants transzendentalphilosophische Ontologie findet ihre Entsprechung in gewisser Weise in Hegels Logik. Hegels Naturphilosophie entspricht schon ihren Gegenständen nach teils Kants rationaler Physik, teils seiner rationalen Kosmologie unter Einschluß der Teleologie; die Philosophie des Geistes enthält den Themenbereich von Kants Metaphysik der Sitten. Die Propädeutik für das wissenschaftliche Erkennen, die analog der KdrV das Denken über seine eigenen Befangenheiten und Möglichkeiten aufklären soll, selbst aber nicht Teil des Systems der Metaphysik ist, ist die „Phänomenologie des Geistes".

Die Basis des gesamten Systems, die Logik, ist nun für Hegel selbst schon Metaphysik. In ihr hat sich das Denken nur selbst zum Gegenstand, aber in einem völlig anderen Sinne, als Kant dies von der formalen Logik und der Mathematik, die sich beide nicht auf Gegenstände außerhalb des menschlichen Erkenntnisvermögens richten, sagen konnte. Hegels Logik richtet sich, indem sie sich auf das Denken selbst richtet, sehr wohl zugleich auf dem menschlichen Denken äußere Objekte wie z. B. das „Sein" oder die „Wirklichkeit", die sogar großteils dem Gegenstandsbereich außerhalb der Kantischen Grenzen möglicher Erkenntnis angehören, und ‚begreift' diese in Form von Denkbestimmungen in sich ein. Nach dem Kantischen Gebrauch dieser Begriffe ist sie also Logik und Metaphysik in einem, denn sie ist Vernunfterkenntnis ihrer Gegenstände aus reinen Begriffen, in der das Denken doch ‚bei sich selbst' bleibt.

Ebenso wie die Logik selbst schon Metaphysik ist, sind die beiden anderen Systemteile, die Metaphysik der Natur und des Geistes, in gewisser Weise noch Logik. Die in der Logik entwickelten Denkbestimmungen bleiben auch in ihnen das objektive Fundament des Denkens von Gegenständen, die begrifflicher Natur sind und mittels der Methode des begreifenden Erkennens oder Denkens als Totalitäten erfaßt werden. Der Zusammenhang zwischen der Logik und den beiden anderen Systemteilen, der sogenannten Realphilosophie, ist dabei ähnlich zu denken wie der zwischen den Kantischen Kategorien und den MAG. Die Denkbestimmungen werden auf die Gegenstände der Realphilosophie nicht so appliziert oder diese unter jene subsumiert, wie etwa nach Kants Erkenntnistheorie in empirischen Urteilen empirische Anschauungen unter vorhandene Begriffe subsumiert werden, sondern die Denkbestimmungen der Logik werden durch die Gegenstände der Realphilosophie *spezifiziert,* so wie in den MAG die Kategorien durch den Bewegungsbegriff spezifiziert werden. Dazu ist erforderlich, daß die Bereiche der Realphilosophie durch begriffliche Grundbestimmungen charakterisiert werden, die ihrer systematischen Bedeutung nach dem Bewegungsbegriff in den MAG entsprechen, d. h. es muß eine Bestimmung für das Bestimmbare an ihnen angegeben werden. Das Bestimmbare oder die *Materie* von Erkenntnisgegenständen der Hegelschen Realphilosophie (und auch schon der Logik selbst), die als Begriffsinhalte und nicht als empirische Anschauungsinhalte aufgefaßt werden, hängt also auf ähnliche Weise mit ihrer *Form* zusammen, wie es in Kants Materiebegriff der MAG der Fall war.

Das *Programm, die Form der Materie zu bestimmen,* das in Kants Metaphysik der Natur nur für die rationale Physik spezifisch war und sich dort nur auf die Erkenntnis der körperlichen Natur erstreckte, hat bei Hegel demnach einen sehr viel globaleren Sinn bekommen. Eine philosophische Wissenschaft, die objektiv sein will, hat seiner Auffassung nach den Inhalt oder die Bedeutung von Kategorien bzw. Denkbestimmungen zu untersuchen, und dieser Inhalt stellt die Form der Materie dieser Denkbestimmungen dar. Die Philosophie als Wissenschaft hat dann nicht mehr eine Transzendentalphilosophie, die eine Theorie der Verstandeserkenntnis voraussetzt, als Grundlage, sondern eine ‚materiale' Logik, deren Gegenstand der begriffliche Gehalt von Denkbestimmungen ist und dabei als ein systematisches Ganzes von begrifflichen Beziehungen aufgefaßt und dargestellt wird. Der einzige Gegenstand der Logik, der zugleich die Totalität aller Denkbestimmungen in sich faßt, die absolute Idee, hängt dabei gleicherweise systematisch mit den Gegenständen der Realphilosophie zusammen. Die Philosophie insgesamt ist für Hegel ein „Kreis von Kreisen" (L II, S. 571) des Denkens, und es ist jedesmal *dieselbe Idee,* die in der Logik, der Naturphilosophie und der Philosophie des Geistes jeweils in verschiedenen Gestalten oder „Elementen" auftritt. Diese sind durch verschiedene Grundbestimmungen charakterisiert, die in den drei Sphären oder Teilen von Hegels System jeweils die Begriffsentwicklung spezifizieren. Die Grundbestimmung der Natur, die Gegenstand des nächsten Kapitels ist, ist die „Äußerlichkeit".

Man sieht, wie sehr Hegels Gegenstandsbegriff und seine Auffassung der Philosophie als systematischer Wissenschaft Kants Programm einer Metaphysik, der von den Bedingungen möglicher Erkenntnis noch Raum gelassen bleibt, im Grunde verwandt ist. Hegels Wissenschaftsbegriff unterscheidet sich von demjenigen Kants dabei hauptsächlich hinsichtlich der Ausweitung von Systematizitätsforderungen an die Philosophie, die die Aufstellung eines völlig neuen Kriteriums für objektive Erkenntnis zur Folge haben. Das Kantische Objektivitätskriterium, nach dem die begriffliche Bestimmung von Dingen eine empirische Entsprechung haben muß, gerät Hegel dabei weitgehend aus dem Blickwinkel seiner Philosophie. Ihm muß zwar daran liegen, daß seine naturphilosophischen Begriffe empirische Korrelate haben – aber nach welchen Kriterien sie ihnen zugeordnet werden müssen, handelt er nicht systematisch ab (siehe Anm. 8). Als größtes Problem von Hegels Naturphilosophie wurde es deshalb mit Recht immer wieder angesehen, daß die dortige ‚metaphysische' Entwicklung von Denkbestimmungen Begründungen für die hergestellten Beziehungen zwischen Begriffen und empirischen Sachverhalten oft vermissen läßt und mit den Gegenständen der empirischen Naturwissenschaften deshalb möglicherweise recht willkürlich umgeht. Wie man aus dem ersten Teil dieser Arbeit lernen kann, hat Hegel allerdings dieses Problem von Kants MAG, die eine metaphysische Begründung des Trägheitsgesetzes eben *nicht* leisteten, geerbt.

2. Objektive Naturerkenntnis

Zweck dieses Teilkapitels ist es, einen Überblick über die Charakteristika von Hegels Naturphilosophie zu geben. Diese Naturphilosophie hat den Anspruch, *objektive Vernunfterkenntnis der Natur* zu sein. Objektivität der Erkenntnis bedeutet dabei für Hegel, daß die Inhalte der Naturphilosophie zumindest prinzipiell als unabhängig vom subjektiven menschlichen Erkennen der Natur gedacht werden, so daß die Inhalte dieser Naturphilosophie auch keine Erkenntnistheorie voraussetzen. Vernunfterkenntnis ist die Naturphilosophie für Hegel, weil sie nicht den Restriktionen der Verstandeserkenntnis im Kantischen Sinne unterliegen soll, sondern – auf der Grundlage einer systematischen Totalität von objektiven Denkbestimmungen, dem spekulativen Begriff – deren Beschränkungen gerade aufzuheben beansprucht. Die Objektivität ihrer Inhalte hängt für Hegel dabei nicht wie für Kant substantiell vom empirischen Gegebensein ihrer Gegenstände ab, sondern von der systematischen Entwicklung ihrer durch Begriffe erfaßten Inhalte, denen aber auch empirische Sachverhalte korrespondieren.

Nun stellt Hegels Naturphilosophie allerdings selbst das Produkt einer menschlichen Tätigkeit dar, ist also selbst *subjektives Erkennen der Natur*. Es ist daher zu fragen, wie sich diese Erkenntnistätigkeit zu den Inhalten der Naturphilosophie verhält, die, wenn sie objektiv erfaßt sein sollen, von dieser Tätigkeit ja nicht abhängen dürfen. Diese Frage enthält zwei Unterfragen, die Gegenstand der ersten beiden Abschnitte dieses Teilkapitels sind. *Zum einen:* Wie ist die Beziehung des erkennenden Subjekts – und das heißt im Rahmen von Hegels Systematik: des (subjektiven) Geistes – zur Natur als seinem Erkenntnisgegenstand prinzipiell zu denken, und wie kann sich das Subjekt der Erkenntnistätigkeit in einem (subjektiven) begreifenden Erkennen die Inhalte des (objektiven) begreifenden Denkens der Natur, d. h. der objektiven Synthesis von Denkbestimmungen für Naturgegenstände, vernunftgemäß und mit Objektivitätsanspruch aneignen? *Zum andern:* Hegels Naturphilosophie ist klarerweise zeitabhängig und das heißt ihren sachlichen Inhalten nach an einer heute überholten Naturwissenschaft orientiert; nach ihrer philosophischen Zugangsweise zu diesen Inhalten steht sie in der Tradition von Kants Projekt einer Metaphysik der Natur. In welchem Verhältnis steht sie, im Anschluß an und unter Abhebung gegen dieses Kantische Konzept, Hegels eigener Intention nach zu den empirischen Naturwissenschaften, und worin sah er gegenüber diesen ihre Aufgabe?

Der *objektive Begriff der Natur*, den Hegel zu Beginn seiner Naturphilosophie angibt, ist vom Gegenstand der obigen Teilfragen (zu deren Klärung die ersten beiden, in der Fassung von 1817 nicht vorhandenen Paragraphen der Naturphilosophie von 1830 beitragen sollen) streng zu unterscheiden. Hegel bezeichnet die Natur dort als die „Idee in der Form des Andersseins" (Enz. § 247). Die Frage nach dem objektiven

Naturbegriff, zu dem das subjektive begreifende Erkennen der Natur gelangt, wirft deshalb sofort diejenige nach der Beziehung auf, die Hegel zwischen der Idee und der Natur sieht; im Abschnitt (2.3) soll diese Beziehung nur vorläufig und in Vorbereitung des vierten Kapitels skizziert werden.

2.1 Das begreifende Erkennen der Natur

Die Naturphilosophie ist für Hegel die auf die Natur gerichtete Erkenntnistätigkeit des subjektiven Geistes, bei der dieser seine Eigenart, „sich selbst", in der Natur erkennt oder – besser gesagt – wiedererkennt. Hegel nimmt mit dieser Bestimmung an, die Natur sei dem subjektiven Geist, dessen Wesen die Vernunft ist, als ein ebenfalls vernunftgemäß strukturiertes, systemhaft organisiertes Ganzes erkenntlich, und die Naturphilosophie sei damit objektive Vernunfterkenntnis der Natur. Unter Vernunft soll hier im Anschluß an Kant das subjektive Vermögen verstanden sein, Prinzipien zu bilden, anhand deren man zu Vernunftideen oder Begriffen von Totalitäten gelangt. Das systematische Ganze aller Vernunftbegriffe ist für Hegel „der Begriff". Diesen in der Natur wiederzuerkennen, indem die Natur als vernunftgemäße oder vernünftige Totalität bestimmt wird, ist die Aufgabe der Naturphilosophie.[14] Die Methode, mit der der subjektive Geist zu einem Begriff der Natur als vernünftiger oder vernunftgemäßer Totalität gelangt, ist das begreifende Erkennen der Natur – eine subjektbezogene Variante desjenigen begreifenden Denkens von Gegenständen, das man in Hegels Logik unabhängig von den empirischen Gegenständen des subjektiven Denkens entwickelt findet. Die objektive und vernunftgemäße Naturerkenntnis muß also dieselben, in Abschnitt (1.1) dieses Kapitels formulierten Kriterien für eine objektive Wissenschaft im Hegelschen Sinn erfüllen wie das begreifende Denken; es muß gelten:

1. Die begreifende Naturerkenntnis beruht auf *reinen Denkbestimmungen;*
2. ihre *Gegenstände* sind diese – als Beziehungen aufzufassenden – Denkbestimmungen selbst;
3. ihre Objektivität kommt durch die *systematische Entwicklung* dieser Denkbestimmungen in ihren Beziehungen zustande.

---

14 Siehe z. B. Enz. § 246 Z, Seite 23: „Dies ist nun die Bestimmung und der Zweck der Naturphilosophie, daß der Geist sein eigenes Wesen, d. i. den Begriff in der Natur, sein Gegenbild in ihr finde."

Die Hauptfrage, die diese Kriterien für eine objektive und vernünftige Erkenntnis von Naturdingen, die ja in erster Linie Gegenstände des subjektiven Denkens sind, gegenüber den Erkenntniskriterien Kants aufwerfen, ist nun wiederum diejenige, von der Kant selbst in seiner Erkenntniskritik ausgegangen war. Wie sind dem Erkennen hier seine Gegenstände *gegeben*? Oder, mit anderen Worten: Wie können durch die Naturphilosophie Gegenstände der Erkenntnis, die ja Dinge und Vorgänge in der Natur sind, in Form von vernünftigen Gedankenbestimmungen erfaßt werden, und was haben diese mit der Begriffsentwicklung in der Logik zu tun?

Hegel versucht, diese Frage in § 245 und § 246 der Berliner Enzyklopädie zu klären. Seine Antwort geht dabei nicht wie diejenige Kants von der Ausarbeitung einer Theorie der Verstandeserkenntnis aus, sondern von einer grundsätzlicheren Überlegung, die man in der KdrV nicht findet. Hegel bestimmt zunächst, welche Haltungen die erkennenden Subjekte, die als vernunftbegabte Naturwesen ja selbst Teil der Natur sind, gegenüber der Natur überhaupt einnehmen und auf welche Weise sie sich Naturdinge aneignen können. Die Möglichkeit einer objektiven philosophischen Erkenntnis der Natur läßt sich seiner Auffassung nach einfach anhand der Analyse der Haltungen aufzeigen, die wir immer schon gegenüber der Natur einnehmen – an ihnen schon beweist sich, so will er seinen Leser überzeugen, warum und wie die Kantischen Erkenntnisgrenzen ausgeweitet werden können.

Hegel sieht zwei prinzipiell verschiedene Verhaltensweisen der erkennenden Subjekte zur Natur. Einerseits gibt es das *praktische Verhalten* (§ 245 + Z), in dem wir uns die Natur als sinnliche Wesen aneignen, die für ihre physische Selbsterhaltung sorgen müssen und dabei auf Naturdinge als Mittel für praktisch-technische Zwecke angewiesen sind. Ihm gegenüber steht andererseits das *theoretische Verhalten* (§ 246 + Z), bei dem wir als intellektuelle Wesen von der Natur zurücktreten und sie erkennend ‚freilassen‘, ohne sie für unsere praktischen Bedürfnisse beherrschen und verändern zu wollen. Diese beiden Verhaltensweisen sind *entgegengesetzt* hinsichtlich unserer Stellung zur Natur: im praktischen Verhalten unterwerfen wir die Natur und lassen sie für uns arbeiten; im theoretischen Verhalten lassen wir sie unberührt ihren eigenen Gesetzen folgen. Im ersten Fall praktizieren wir sozusagen eine Sklavenhaltermentalität gegenüber der Natur; im zweiten Fall betrachten wir sie dagegen als ein freies, gegen uns selbständiges Wesen. Das von Hegel angeführte Extrembeispiel für das praktische Verhalten stellt die Nahrungsaufnahme dar, für die wir Pflanzen oder Tiere zerstören und später durch unseren Organismus aufnehmen und verdauen. Ein Extrem des theoretischen Verhaltens wäre die Beobachtung der Bewegung von Sternen und Planeten, bei der wir gar nicht ins Naturgeschehen eingreifen, sondern nur seine Gesetzlichkeit mathematisch erforschen.

Die meisten Handlungen der Menschen im Umgang mit der Natur sind sicher irgendwo in der Mitte zwischen diesen beiden Extremen angesiedelt. Dies gilt vor allem für die Naturwissenschaften, in denen keineswegs rein betrachtend vorgegangen, sondern mit experimentellen Techniken gearbeitet wird, durch die Naturobjekte künstlich von ihrer Umgebung isoliert werden. Dies gilt ebenso für die technische Nutzung von Naturvorgängen zu praktischen Zwecken, z. B. beim Bau von Maschinen, der die theoretische Kenntnis der zunutze gemachten Vorgänge in irgendeiner Hinsicht voraussetzt. Auch ganz abgesehen von diesen Mischformen des theoretischen und praktischen Verhaltens (auf die Hegel, was im Hinblick auf eine heutige Fruchtbarmachung seiner Naturphilosophie sehr zu bedauern ist, höchstens ansatzweise eingeht) lassen sich diese beiden Haltungen gegenüber der Natur in Hegels Augen prinzipiell gar nicht so strikt gegeneinander abgrenzen, wie es zunächst den Anschein hat. Die Pointe des die Naturphilosophie einleitenden Abschnitts ist es, daß sich diese Entgegengesetzten bei näherer Beleuchtung als *Entgegengesetzte in reflexionslogischem Sinn* entpuppen sollen, d. h. als reflexiv aufeinander bezogene Verhaltensweisen, die jeweils ihr Gegenteil in sich enthalten und wie die Begriffsbestimmungen der Logik ineinander übergehen. Hegel selbst argumentiert im Zusatz zu § 246 etwa folgendermaßen:[15]

Das theoretische Verhalten, das die Dinge, wie sie an sich selbst sind, erkennen möchte, ohne sie dabei zu verändern oder zu beschädigen, leistet dies durch die Bildung (allgemeiner) Begriffe und Gesetzmäßigkeiten für (einzelne) Naturdinge oder -vorgänge. Das Erkennen eignet sich dabei die Dinge zunächst in Vorstellungen und dann in Begriffen an, macht sie also zu etwas ganz anderem, als sie an sich sind (siehe

---

15 Diese Argumentation ist im Haupttext der Enzyklopädie selbst nicht vorhanden; man muß sie den diesem von Michelet beigefügten, allerdings problematischen Zusätzen und der Berliner Vorlesungsnachschrift von 1819/20 entnehmen. Die Zusätze haben im allgemeinen eher anschaulich-erläuternden und beispielhaften als argumentativen Charakter; dies gilt wohl großteils auch für die Inhalte der Vorlesungsnachschriften. Die Argumentation (wenn sie eine ist) richtet sich dabei eher an den gesunden Menschenverstand als an das *wissenschaftliche* subjektive Erkennen.

§ 246 Z, S. 16 ff.), und geht in dieser Hinsicht so vor wie das praktische Verhalten gegenüber der Natur — dies ist die Lektion, die *Kants Theorie der Verstandeserkenntnis* jedem naiven Realismus der Naturerkenntnis erteilt und die durch das praktische Verhalten, das sich die Natur unterwirft und „in welchem dieser absolut idealistische Glauben liegt, daß die einzelnen Dinge nichts an sich sind" (§ 246 Z, S. 18), nur bestätigt wird. Umgekehrt impliziert das praktische Verhalten schon immer stillschweigend die naive Gegenstandsauffassung des theoretischen, das die Dinge sein lassen will, wie sie an sich (d. h. unabhängig von unserem Denken und Handeln) sind, denn die praktisch-technische Ancignung der Natur ist nur durch die allgemeingültigen Zusammenhänge und Gesetzmäßigkeiten innerhalb des Naturgeschehens möglich, die man als objektiv vorhanden annehmen muß und aufgrund deren die praktische Nutzbarmachung einzelner Dinge und Vorgänge in der Natur überhaupt nur funktionieren kann — dies ist in Hegels Augen die Lektion, die *Kants regulatives Prinzip der Zweckmäßigkeit der Natur* erteilt.

Hegel nimmt die zweite Lektion nicht weniger ernst als die erste. Deshalb sieht er das theoretische und das praktische Verhalten gegenüber der Natur als komplementär zueinander an; sie verhalten sich wie die beiden Seiten derselben Münze. Hegel hält es im Gegensatz zu Kant auch für möglich, beide Seiten der Münze auf einmal zu sehen, d. h. die theoretische, erkennende, das Naturgeschehen frei lassende, und die praktische, zweckbezogene, es sich aneignende Verhaltensweise erkennender Sinneswesen in *eine* Weise des Umgangs mit der Natur zu vereinigen, die beide Verhaltensweisen in sich aufgehoben enthält und in der sich ihre Mängel gegenseitig ergänzen. Diese Umgangsweise mit der Natur soll ihre *begreifende Betrachtung* sein, also die Naturphilosophie. In ihr sollen sich das theoretische und das praktische Verhalten gegen die Natur so ergänzen, daß das Subjekt des Erkennens die Dinge ‚begreift', indem es sie sich einerseits in Denkbestimmungen zu eigen macht und sie andererseits dabei ‚frei' läßt, weil es mittels des Systems objektiver und vernünftiger Denkbestimmungen, des Begriffs, in der Lage ist, ‚sich selbst' in den Dingen und ihren Zusammenhängen zu erkennen und die ihrem Wesen oder ihrer Natur angemessenen Begriffe für sie zu finden. In der Vorlesungsnachschrift von 1819/20 wird diese Synthese zweier entgegengesetzter Verhaltensweisen zur Natur als das „Geschäft der Philosophie" bezeichnet und folgendermaßen beschrieben: Das theoretische Verhalten, das die Dinge als an sich Seiende erkennen will, und das praktische Verhalten, nach dem sie nichtig und selbst-los sind, lassen sich dadurch vereinigen, „daß nach dem Theoretischen ich nicht nur als das Seiende, sondern auch als das Meinige die Natur betrachte, und praktisch, daß ich sie betrachte nicht nur als das Meinige, sie nehme nicht nur als das Selbstlose, sondern auch als das, was sie für sich ist. Dieses ist, was die Vereinigung und Lösung des Problemes ausmacht." (VL 1819/20, S. 4)

Die Darstellung des theoretischen und des praktischen Verhaltens und ihrer Synthese zum begreifenden Erkennen der Natur, wie sie außerhalb des Haupttextes der Enzyklopädie ausgeführt vorliegt, erscheint mir in erster Linie als ein Trick, bei dem Hegel mit Argumentationen, die nur heuristischen Wert für sich beanspruchen können, die Plausibilität der von ihm favorisierten Art von Naturerkenntnis suggerieren möchte. Tatsächlich nimmt die Bezeichnung für die begreifende Betrachtung der Natur, die schließlich ein ausschließlich theoretischer Umgang mit dieser ist, nur mittels der Metapher des Begreifens und Aneignens von Dingen mit den Händen Bezug auf das eigentliche praktisch-technische Verhalten des Menschen zur Natur. Hegels Sympathie liegt von vornherein auf der Seite des theoretischen Verhaltens. Ein ausschließlich theoretisch-kontemplatives Verhalten gegenüber der Natur (wie es in etwa in der theoretischen Naturerkenntnis der Antike und insbesondere der Aristotelischen Physik zu finden ist), das diese in ihrer Ganzheit durch Begriffe zu erfassen versucht, ohne sie experimentellen Techniken zu unterwerfen, kommt seinem Ideal der begreifenden Naturerkenntnis schon ziemlich nahe, wenngleich diese Erkenntnisweise im Anschluß an Kant und im Zeitalter der experimentellen Naturwissenschaft auch nach Hegels Bewußtsein völlig anders zu bestimmen ist als in der Antike.

Dennoch liegt dieser heuristischen Argumentation ein ernst zu nehmender philosophischer Kern zugrunde. Er ist in *Hegels Auseinandersetzung mit Kants Philosophie* zu suchen. Hegel möchte einerseits zeigen, was man von Kants *Theorie der Verstandeserkenntnis* lernen kann und muß – nämlich daß wir uns als Sinneswesen beim Erwerb von Wissen über die Natur (zu dem wir im ersten Anlauf immer durch Sinneswahrnehmungen und Vorstellungen gelangen) in einer ganz ähnlichen Lage befinden wie bei der Nahrungsaufnahme: Beide Male geht ein durch die Vermögen unseres Organismus bestimmter Aneignungsprozeß vor sich; im Falle des Wissenserwerbs sind die ,Verdauungsorgane' Anschauung und Verstand. Andererseits ist es Hegels Anliegen, im Anschluß an Kants *Prinzipien zur teleologischen Beurteilung der Natur* klarzustellen, daß die Art und Weise, in der dieser Aneignungsprozeß vor sich geht, objektive und subjektunabhängige Grundlagen in der Natur selbst besitzt: ebenso wie wir wissen, daß wir die Speisen, die wir üblicherweise zu uns nehmen, verdauen können, haben wir gute Gründe anzunehmen, unsere Begriffe seien – wenn wir sie nur vernünftig, und das heißt nach Maßgabe von Vernunftideen, entwickeln – der Natur oder dem Wesen der Dinge durchaus angemessen und insofern objektiv. Daß diese Kantische Annahme einer wechselseitigen Zweckmäßigkeit der Naturdinge und unserer Begriffe für sie stärkeren als bloß regulativen Charakter besitzt, hat Hegel mit den heuristischen Argumenten außerhalb des Haupttextes der Berliner Enzyklopädie natürlich nicht bewiesen. Ein solcher Beweis läßt sich, auch dies ist von Kant zu lernen, vermutlich gar nicht führen. Hegel selbst erschien er wegen seiner gegenüber Kant veränderten Kriterien für objektive Erkenntnis, die sich aus deren Ausweitung auf die Extension wissenschaftlich-systematischen Erkennens ergeben, letzten Endes als unnötig.

Der philosophische Kern der ‚Dialektik' des theoretischen und praktischen Verhaltens liegt also in *Hegels Rezeption des Kantischen regulativen Prinzips der Zweckmäßigkeit der Natur*, dem er auf der Grundlage seiner Theorie des spekulativen Begriffs eine in seinem Sinne objektive Geltung verschaffen möchte. Kant selbst galt das Prinzip der Zweckmäßigkeit der Natur einerseits *subjektiv*, für unsere Erkenntnis der empirischen Naturgesetze als eines systematisch geordneten Ganzen, und andererseits *objektiv*, als eine (allerdings ebenfalls nur regulativen Charakter besitzende) Annahme über die zweckmäßige Organisation der Natur selbst.[16] Das Prinzip einer subjektiven Zweckmäßigkeit der Natur für unsere Erkenntnis wird vom theoretischen Verhalten vorausge-

---

16 Der Zusammenhang zwischen diesen beiden Aspekten des regulativen Prinzips der Zweckmäßigkeit der Natur ist ein zentrales unterschwelliges Thema von Kants KdU. Die systematische Zweckmäßigkeit der Natur für unser Erkenntnisvermögen ist eine (regulative) Bedingung der Möglichkeit – eine „subjektiv-notwendige transzendentale Voraussetzung" (KdU, S. 22) – eines Systems der empirischen Erkenntnis und damit einer empirischen *Wissenschaft* der Natur im Kantischen Sinne; diese Voraussetzung ist Gegenstand des in den Einleitungen zur KdU thematisierten „transzendentalen Prinzips der Urteilskraft" (siehe Einleitung, Erste Fassung, Abschnitt IV, S. 21 ff.; publizierte Fassung: Abschnitt V). – Die systemhafte Zweckmäßigkeit der Natur selbst ist das Thema des 2. Teils der KdU, der „Kritik der teleologischen Urteilskraft"; Kant entwickelt dort ein regulatives Prinzip der objektiven Zweckmäßigkeit der Natur, nach dem wir mit guten Gründen annehmen, die Natur enthalte in bestimmten ihrer Teile (den Organismen) wie auch im Ganzen teleologisch organisierte Strukturen. – Hegel greift, wie man stark vermuten muß, in seiner Verschränkung des theoretischen

setzt, sofern es seine Einzelerkenntnisse in ein System organisiert, während dasjenige einer objektiven Zweckmäßigkeit der Natur dem praktischen Verhalten zugrundeliegt. Mit dem Begriff der Zweckmäßigkeit stellt Hegel dementsprechend im Haupttext der Berliner Enzyklopädie die Verbindung zwischen theoretischem und praktischem Verhalten sowie dem begreifenden Erkennen der Natur her:

Das Charakteristikum des praktischen Verhaltens ist es nach § 245, daß sich der Mensch in ihm „als Zweck gegen die Naturgegenstände" bestimmt, die er zu Mitteln seiner Selbsterhaltung macht. Dieses teleologische Verhältnis zwischen Naturdingen und Mensch (sowie zwischen Naturdingen oder -wesen untereinander) beinhaltet nun immer relative oder „endliche" Zwecke; der „absolute Endzweck" (§ 245), der selbst nicht mehr Mittel für ihm übergeordnete Zwecke wäre, ist nicht als ein endlicher Gegenstand selbst in der Natur enthalten, sondern kann – wie Kant in der KdU gezeigt hat – höchstens als ein ihr insgesamt zugrundeliegendes Substrat gedacht werden. Im Gegensatz zu Kant, der es nach regulativen Prinzipien als übersinnlich bestimmte, denkt Hegel dieses Substrat „der Natur als solcher immanent" (§ 245) und identifiziert es sofort mit dem spekulativen Begriff, dem System vernünftiger Denkbestimmungen, das in seinen Augen der Natur als immanente und objektive Struktur zugrundeliegt. Die Extrapolation des vom praktischen Verhalten implizierten „endlich-teleologischen Standpunkts" (ebda.) zum Gedanken eines Endzwecks führt Hegel, der den Kantischen Dualismus von sinnlicher und intelligibler Welt ablehnt, also zu der Annahme, die Natur sei ein *objektiv vernünftig organisiertes Ganzes*. – Auf der anderen Seite nimmt das von der Naturwissenschaft praktizierte theoretische Verhalten an, die Natur sei *vernunftgemäß für unser Erkennen strukturiert*, denn es erforscht ja nicht nur die allgemeinen, dem empirischen Einzelgeschehen in der Natur zugrunde liegenden Gesetze, sondern ist zugleich bestrebt, diese in übergreifende Theorien und schließlich in ein System der Naturerkenntnis zu integrieren; es richtet sich auf die „Erkenntnis des Allgemeinen" der Natur, „so daß es zugleich in sich bestimmt sei", d. h. auf bestimmte Naturgesetze, die aber „auch nicht bloß Aggregat sein, sondern, in Ordnungen, Klassen gestellt, sich als eine Organisation ausnehmen" müssen (§ 246). Dabei legt es die subjektive Annahme zugrunde, eine solche systematische Or-

---

und praktischen Verhaltens zum begreifenden Erkennen der Natur den inneren Zusammenhang von Kants Prinzipien einer subjektiven und einer objektiven Zweckmäßigkeit der Natur auf.

ganisation sei möglich, die Natur sei also zweckmäßig für unsere Erkenntnis strukturiert.

Die Vereinigung seiner Auffassung *beider* Kantischen Prinzipien der Zweckmäßigkeit der Natur führt Hegel sofort zu seinem Konzept der „begreifenden Betrachtung" (§ 246) der Natur, die ebenfalls ein theoretisches Verhalten gegen die Natur darstellt, aber im Gegensatz zu demjenigen der Naturwissenschaften nicht die verstandesgemäße Bestimmung des einzelnen Naturgeschehens zur Aufgabe hat, sondern *Synthesis unter den Verstandesbegriffen der empirischen Naturerkenntnis* bewirkt, indem es deren Zusammenhang nach dem spekulativen Begriff zugrunde legt und sichtbar macht. Das begreifende Erkennen hat dieselben allgemeinen Gesetze und Verstandesbestimmungen zum Gegenstand wie die Naturwissenschaften, aber es betrachtet sie „für sich" und in ihrer „eigenen, immanenten Notwendigkeit nach der Selbstbestimmung des Begriffs" (ebda.), d. h. nach den ihnen immanenten, systematisch zu entwickelnden objektiven begrifflichen Beziehungen.

Das begreifende Erkennen der Natur ist also *Metaphysik der Natur* im Kantischen Sinne, die auf reinen Begriffen beruht. Seine Aufgabe ist die Synthesis der Denkbestimmungen und Konzepte, zu denen die empirische Naturwissenschaft als Verstandeserkenntnis der Natur gelangt, nach Maßgabe des Begriffs, den Hegels Naturphilosophie der Natur als eine objektive und systematische, im Kantischen Sinne zweckmäßige Struktur unterstellt. Die *Gegenstände* dieser begreifenden Naturerkenntnis sind durch die empirische Verstandeserkenntnis der Natur gegeben; sie sind deren Begriffe und Gesetze. Die *Objektivität* der begreifenden Naturerkenntnis soll durch die systematische Entwicklung dieser Verstandesbegriffe der Naturerkenntnis am Leitfaden des Begriffs gewährleistet sein. Die Hegelschen Kriterien für eine objektive Wissenschaft beziehen sich im Falle der Naturphilosophie nicht mehr, wie in der Logik, auf die reinen, allgemeinen Bestimmungen des Denkens überhaupt, sondern auf die von den Naturwissenschaften zur Verfügung gestellten spezifischen Denkbestimmungen, mittels deren die Natur gedacht wird.

2.2 Metaphysik der Natur und empirische Naturwissenschaft

Hegels Naturphilosophie stellt eine Metaphysik der Natur im Kantischen Sinne einer Naturerkenntnis aus reinen Begriffen dar, deren Gegenstände die von den Naturwissenschaften selbst entwickelten Verstandesbegriffe und -konzepte sind und die sich vermittels dieser be-

grifflichen Gegenstände auf das empirische Naturgeschehen bezieht.
Das Verhältnis, in dem nach Hegels Sicht die Naturphilosophie zu den
empirischen Naturwissenschaften steht, muß ebenfalls im Rahmen der
Kantischen Tradition gesehen werden. Ehe ich auf dieses Verhältnis zu
sprechen komme, möchte ich deshalb herausstellen, was Hegels Naturphilosophie mit Kants Programm einer Metaphysik der Natur gemeinsam hat und inwiefern sie von diesem abzugrenzen ist. Man kann Hegels Naturphilosophie in gewisser Weise als eine Verschmelzung dessen
ansehen, was Kant unter der rationalen Physik und der rationalen Kosmologie verstand, aber systematisch strikt getrennt hielt; genauer: Hegels Naturphilosophie *enthält Elemente der Kantischen rationalen Physik u n d Kosmologie.* In den nicht immer zuverlässigen, aber oft tref-
fenden Zusätzen von Michelet zur Enzyklopädie heißt es einmal, die
Naturphilosophie sei „rationelle Physik" (Zusätze *vor* § 245, S. 10 ff.);
diese „rationelle" oder rationale Physik geht, wie im letzten Abschnitt
gezeigt wurde, von wesentlichen Grundgedanken der (systematisch der
rationalen Kosmologie zuzurechnenden) Kantischen Teleologie aus.
Welche Elemente der Kantischen rationalen Physik bzw. Kosmologie
enthält sie im einzelnen?

Rationale Physik im Kantischen Sinne ist Hegels Naturphilosophie,
insofern sie eine apriorische *Entwicklung von Denkbestimmungen für
Naturdinge nach Maßgabe eines Systems reiner Begriffe* leistet. Diese
Begriffsentwicklung, die sich Hegels Auffassung nach von Erfahrungstatsachen unabhängig machen muß, wurde hier mit Absicht ‚apriorisch'
genannt, um die Parallelität zu Kants MAG hervorzuheben, die reine
Begriffe und Gesetze für empirische Gegenstände der körperlichen Natur herleiten. Dabei geht es Hegel nicht wie Kant darum, Verstandesbegriffe für Naturdinge durch die Untersuchung der aller spezifischen
Erfahrung vorgängigen Bedingungen der Möglichkeit von Erkenntnis
zu begründen; insofern ist die Bezeichnung ‚apriorisch' hier problematisch. Hegel geht es vielmehr darum, die naturwissenschaftlichen (Ver-
standes-)Begriffe für Naturdinge unter Absehung von deren empirischem Gehalt zu analysieren und sie in ein System des vernünftigen
Denkens über die Natur zu integrieren, das deren Beziehungen untereinander bloßlegt. Das System der reinen Denkbestimmungen, das der
Naturphilosophie als Leitfaden dient, der spekulative Begriff, ist für ihn
eine Totalität von Vernunftbegriffen und besteht nicht wie in Kants
MAG bloß aus der Tafel der Verstandeskategorien. Das Verhältnis, in
dem dieses System von Denkbestimmungen zu den Gegenständen der
Naturphilosophie steht, ist wiederum wie in den MAG als eines der

Spezifikation zu denken. Anhand einer Grundbestimmung für die Natur, die systematisch dem Bewegungsbegriff der MAG entspricht, werden die Gegenstände des reinen Denkens, das ‚bei sich selbst' bleibt, zu denjenigen eines Denkens spezifiziert, das sich auf etwas ihm Äußeres richtet – auf die Natur. Hegels (im Vergleich zu Kants Bestimmung der materiellen Natur durch die Bewegung abstraktere) Grundbestimmung für die Natur ist die *Äußerlichkeit*, die im nächsten Kapitel zum Thema wird.[17] Das Programm von Hegels Naturphilosophie ist dabei dasselbe wie dasjenige von Kants MAG: Es sollen, ausgehend nur von dem System des reinen Denkens und der Grundbestimmung für die Natur, *spezifische* Bestimmungen für das Bestimmbare der materiellen Natur angegeben werden; kurz: das Programm der Naturphilosophie ist, die Form der Materie zu bestimmen.

Hegels Naturphilosophie unterscheidet sich von Kants rationaler Physik vor allem darin, daß in ihr die vom Denken erfaßte Form der materiellen Natur von vornherein als *Totalität* aufgefaßt ist; dieser Zug von ihr stammt klarerweise aus Kants *rationaler Kosmologie*. Man sucht in Hegels Naturphilosophie zwar vergeblich nach den Gegenständen von Kants kosmologischen Antinomien, etwa nach dem Begriff eines Anfangs der Welt in Raum und Zeit, oder nach einer Entwicklungsgeschichte des Kosmos, wie sie Kant schon mit seiner „Allgemeinen Naturgeschichte und Theorie des Himmels" vorgelegt hatte. Für Hegel ist die Naturphilosophie keine Erkenntnis der Welt im Ganzen im Kantischen Sinne (die in seinen Augen eher dem Aufgabenbereich der Naturwissenschaft selbst zugehört); das hängt mit seiner gegenüber Kant veränderten Ansicht darüber zusammen, was man vernünftigerweise unter einer Totalisierung von Verstandesbegriffen zu verstehen habe. Eine Totalisierung der Verstandesbegriffe von Raum, Zeit und Materie zum Beispiel bezieht sich für Hegel nicht auf Begriffsmerkmale wie die Extensionalität des Raums oder die Teilbarkeit der Materie, die dann in ein quantitativ aufgefaßtes Unendliches – nämlich in die vollständige Reihe von Bedingungen eines empirisch gegebenen Bedingten – extrapoliert werden, sondern auf die in diesen Begriffsmerkmalen enthaltenen be-

---

17 Diese Grundbestimmung bedarf nach Hegels Überzeugung (so weit geht die Verwandtschaft zu Kants rationaler Physik) einer besonderen, von den begrifflichen Übergängen innerhalb der Logik abgehobenen Begründung – sozusagen einer metaphysischen Deduktion (siehe Zweites Kapitel, 2.2) –, mit der das Denken Rechenschaft ablegt über die Bestimmung der Dinge, die ihm äußerlich sind (siehe Viertes Kapitel, 1.2).

grifflichen Beziehungen und deren Unvollständigkeit, anhand deren schließlich der innere Zusammenhang der zunächst isolierten Verstandesbegriffe von Raum, Zeit und Materie aufgedeckt werden kann.

In dieser veränderten Ansicht darüber, wie die Verstandesbegriffe für Naturphänomene zu totalisieren seien, steckt schon Hegels Rezeption der *Kantischen Teleologie*. Kants regulative Prinzipien der subjektiven bzw. objektiven Zweckmäßigkeit der Natur, nach denen die Natur einerseits so strukturiert ist, daß wir unsere Einzelerkenntnisse über sie in ein System bringen können, und andererseits selbst als ein teleologisches System, das Teilsysteme enthält, organisiert ist, verbinden sich bei Hegel zu der Überzeugung, die Natur sei ein stufenförmiges System, und es sei Aufgabe des begreifenden Erkennens der Natur, die Verstandesbegriffe der empirischen Naturwissenschaft in einer Synthesis zu totalisieren, die den Stufenbau der Natur gerade durch die Aufdeckung der begrifflichen Beziehungen zwischen Verstandesbestimmungen der Natur sichtbar macht. Diese Aufdeckung des Stufenbaus der Natur (die mit den Begriffen von Raum, Zeit und Materie beginnt) ist für Hegel insgesamt ebensowenig eine Evolutionstheorie, d. h. eine Geschichte der Entwicklung der organischen aus der anorganischen Natur und von höheren aus niederen Organismen, wie es ihm bei seiner Totalisierung der Verstandesbegriffe von Raum, Zeit und Materie um den Anfang oder die Entwicklung der Welt in Raum und Zeit geht.

Die Verschmelzung von Kants Programm einer rationalen Physik mit den von Kant selbst nur in regulativer Hinsicht zugelassenen teleologischen Grundsätzen, die systematisch in dessen rationale Kosmologie gehören, ist Hegel nur unter der *Ablehnung des Kantischen Dualismus* möglich, die im Zusammenhang mit seinem Konzept einer systematischen und objektiven Wissenschaft steht. Die Naturphilosophie muß nach diesem Konzept in der Lage sein, die Natur mittels reiner Begriffe zu bestimmen, indem sie sie als ein systematisch organisiertes Ganzes ansieht, dessen Teile fundamental in Verbindung miteinander stehen. Diese systematische und objektive Wissenschaft der Natur – *Hegels Metaphysik der Natur* – ist derjenigen Kants einerseits ebenso tiefgreifend verwandt, wie sie sich andererseits nur durch die Kritik an der Unterscheidung einer phänomenalen und einer noumenalen Welt verstehen läßt. Ihre Methode, das begreifende Erkennen der Natur, das die Mängel und Einseitigkeiten des praktischen und theoretischen Verhaltens durch eine (auf der Grundlage von Kants Begriffen der Zweckmäßigkeit der Natur an sich bzw. für unser Erkenntnisvermögen vorgenommene) Vereinigung dieser ‚Entgegengesetzten' aufheben soll, hat den Anspruch, „die Natur als frei in ihrer eigentümlichen Lebendigkeit zu betrachten" (§ 245 Z), indem sie unsere Denkbestimmungen für Naturdinge „für sich" hernimmt (§ 246) und sie in ein vernunftgemäßes System bringt.

Die Annahme, dieses begreifende Erkennen sei im Gegensatz zur empirischen Verstandeserkenntnis der Natur ein Erkennen, bei dem die Natur ‚frei' bleibe und dem subjektiven Geist in ihrem Wesen zugänglich sei, besitzt einen auf Kants Dualismus bezogenen Hintersinn. Nach Hegels Auffassung wird die Natur von der menschlichen Vernunft gerade dadurch in ihrem wirklichen Wesen erkannt, daß die Vernunft, deren Aufgabe die Analyse und Synthese reiner Denkbestimmungen ist, im Gegensatz zum Verstand *keine empirisch gegebenen Dinge voraussetzt,* deshalb auch keine Dinge an sich, die diesen zugrunde liegen sollen, in die Natur hineinprojiziert und nur so *in der Lage ist, die fundamentale Einheit und systematische Organisation der Natur durch Denkbestimmungen bloßzulegen.* Die begreifende Denkmethode, mit der sich die Vernunft in diese Lage bringt, ist die Untersuchung reiner Beziehungen von Denkbestimmungen, bei der die zwischen Erkenntnisgegenständen bestehenden Beziehungen nicht von vornherein auf empirisch gegebene, als isoliert gedachte Relate zurückgeführt werden, sondern statt dessen auch noch nach der begrifflichen Bestimmbarkeit dieser Relate selbst mittels ihrer Beziehungen gefragt wird.[18] Eine Bestimmung dieser Relate muß nun gerade an der Grundbestimmung für die Natur − der Äußerlichkeit − versucht werden. Auf eine solche auf die Voraussetzung empirischer Relate der Beziehung ‚Außereinandersein' völlig verzichtende Bestimmung der Erkenntnisgegenstände, die zu einer Totalisierung von Verstandesbegriffen im Hegelschen Sinn führt, hatte Kant in der KdrV verzichtet, als er die materielle Natur als eine „substantia phaenomenon" und diese wiederum als den Inbegriff der Verhältnisse von empirisch gegebenen Sinneserscheinungen bestimmte (Amphibolienkapitel, KdrV B 321). Auch bei der Herleitung seiner Grundbestimmung für die Natur hatte Kant eine weitergehende Bestimmung der Relate des Außereinanderseins nicht nachgeholt. Im Begriff der Bewegung setzte er gerade das empirische Vorhandensein eines materiellen Dings voraus, das nur als ein Gegenstand des äußeren Sinns bestimmt ist. Was Hegel gegenüber Kant zu diesem Problem anzubieten hat, wird im vierten Kapitel besprochen.

---

18 Siehe Abschnitt 1.2 dieses Kapitels und den zweiten Teil des nächsten Kapitels.

Welches Verhältnis besteht nun Hegels Anspruch nach zwischen der Naturphilosophie und den *empirischen Naturwissenschaften,* und wie hebt es sich ab gegen das Verhältnis, in dem die Teile von Kants Metaphysik der Natur zur Naturwissenschaft stehen? Zur Erinnerung: Kants rationale Physik zerfällt in einen metaphysischen Teil, der in den MAG ausgeführt vorliegt und für die Naturwissenschaft begründende Funktion haben sollte, und einen mathematischen Teil, den Kant nicht mehr ausgeführt hat und der im wesentlichen dem entsprechen sollte, was wir heute unter theoretischer Physik verstehen (siehe Erstes Kapitel, 3.); er sollte durch die MAG in seinen fundamentalen Begriffen und Gesetzen hinreichend begründet sein. Die rationale Kosmologie hingegen enthält kosmologische Ideen, aus denen regulative Prinzipien folgen, die erkenntnisleitend für die Naturwissenschaften sein sollten (ebda.), wie z. B. eben die in der KdU entwickelten Prinzipien einer subjektiven und objektiven Zweckmäßigkeit der Natur. Bei Kant sind der metaphysische Teil der rationalen Physik sowie die regulativen Prinzipien der rationalen Kosmologie den Naturwissenschaften also *systematisch vorgeordnet.* Die MAG muß man sich dabei den Naturwissenschaften faktisch nachgeordnet denken, während die regulativen Prinzipien in diesen selbst eine Rolle spielen sollten – jedenfalls verstand Kant sie so. Wie sieht es nun mit Hegels Naturphilosophie aus?

Im Gegensatz zu Kants Metaphysik der Natur sieht sich diejenige Hegels den Naturwissenschaften *faktisch immer nachgeordnet,* und sie beansprucht nicht wie Kants rationale Physik, selbst einen Teil der Naturwissenschaft (nämlich die theoretische Physik) in sich zu enthalten. Hegels Naturphilosophie überdeckt sich also nicht wie die Kantische mit der Verstandeserkenntnis der Natur. Sie setzt vielmehr deren Begriffe und Konzepte voraus und bezieht sich – unter Absehung von deren Beziehung auf Erfahrungstatsachen, was sie wiederum mit Kants Metaphysik der Natur gemeinsam hat – auf sie als die einzigen Gegenstände der von ihr bewirkten vernunftgemäßen Synthesis:

„Die Naturphilosophie nimmt den Stoff, den ihr die Physik aus der Erfahrung bereitet, an dem Punkte auf, bis wohin ihn die Physik gebracht hat, und bildet ihn wieder um, ohne die Erfahrung als die letzte Bewährung zugrunde zu legen; die Physik muß so der Philosophie in die Hände arbeiten, damit diese das ihr überlieferte verständige Allgemeine in den Begriff übersetze, indem sie zeigt, wie es als ein in sich selbst notwendiges Ganzes aus dem Begriff hervorgeht." (Enz. § 246 Z, S. 20)

Ähnlich wie in Kants MAG sollen hierbei die fundamentalen Begriffe, die die Physik selbst als Bestandteile ihrer Axiome einfach voraussetzen muß, philosophisch begründet werden. Die Begründungsinstanz besteht für Hegel allerdings nicht in den subjektiven Bedingungen a priori der Möglichkeit einer objektiven Erkenntnis empirischer Dinge, sondern in den objektiv und als Beziehungen aufgefaßten Inhalten dieser Begriffe selbst, deren Zusammenhang aus dem spekulativen Begriff hervorgeht. Aufgabe dieser Begründung ist es in seinen Augen auch nicht, der theoretischen Formulierung der empirischen Naturwissenschaften ein sicheres ‚metaphysisches‘ Fundament zu verschaffen, sondern die Vielfalt theoretischer Begriffe und Konzepte in ein ‚vernünftiges‘ systematisches Ganzes zu integrieren, das auf noch ganz andere Kategorien zurückgreift als diese selbst – nämlich auf den spekulativen Begriff als Totalität vernünftiger und nicht nur verstandesgemäßer Denkbestimmungen. Hegels Naturphilosophie versteht sich dabei im Gegensatz zu Kants MAG, die selbst den ersten Anfang der Verstandeserkenntnis der Natur liefern wollen, klarerweise als eine integrative Instanz und den Naturwissenschaften selbst *systematisch nicht vor-, sondern übergeordnet.* Aus diesem Überordnungsverhältnis folgert Hegel eine *Berechtigung der Naturphilosophie, an naturwissenschaftlichen Theorien Kritik zu üben,* wo ihm ihre Begriffe allzu partikularisierend sind (dies ist nach seiner Auffassung z. B. in Newtons Mechanik der Fall; siehe Fünftes Kapitel). Das Recht zu einer solchen Kritik, das den Kritikern von Hegels Naturphilosophie im allgemeinen völlig dubios erschien, findet zumindest in Kants erkenntnisleitenden regulativen Prinzipien eine Begründung, die aber Hegels eigener Intention nach zugegebenermaßen zu schwach ist.

In Hegels Auffassung der Naturphilosophie findet sich, wie im einzelnen gezeigt wurde, tatsächlich eine tiefgreifende Revision der Beziehung von Verstandes- und Vernunfterkenntnis der Natur gegenüber Kant. Nach Hegels Auffassung ist schon der Verstand teilweise in der Lage, Vernünftiges zu erfassen. Dies läßt sich vom theoretischen Verhalten der Physik lernen, die bestrebt ist, ihre Einzelerkenntnisse in ein System von „Ordnungen, Klassen" zu bringen, welches „sich als eine Organisation ausnehmen muß" (§ 246) und sich dabei der von Kant formulierten regulativen Prinzipien der Vernunft instinktiv bedient. Gegenstand der eigentlichen Vernunfterkenntnis der Natur ist für Hegel, wie für Kant, deren Verstandeserkenntnis. Allerdings macht die Vernunft nach Hegels Intention die Kantischen Grenzen des Verstandes nicht nur sichtbar, sondern sie transzendiert sie zugleich, indem sie nach Maßgabe des spekulativen Begriffs mit *objektivem* Geltungsanspruch Denkbestimmungen für Totalitäten, die sich auf die Natur beziehen, synthetisieren soll.

Problematisch und im einzelnen zu überprüfen bleibt Hegels heutigem Leser – ähnlich wie dem von Kants MAG – die Beziehung zwischen den sachlichen Inhalten der Naturphilosophie und den empirischen Sachverhalten, auf die sich naturwissenschaftliche Begriffe und Gesetze stützen. Wie, fragt man sich, kann die Naturphilosophie zugleich ihre Kategorien erfahrungsunabhängig und „nach der Selbstbestimmung des Begriffs" (§ 246) entwickeln, und dabei doch das jeweils zu einer Zeit bekannte und in Theorien integrierte Wissen über empirische Dinge und Zusammenhänge in der Natur als ihren Gegenstand voraussetzen? Und wie, so wird anhand der Begriffe von Raum, Zeit und Materie zu fragen sein, unterscheidet sich die begriffliche Integrationsleistung der Naturphilosophie von derjenigen, die naturwissenschaftliche Theorien selbst zu bewirken imstande sind?

2.3 Der objektive Begriff der Natur

Das begreifende Erkennen ist für Hegel ein subjektives und vernunftgemäßes Denken dessen, was die Natur seiner Auffassung nach an sich selbst ist – nämlich ein in sich vernünftig strukturiertes Ganzes, das in seiner Organisation dem spekulativen Begriff, dem objektiven System vernünftiger Denkbestimmungen, verwandt ist. Nur aufgrund dieser Verwandtschaft kann der subjektive Geist, dessen Wesen für Hegel die Vernunft ist, in der Natur „sein eigenes Wesen, d. i. den Begriff in der Natur, sein Gegenbild" (§ 246 Z, S. 23) finden und die Naturphilosophie sozusagen als Selbsterkenntnis im Spiegel der Natur betreiben. Die höchste und letzte Stufe des spekulativen Begriffs, die zugleich die ganze Totalität von Denkbestimmungen umfassen soll, war für Hegel die Idee; diese erkennt der Geist qua Naturphilosophie in der Natur wieder. Die *objektive* Bestimmung der Natur, die deren subjektivem begreifenden Erkennen korrespondiert, muß für Hegel deshalb darin bestehen, daß der Natur in irgendeiner Weise die Struktur der Idee zugrunde liegt – für Hegel ist die Natur eine *Verkörperung der Idee*.[19]

Was kann das heißen, eine Verkörperung der Idee? Zunächst offenbar folgendes: Körperliches, Materie, ist in Raum und Zeit außereinander oder vereinzelt; in dieser Form (oder in diesem Element, siehe nächstes

---

19 Siehe z. B. VL 1819/20: „Die Natur wird hier betrachtet als die verkörperte unmittelbare Idee, sie ist die Idee selbst." (S. 6)

Kapitel) muß die Idee als Natur gedacht werden. Weiter ist bei der begrifflichen Bestimmung der Natur das Denken nicht mehr in derselben Weise ‚bei sich selbst' wie in Hegels Logik, wo sein einziger Gegenstand das reine, in Begriffsbestimmungen auf sich selbst bezogene Denken war. Jetzt bezieht sich das Denken auf etwas ihm Äußeres, auf die Natur, die es aber in irgendeiner Hinsicht noch als genauso wie es selbst strukturiert erkennt, nämlich als eine in Raum und Zeit partikularisierte Verkörperung seiner eigenen Begriffsbestimmungen. Hegels Auffassung, die Natur sei eine Verkörperung der Idee, beinhaltet, daß die Natur 1. dem reinen Denken der Idee als etwas Äußerliches gegenübersteht; 2. in sich räumliches und zeitliches Außereinandersein ist; und 3. dabei in diesem Außereinandersein selbst die Struktur der Idee verkörpert. Hegel faßt diese drei Bestimmungen in § 247 am eigentlichen Anfang der Naturphilosophie in seine erste Definition für die Natur zusammen. *Die Natur,* so heißt es dort, *ist die „Idee in der Form des Andersseins".* Unter „Anderssein" ist hier in der ersten Näherung am besten soviel wie Äußerlichkeit zu verstehen. Die Form der Äußerlichkeit, in der die Idee als Natur ist, beinhaltet Äußerlichsein der Natur in den zwei genannten Hinsichten. Zum einen ist die Natur äußerlich gegen die Idee, sie ist deren Gegen-Stand; zum andern ist die Natur äußerlich in sich selbst, als Außereinandersein in Raum und Zeit.

Äußerlichkeit − oder Außereinandersein − ist für Hegel dementsprechend die Grundbestimmung der Natur, die in seiner Naturphilosophie eine ganz ähnliche Rolle spielt wie in Kants MAG der Bewegungsbegriff. Dieses Außereinandersein steht in wesentlicher Beziehung auf die Idee, denn in der Natur soll sich die Idee in der Form oder im Element des Außereinanderseins verkörpern. Was dies im einzelnen heißt und wie Hegel diese Grundbestimmung herleitet, soll im ersten Teil des nächsten Kapitels besprochen werden. Die philosophischen Inhalte dieser Grundbestimmung für die Natur entwickelt er in den §§ 248−251 fragmentarisch knapp. Am wichtigsten hiervon für eine erste Charakterisierung seines Naturbegriffs ist folgendes: Wenn die Natur die Idee im Element der Äußerlichkeit oder des Außereinanderseins ist, so ist hierin eine *Spannung zwischen der Idee und ihrem Verhältnis zu sich selbst in der Natur* angelegt; denn die Idee ist nach der Logik ja dasjenige, was im Denken schlechthin bei sich selbst ist, und dieses soll von der Naturphilosophie als etwas in sich Äußerliches gedacht werden. Hegel wertet dieses in seiner Grundbestimmung der Natur angelegte Spannungsverhältnis zwischen Idee und Außereinandersein so aus, daß die Natur nach seinem Naturbegriff zwar ihrer *äußeren* Erscheinung nach aus raum-zeitlich partikularisierten Dingen und Vorgängen besteht, diese aber zugleich *innerlich* miteinander auf eine Weise verbunden sind, die der Struktur des spekulativen Begriffs entspricht und die durch die vernunftgemäße Entwicklung von Denkbestimmungen für Naturdinge sichtbar gemacht werden kann. Der Begriff ist für Hegel deshalb in der Natur „als Innerliches" (§ 248) noch vorhanden, auch wenn ihre Bestimmungen zunächst den „Schein eines gleichgültigen Bestehens und der Vereinzelung gegeneinander" (ebda.) haben. Aus diesem Verhältnis von Äußerlichkeit der Natur und Innerlichkeit des Begriffs in ihr folgt für Hegel dreierlei:

1. Die Natur ist – im Gegensatz zur Idee und zum Geist – in erster Linie durch die Kategorien Notwendigkeit und Zufall zu charakterisieren, anstelle derjenigen von Freiheit und Vernunft (§ 248).
2. In ihr existieren aber partikularisierte Vorformen von Freiheit bzw. Vernunft und Organisation, denn ihr liegt als Innerliches der spekulative Begriff zugrunde, dessen einzelne Bestimmungen die Vorformen der *vollständigen* vernünftigen Totalität der Idee sind.
3. In der Natur gibt es eine den Bestimmungen des spekulativen Begriffs gemäße *Entwicklung* vom gänzlich Unorganisierten, z. B. rein mechanisch sich verhaltenden Körpern, zum vernunftgemäß Organisierten, den lebendigen Organismen.

Die Natur ist für Hegel deshalb ein *System von Stufen*, deren jede vollständiger ist als die vorhergehende in dem Sinne, daß die vernünftige Totalität, d. h. die Idee, stärker in ihr präsent ist als in der vorhergehenden (§ 249). Die in der Logik als Selbstbewegung aufgefaßte Entwicklung der einzelnen Bestimmungen des spekulativen Begriffs zur Idee wird von Hegel in der Naturphilosophie als eine – begriffslogische[20] – Bewegung gedeutet, bei der das zufällige Außereinandersein in

---

20 Hegel weist in § 249 selbst darauf hin, daß es ihm hier nicht um eine Evolutionstheorie geht, nach der die Stufen der Natur „eine nach der andern natürlich erzeugt" würden, sondern um den *logischen* Zusammenhang dieser Stufen nach Maßgabe der Gedankenbestimmungen des Begriffs, die auf die einzelnen Stufen der Natur zu beziehen sind. Die offensichtliche Ablehnung einer Evolutionstheorie in der Biologie, die sich dann in § 249 a + Z findet, hat vermutlich zwei Gründe. Zum einen kann eine biologische Entwicklungstheorie nicht von der Naturphilosophie aufgestellt werden, sondern nur von der Biologie selbst; und Hegel fand die Evolutionstheorien seiner Zeit, die die sprunghaften Unterschiede zwischen den Gattungen ja nicht erklären konnten, wohl so mangelhaft, daß sie allerdings zum Gegenstand seiner (nachträglichen) naturphilosophischen Kritik wurden (siehe § 249 Z, S. 32 unten ff.). Zum andern ist *Entwicklung* für Hegel

der Natur sich zunehmend organisiert oder ‚in sich geht‘, und die einen Prozeß der Rückkehr der Idee aus der Äußerlichkeit zu sich selbst darstellt. Das Resultat dieser Bewegung ist die Darstellung der Natur insgesamt als der vernünftig gegliederten Totalität oder als des „lebendigen Ganzen", das sie „an sich" ist (§ 251) und dessen höchste Stufe im Leben, der Vorform des Geistes, besteht.

Hegels Naturphilosophie nimmt eine Grobeinteilung dieses Stufenbaus der Natur in Mechanik, Physik und Organik vor. Die *Mechanik* enthält die philosophische Lehre von Raum, Zeit und Bewegung, der schweren und trägen Materie sowie der Gravitation. Die *Physik* umfaßt neben der philosophischen Lehre des Lichts und der besonderen physikalischen Eigenschaften der Materie wie z. B. Wärme und Elektrizität auch die der chemischen Prozesse. Die *Organik* schließlich hat die geologische Formation der Erde, die Organisationsformen der Pflanzen sowie das Leben der Tiere zum Thema. Gegenstand dieser Arbeit sind im Anschluß an die Problematik von Kants Programm einer Metaphysik der Natur und der von ihm eingeschlossenen MAG nur die Grundbegriffe des Mechanik-Teils. Vermutlich läßt sich auch nur an diesem ersten Teil von Hegels Naturphilosophie einigermaßen durchsichtig machen, wie sich Hegel die von den Naturwissenschaften unabhängige, aber auf sie bezogene Entwicklung von Denkbestimmungen für Naturdinge denkt, denn nur für den Gegenstand dieses Teils lag zu Hegels Zeit eine physikalische Theorie vor, die man als schon damals weitgehend abgeschlossen beurteilen kann.

Die allererste Stufe der Natur stellen nach der Enzyklopädie der *Raum* und die *Zeit* dar, die reinen Formen der Äußerlichkeit der Natur. Das Charakteristische an Hegels Naturbegriff ist es, daß nach ihm die Idee bzw. der spekulative Begriff schon in dieser ersten systematischen Stufe der Natur präsent gedacht werden muß, denn sonst wäre eine begriffliche Entwicklung der Denkbestimmungen für die Natur von der

---

die Veränderung *eines Individuums in der Zeit*. Diese kann nach seiner Auffassung innerhalb der Natur nur einzelnen Lebewesen in ihrem individuellen Lebensprozeß zugesprochen werden, nicht aber den verschiedenen Gattungen. Vom Lebensprozeß des einzelnen Organismus abgesehen, kommt für Hegel Entwicklung einerseits dem *Begriff* zu, der im (logischen, nicht zeitlichen) Durchgang durch seine einzelnen Bestimmungen mit sich identisch bleibt, und andererseits dem *Geist*, dessen verschiedene Stufen im Gegensatz zu denen der Natur wesentlich nicht als im Raum partikularisiert, sondern als sich in der Zeit ablösend verstanden werden müssen.

ersten Stufe bis hin zur vernünftigen Totalität, die im wesentlichen alles Naturgeschehen umfaßt, völlig undurchführbar. Das Spannungsverhältnis zwischen dem Außereinandersein der Natur und dem ihr Innerlichen, dem spekulativen Begriff, findet sich deshalb schon in Hegels Begriffen für Raum und Zeit, die reinen Formen der Äußerlichkeit; Hegel muß annehmen, schon Raum und Zeit seien der Idee in irgendeiner Hinsicht verwandt. Raum und Zeit sind für ihn dementsprechend Totalitäten, die vernünftigerweise nicht isoliert voneinander gedacht werden können. Wie im zweiten Teil des folgenden Kapitels gezeigt werden soll, denkt Hegel sogar, die Idee sei gerade qua Raum und Zeit in der Natur präsent.

VIERTES KAPITEL

Das Element der Äußerlichkeit

1. Idee und Natur

Die Beziehung zwischen den Gegenständen von Hegels Logik und Naturphilosophie, nämlich zwischen Idee und Natur, wurde im letzten Kapitel (1.3 und 2.3) nur grob skizziert. In diesem Teilkapitel soll sie näher beleuchtet werden. Dabei stellt sich die Aufgabe, *Hegels Grundbestimmung für die Natur* – den Begriff der *Äußerlichkeit* – in drei verschiedenen Hinsichten zu explizieren. 1. Das Außereinandersein der Naturphänomene in Raum und Zeit ist für Hegel in irgendeiner Weise noch mit der Idee identisch, denn die Natur ist für ihn die „Idee in der Form des Andersseins" bzw. der Äußerlichkeit (Enz. § 246). Metaphorisch kann man sagen, das Außereinandersein sei die Gestalt, in der die Idee als Natur auftritt oder in der sie sich verkörpert. Zur begrifflichen Explikation dieser Metapher wird am besten vom Begriff des *Elements* Gebrauch gemacht – die Natur ist für Hegel die Idee im Element der Äußerlichkeit. Es soll deshalb erläutert werden, was Hegel unter den Elementen der Idee versteht und in welcher Beziehung die Idee zu ihren Elementen von Denken, Natur und Geist steht. 2. Hegels Grundbestimmung für die Natur bedarf einer Herleitung, ähnlich wie Kants Bewegungsbegriff als Grundbestimmung der Materie in den MAG einer metaphysischen Deduktion bedurfte. Hegels Deduktion des Elements, in dem uns die Idee nach dem Abschluß seiner Logik wiederbegegnet, findet sich am Ende des Methodenkapitels in der Logik. Hegel spricht hier davon, daß „die Idee sich selbst frei entläßt" (L II, S. 573), wenn ihr Begriff in den der Natur übergeht. Es soll zu zeigen versucht werden, wie man diese *„absolute Befreiung"* (ebda.) der Idee in ihrem Übergang zur Natur deuten kann, ohne sie – wie etwa Schelling es tat – böswillig als einen philosophisch unbegründbaren, göttlichen Schöpfungsakt zu interpretieren, zu dem Hegel an dieser Stelle seiner Argumentation Zuflucht nehmen mußte. Außerdem ist zu zeigen, wie sich aus der „absoluten Befreiung" der Idee das Außereinandersein als spezifischere Bestimmung für die Äußerlichkeit der Natur herleitet. 3. Hegels Begriff der Äußerlichkeit soll schon die Verwandtschaft der Natur zur Idee implizieren. Die Natur ist allerdings nicht in jeder Hinsicht strukturiert wie die Idee, denn im Gegensatz zu dieser enthält die Natur auch nach

Hegels Auffassung Kontingentes, d. h. zufällige Dinge oder Vorgänge, deren Gestalt *nicht* mittels des spekulativen Begriffs dargestellt werden kann. Die Natur geht also, obwohl sie für Hegel in bestimmter Hinsicht mit der Idee identisch ist, in dieser nicht auf. In welcher Weise soll sich die *Kontingenz* von Naturphänomenen mit dem Vorhandensein der Idee in der Natur vertragen, und wie ist sie in Hegels Grundbestimmung für die Natur erfaßt?

1.1 Die Elemente der Idee

Die gesamte philosophische Wissenschaft, die sich in die Systemteile Logik, Naturphilosophie und Philosophie des Geistes gliedert, hat für den Monisten Hegel nur einen einzigen Gegenstand, nämlich die Idee als die vollendete Totalität vernünftiger und objektiver Gedankenbestimmungen. Die verschiedenen Teile des Systems unterscheiden sich für ihn nur darin, daß sie dieselbe Idee in unterschiedlichen Gestalten oder Elementen zum Gegenstand haben und dabei jeweils selbst die ganze Totalität der Idee in einer besonderen Bestimmtheit darstellen. In der Einleitung zur Enzyklopädie, dem Werk, das alle drei Systemteile umfaßt, weist Hegel wiederholt darauf hin:

„Jeder der Teile der Philosophie ist ein philosophisches Ganzes, ein sich in sich selbst schließender Kreis, aber die philosophische Idee ist darin in einer besonderen Bestimmtheit oder Elemente." (§ 15) — Und:
„Oben § 15 ist bemerkt, daß die Unterschiede der besonderen philosophischen Wissenschaften nur Bestimmungen der Idee selbst sind und diese es nur ist, die sich in diesen verschiedenen Elementen darstellt." (§ 18 A)

Was hat man hier unter „Element" zu verstehen? Noch im heutigen Sprachgebrauch kann dieser Begriff zwei entgegengesetzte Bedeutungen annehmen. Man sagt z. B., jemand sei ‚in seinem Element', und meint damit ein Medium oder eine Umgebung, in der er sich bewegt. Oder man gebraucht den Ausdruck ‚Element' im Sinne der fundamentalen Bestandteile eines in sich strukturierten Ganzen, z. B. die Bestandteile einer mathematischen Menge oder auch einer chemischen Verbindung. Im ersten Fall meint man mit ‚Element' *dasjenige, in dem etwas ist*, im Sinne eines Mediums; im zweiten Fall dagegen meint man damit *dasjenige, aus dem etwas ist*, im Sinne eines stofflichen (oder auch, wie in der Mathematik, abstrakten) Bestandteils. Beide Bedeutungen hängen über die Herkunft des Elementbegriffs aus der aristotelischen Physik und seine Abwandlungen durch die Chemie des 19. Jahrhunderts zusammen, und Hegel greift beide auf, wenn er die verschiedenen Gegenstandssphären der Philosophie als Elemente der Idee charakterisiert.[21] Man kann deshalb festhalten, Hegel verstehe unter ‚Element' hier das Medium, in dem die Idee ist und das zugleich als der Stoff aufgefaßt wird, aus dem sie besteht.

Unter Rückgriff auf die Reflexionsbegriffe von Form und Materie, die Kant im allgemeinsten Fall unter Anschluß an die Logik und Metaphysik vor ihm mit denjenigen von Bestimmung und Bestimmbarem identifizierte, läßt sich auch sagen: Das Medium, *in* dem die Idee ist, ist ihre *Form*, während der Stoff, *aus* dem sie besteht, ihre *Materie* darstellt. Die Elemente der Idee sind für Hegel offenbar zugleich sowohl die jeweilige Form als auch die jeweilige Materie der Idee. Belege hierfür finden sich an den genannten Stellen der Einleitung zur Enzyklopädie. Nach § 18 A sind die „verschiedenen Elemente" der Idee „Bestimmungen" von ihr; unter ‚Bestimmung' darf man hier sicher auch ‚Form' verstehen. Im nächsten Satz bezeichnet Hegel die Natur als die Idee in der „Form der Entäußerung" (§ 18 A), was die spätere Definition der Natur als der „Idee in der Form des Andersseins" (§ 247) vorwegnimmt und dabei die Identifikation von ‚Form' der Idee und ‚Element' der Idee bestätigt. – Andererseits denkt Hegel, die *ganze* Idee *bestehe* wiederum aus den drei Elementen, in denen sie als reines Denken, als Natur und als Geist auftritt. Erst alle drei Teile der Philosophie zusammengenommen bilden für ihn das vollständige Ganze der Idee, „so daß das System ihrer eigentümlichen Elemente die ganze Idee ausmacht, die ebenso in jedem Einzelnen erscheint" (§ 15). Die Elemente der Idee sind demnach zugleich ihre unverzichtbaren Bestandteile

---

21 Siehe hierzu H. F. Fulda, „G. W. F. Hegel", in: Höffe, Klassiker der Phil. II, S. 80 + Anm. 15. Fulda hebt die erste Bedeutung von ‚Element' heraus, nach der Hegel die Elemente der Idee als Medien auffaßt, in denen die Idee sich manifestiert oder erscheint. Im Zusammenhang damit weist Fulda auf sechs verschiedene, miteinander verwandte Bedeutungen von ‚Element' in der Chemie zu Beginn des 19. Jahrhunderts hin, an denen die Beziehung zwischen den heute getrennten Bedeutungen von ‚Element' als Medium bzw. als Bestandteil noch sichtbar wird. Nach der 4. Bedeutung verstand die Chemie zu Hegels Zeit unter einem Element ein Medium, das *selbst* „die stofflichen Bestandteile zu demjenigen liefert, das sich ‚im' Element befindet" (Fulda, a. a. O., Anm. 15, S. 514). In der gleichzeitig schon aufkommenden Korpuskularchemie hat sich die zweite Bedeutung von ‚Element' als stofflichem Bestandteil, die sich in der heutigen Naturwissenschaft (und Mathematik) nur noch findet, vollständig gegen die erste durchgesetzt. Hegel kommt es in seinem Elementbegriff gerade auf die Beziehung beider genannten Bedeutungen an.

oder die Stoffe, aus denen sie zusammengesetzt ist. Damit ist jedes Element auch selbst der Stoff oder das Bestimmbare, also die Materie, an dem die Bestimmungen der Idee jeweils gesetzt gedacht werden müssen.

Hegel denkt nun diese beiden Bedeutungen von ,Element' hinsichtlich der Gegenstandssphären der Philosophie in einer charakteristischen Einheit, die große Verwandtschaft mit der Beschaffenheit von Kants Grundbestimmung für die körperliche Natur aufweist. Diese Grundbestimmung, der Begriff der Bewegung, war in den MAG eine (apriorische) Bestimmung für das (empirische) Bestimmbare der körperlichen Natur, der Materie, gewesen, anhand deren sich das Kategoriensystem a priori zu einem die Gesetze der Newtonschen Mechanik begründenden Begriff der Materie spezifizieren lassen sollte. Ähnlich wie mit Kants Bewegungsbegriff verhält es sich nun mit Hegels Elementen der Idee: sie sind die jeweilige Grundbestimmung oder „besondere Bestimmtheit" (§ 15) für eine Gegenstandssphäre der Philosophie, anhand deren sich jeweils das System vernünftiger Denkbestimmungen in bezug auf seinen Gegenstand spezifizieren lassen soll; damit sind sie jeweils die begriffliche Bestimmung für den bestimmbaren Gegenstand der Idee (also Denken, Natur oder Geist) in einer philosophischen Sphäre. Diese Grundbestimmungen oder Elemente der Idee sind im einzelnen:

1. für das reine *Denken* das *Insichsein* der Idee, d. h. ihre Einheit mit sich selbst, die den Gegensatz von Subjekt und Objekt des Denkens übergreift und in der das reine Denken (sofern seine Gegenstände, die Denkbestimmungen, mit seiner eigenen Tätigkeit identisch sind) ,bei sich selbst' bleibt;
2. für die *Natur* die *Äußerlichkeit* der Idee, d. h. einerseits das Außersichsein von ihr als Totalität und andererseits das — räumliche — Außereinandersein ihrer einzelnen Bestimmungen oder Stufen, dem aber die ganze Idee noch als verborgener innerer Zusammenhang zugrunde liegt;
3. für die Idee als *Geist* das *Zusichkommen* der Idee, bei dem sie aus dem Außereinandersein der Stufen der Natur im Lauf der Geschichte der menschlichen Kultur- und Staatsformen zu ihrer Einheit mit sich selbst zurückkehrt.

Aus der jeweiligen Grundbestimmung, die jede dieser Gegenstandssphären der Philosophie charakterisiert, folgt für Hegel auch, auf welche Weise dieses Element der Idee deren einzelne begriffliche Entwicklungsstadien, die Bestimmungen des spekulativen Begriffs, spezifiziert und wie sich diese in ihm zueinander verhalten. Die Elemente der Idee sind für Hegel außer der besonderen Bestimmtheit einer philosophischen Sphäre nämlich zugleich das *logische Prinzip der Begriffsentwicklung innerhalb dieser Sphäre:* die Grundbestimmung für jede Sphäre gibt sowohl das Verhältnis an, in dem die Bestimmungen des Begriffs in diesem Element zueinander stehen, z. B. deren Außereinandersein in der Natur, als auch eine Vorschrift dafür, wie sie begrifflich auseinander zu entwickeln sind, um die Entfaltung des spekulativen Begriffs in diesem Element sichtbar zu machen.[22] Nach dem logischen Prinzip, das durch die Grundbestimmung für ein bestimmtes Element gegeben ist, erfolgt die Spezifikation der Bestimmungen des reinen Denkens in diesem Element. Beispielsweise wird durch die Grundbestimmung der Äußerlichkeit das „Sein" der Logik in der Naturphilosophie zum Raum (dem außereinanderseienden Sein) spezifiziert, das „Werden" zur Zeit, das „Dasein" zum Ort und das „Fürsichsein" zur Materie (siehe Anhang). Die Bestimmungen von Hegels Logik sind hier unter die Grundbestimmung der Natur gestellt und durchlaufen die von der Logik her bekannte Begriffsentwicklung im Element der Äußerlichkeit. Man muß die Elemente der Idee, die für die Gegenstandsbereiche der Philosophie jeweils besondere Bestimmtheit *und* logisches Prinzip der Begriffsentwicklung sind, deshalb als deren Grundbestimmungen auffassen, *durch die sich der spekulative Begriff bewegt in einem doppelten Sinn:* die Elemente der Idee sind 1. das *Medium,* in dem sich der Begriff entwickelt

---

22 Ein Beleg hierfür: Die Grundbestimmung der Idee im Element des reinen Denkens, die den Gegensatz von Subjekt und Objekt übergreifende Einheit oder das Beisichselbstbleiben des Begriffs, ist in der Logik zugleich das „logische Prinzip" der Entwicklung von Gedankenbestimmungen bis hin zur absoluten Idee: „Diese Einheit macht das logische Prinzip zugleich als *Element* aus, so daß die Entwicklung jenes Unterschiedes" – nämlich von Subjekt und Objekt des Denkens –", „der sogleich in ihm ist, nur *innerhalb* dieses Elementes vor sich geht" (L I, S. 57). Eine entsprechende Funktion der Grundbestimmungen für Natur und Geist – die Äußerlichkeit und das In-sich-Zurückkehren der Idee in ihren einzelnen Stadien – als logische Prinzipien der Begriffsentwicklung für Natur- und Geistesphilosophie läßt sich nachweisen. Z. B. gibt in der Naturphilosophie die Bestimmung des Außereinanderseins nicht nur das Verhältnis an, in dem die Bestimmungen der Idee in der Natur zueinander stehen, sondern sie liefert auch für den Übergang einer Begriffsbestimmung in die nächste die Vorschrift, daß alles, was in der Denkbestimmung für eine Stufe der Natur schon implizit enthalten ist, im nächsten Schritt als eine gegen die vorhergehende Stufe selbständige Entität gedacht werden muß. Gezeigt wird dies im nächsten Teilkapitel (2.3).

oder durch das er sich hindurchbewegt, und 2. das *bewegende Prinzip*, nach dem sich diese Begriffsentwicklung vollzieht.[23]

Bisher wurde hier nur die Gemeinsamkeit von Hegels Konzeption der Elemente der Idee mit Kants Programm einer rationalen Physik, die den allgemeinen Gegenstandsbegriff der KdV durch eine besondere Bestimmung für die körperliche Natur zum Materiebegriff spezifiziert, hervorgehoben. Es gibt aber auch einen gravierenden Unterschied zwischen dem Kantischen und dem Hegelschen Programm einer objektiven Metaphysik besonderer Gegenstände des Denkens. Im Unterschied zu Kants Kategoriensystem, das der Bewegungsbegriff der MAG spezifiziert, handelt es sich bei Hegels System objektiver Denkbestimmungen nicht um ein System von Verstandeskategorien, sondern um die *Totalität* vernünftiger Denkbestimmungen in ihrem systematischen Zusammenhang. Diese Totalität von Denkbestimmungen wird jeweils in einem Element entwickelt und *begründet, wenn sie vollständig entfaltet ist, zugleich das nächste Element*, in dem die Idee nun auftritt. „Der einzelne Kreis" — d. h. jede Sphäre der Philosophie — „durchbricht darum, weil er in sich Totalität ist, auch die Schranke seines Elements und begründet eine weitere Sphäre", heißt es wiederum in § 15 der Enzyklopädie.

In Hegels philosophischem System liegt in gewisser Weise eine Verschränkung der Methode eines Teils von Kants Metaphysik der Natur, nämlich den MAG, mit der Erfassung der (auch spekulative Vernunftgegenstände enthaltenden) Gegenstandsbereiche von dessen ganzem geplanten System einer Metaphysik vor (siehe 1.3 im letzten Kapitel). Für Hegel umfaßt allerdings jeder Systemteil die *ganze* Totalität vernünftiger Denkbestimmungen in einem spezifischen Element; es ist jedesmal dieselbe Idee, die durch eine besondere Grundbestimmung spezifiziert wird. Die Übergänge zwischen den einzelnen Systemteilen vollziehen den Übergang von einem Element der Idee zum nächsten und sind von den Übergängen zwischen Denkbestimmungen *innerhalb* einer philoso-

---

23 Man fühlt sich an dieser Stelle an *Leibniz'* Begriff der „substantiellen Form" (siehe Zweites Kap. 2.3) erinnert, die dieser als bewegendes Prinzip der Materie sowie auch als inneren Antrieb der Monaden ansah. Die Elemente der Idee, die zugleich Medium und bewegendes Prinzip der Begriffsentwicklung in den philosophischen Sphären sind, stellen für Hegel so etwas wie deren substantielle Formen im Leibniz'schen Sinne dar. Im Unterschied zu Leibniz begreift Hegel die Idee allerdings wesentlich als Einheit; für ihn existiert nur *eine* (in die drei Elemente gegliederte) Substanz und nicht eine Vielzahl von Monaden.

phischen Sphäre streng zu unterscheiden. Sie bedürfen einer *Herleitung*, durch die deren besondere Bestimmtheit begründet wird. Man könnte sagen, sie bedürfen eines Analogons zu der metaphysischen Deduktion, die Kant in den MAG für den Begriff der Bewegung, die besondere Bestimmtheit der körperlichen Natur, gegenüber dem allgemeinen Begriff der Natur als Inbegriff von Erkenntnisgegenständen überhaupt unerläßlich erschien. Nach Hegels Auffassung ergibt sich diese Begründung der besonderen Bestimmtheit einer philosophischen Sphäre nicht (wie in den MAG) aus einer Reflexion auf die besondere Natur der Erkenntnisgegenstände dieser Sphäre bzw. auf die besonderen Bedingungen der Möglichkeit von deren Erkenntnis; sondern sie ergibt sich aus der vollständig entfalteten Totalität von Denkbestimmungen der vorhergehenden Sphäre, die an ihrem Ende *auch* noch vorschreibt, welchem Gegenstandsbereich sich die Philosophie in ihrem systematischen Vorgehen nun zuzuwenden hat. Hegels Herleitung der Grundbestimmung für die Natur am Ende der Logik wird in (1.2) untersucht.

Die Übergänge zwischen den Elementen der Idee sind insbesondere von den begrifflichen Übergängen innerhalb der Logik strikt zu trennen. Sie unterscheiden sich von ihnen in den folgenden Punkten ganz zentral:

1. Von einem Element zum andern geht die Idee *im Ganzen* über, als das vollständige System vernünftiger Denkbestimmungen, und nicht nur in einzelnen, linear aufeinanderfolgenden Begriffsbestimmungen. Jeder Systemteil ist ein „sich in sich selbst schließender Kreis" (§ 15) von Denkbestimmungen, der nach seiner Vollendung in einen neuen, ebenso vollständigen Kreis von Denkbestimmungen übergeht.

2. Die Beziehung zwischen den Elementen der Idee ist deshalb keine innerlogische mehr. Dennoch enthält sie auch logische Aspekte – in dem Sinne, daß sie sich durch Begriffsbestimmungen erfassen läßt; sonst wäre eine Herleitung der Grundbestimmungen für die einzelnen Sphären der Philosophie gar nicht möglich.

3. Im Übergang zu einem neuen Element kehrt die Idee in ihren eigenen Anfang zurück, in das „Sein" in seiner Unmittelbarkeit, und entfaltet die Totalität ihrer Bestimmungen aufs neue. Dabei werden nicht nur die Denkbestimmungen selbst, sondern auch die Gesetzmäßigkeiten ihrer Entwicklung durch das neue Element gegenüber denjenigen der Logik spezifiziert.

Vor der Analyse von Hegels Grundbestimmung für die Natur nun noch eine allgemeine Bemerkung zu Hegels Konzept der Idee und ihren drei Elementen. Die Idee als die systematische Einheit ihrer Elemente, in deren jedem sie selbst wiederum als Totalität erscheint, ist für Hegel das *Prinzip* oder die Grundbestimmung seiner eigenen Philosophie, in dem Sinne, in dem er selbst einmal von den Prinzipien verschiedener Philosophien vor ihm spricht. „Das *Prinzip* einer Philosophie ... ist ein irgendwie bestimmter *Inhalt:* das Wasser, das Eine, Nous, Idee – Substanz, Monade", heißt es in dem Abschnitt der Logik, der die Lehre vom Sein einleitet (L I, S. 65). In dem durch eine solche Bestimmung angegebenen Inhalt einer Philosophie sieht Hegel sicher sowohl deren Gegenstand als auch deren gedankliches Entwicklungsprinzip. In Hegels eigener Philosophie spielt diese Rolle die Idee als das System der drei Elemente, deren jedes selbst wiederum Entwicklungsprinzip der Idee in ihm ist. Durch diese Grundbestimmung will Hegel die Inhalte bzw. Prinzipien der Philosophien vor ihm ersetzen, die in seinen Augen alle bestimmte Mängel aufweisen. Insbesondere tritt die Idee, so wie Hegel sie konzipiert hat, an die Stelle der Substanzen der rationalistischen Metaphysik vor ihm, deren Tradition in seinen Augen auch noch die Kantische Transzendentalphilosophie verhaftet ist. Hegels Idee stellt *eine,* in sich differenzierte, ihre Unterschiede jedoch in sich integrierende Substanz dar, die drei Elemente hat und dabei sowohl in sich wie in jedem ihrer Elemente Totalität bzw. System ist. Hegel vermeidet damit einen Dualismus zweier getrennter Substanzen, wie er bei Descartes, aber auch mit Kants substantiae phaenomenon bzw. noumenon vorliegt, ebenso wie den Leibniz'schen Pluralismus nicht miteinander in Wechselwirkung stehender Monaden. Hegel vermeidet aber auch das andere Extrem, nämlich die Nachteile etwa des spinozistischen Monismus, nach dem die Unterschiede oder Bestimmungen der einen Substanz nur äußerliche Attribute eines letztlich in sich bestimmungslosen Ganzen darstellen. Statt dessen konzipiert er den Monismus *einer* Substanz, die in doppelter Hinsicht wesentlich *in sich gegliedert* ist. Zum einen differenziert sie sich in die Elemente des reinen Denkens, der Natur und des Geistes; zum andern differenziert sich jedes Element in die Totalität von Gedankenbestimmungen, die Hegel mit der Idee selbst identifiziert.

1.2 Die Freigabe der Natur durch die Idee

Die Grundbestimmung der Natur oder das Element, in dem sich die Idee als Natur befindet, ist für Hegel die Äußerlichkeit bzw. das Außereinandersein. Hegel begründet diese „besondere Bestimmtheit" (§ 15) der Natur nicht durch eine Reflexion über die Bestimmbarkeit der Gegenstände unserer Naturerkenntnis, wie Kant sie etwa am Anfang der MAG vorgenommen hatte, wo die Bestimmung von Naturdingen als Gegenständen des äußeren Sinns zur Grundlage einer (nur angedeuteten) metaphysischen Deduktion des Bewegungsbegriffs gemacht ist. Das Hegelsche Analogon zu Kants metaphysischer Deduktion einer Grundbestimmung für die körperliche Natur gründet sich vielmehr auf die Beziehung, die nach Hegels Auffassung zwischen der Idee im Element des reinen Denkens und der Natur besteht. In der Logik wird die Idee dargestellt als der Endpunkt der Entwicklung des spekulativen Begriffs bzw. seiner einzelnen Bestimmungen. Dieser Endpunkt der Begriffsentwicklung umfaßt für Hegel die *gesamte,* auch den Gegensatz von Subjekt und Objekt übergreifende Totalität des reinen, ‚bei sich selbst‘ bleibenden Denkens. Die Bestimmung der vollständigen Idee ist der Punkt, an dem die begriffliche Entwicklung dieses Elements seinen Abschluß findet und zugleich in ein neues Element, das der Äußerlichkeit, übergeht. An diesem Endpunkt der Entfaltung des immer nur auf sich selbst bezogenen Denkens besteht die Notwendigkeit eines Übergangs der Idee zu etwas, das gegen das reine Denken äußerlich ist, das ihm ein Gegenüber darstellt oder sein Gegenstand ist — so etwa kann man sich in einer ersten, etwas groben Annäherung den Übergang der Idee in die Natur, das Element der Äußerlichkeit, strukturiert denken. Die Natur ist also für Hegel in erster Linie zwar nicht Gegenstand unserer Verstandeserkenntnis, wie für Kant, wohl aber doch Gegenstand oder Gegenüber des reinen, objektiven Denkens.

Näher gekennzeichnet ist die Beziehung zwischen Idee und Natur, wie Hegel sie am Ende der Logik und am Anfang der Naturphilosophie bestimmt, durch zweierlei. *Erstens* geht die Idee nun zu einem Anderen über, das von ihr verschieden ist oder ihr als etwas Äußeres gegenübersteht. *Zweitens* bleibt die Idee in diesem Anderen bei sich selbst, denn sie geht nur in ein anderes Element über, das aber seinem inneren Zusammenhang nach noch so strukturiert ist wie ihre erste Form, das Element des reinen Denkens. Beide Seiten dieser Beziehung lassen sich so zusammenfassen: die Idee verhält sich zur Natur als zu einem Anderen ihrer selbst; in diesem Verhältnis liegt die bei Hegel oft zu findende Struktur einer *negativen Selbstbeziehung* vor.[24] Hegel bezeichnet das

---

24 Siehe Enz. § 247: Die Natur ist die „Idee in der Form des Andersseins" — das heißt gerade, sie ist die Idee in dem Element, in dem diese ein Anderes und sogar das schlechthin Andere ihrer selbst ist. Damit ist die Idee als Natur für Hegel

Übergehen der Idee zu diesem Anderen ihrer selbst im Gegensatz zu den Übergängen der Logik (die nur begriffliche Entwicklungsstadien der Idee, nicht aber ihre Elemente verbinden) als eine „absolute Befreiung" (L II, S. 573) oder einen „Entschluß" (ebda.) der Idee, bei dem sie „sich selbst *frei entläßt*, ihrer absolut sicher und in sich ruhend" (ebda.). Diese berühmte Wendung eines *freien Entlassens der Idee in die Natur* bedarf einer sorgfältigen und detaillierten Interpretation, denn sie ist der Schlüssel sowohl für ein näheres Verständnis der negativen Selbstbeziehung der Idee auf die Natur als auch für die Herleitung von Hegels Grundbestimmung der Natur, die Äußerlichkeit bzw. das Außereinandersein. Nur soviel sei hierzu vorweggenommen: Dies „freie Entlassen" der Idee in die Natur impliziert ganz fundamental, daß die Natur für die Idee ein freies, selbständiges Gegenüber darstellt und ein Gegenstand des Denkens ist, der in seiner besonderen Bestimmtheit sowie in seinen einzelnen Begriffsbestimmungen nicht von der Idee erzeugt, sondern gerade von ihr frei gelassen wird − Hegels Naturbegriff steht hierin im Gegensatz etwa zu Kants Theorie der Verstandeserkenntnis, nach der sinnliche Anschauung und Verstandeskategorien die Gegenstände unserer Erkenntnis erst herstellen. Deshalb hängt die von Hegel gegenüber Kant postulierte Erkennbarkeit der Natur als objektiver und vernünftiger Totalität ganz wesentlich mit dem Verhältnis der Idee zur Natur zusammen, das durch eine negative Selbstbeziehung beschrieben ist.

Eine ausführliche Interpretation der „absoluten Befreiung" oder des „Entschlusses" der Idee zur Natur liegt in einem Aufsatz von *H. Braun* vor.[25] Die wesentlichen Thesen dieses Aufsatzes sollen hier kurz referiert und dann zum Ausgangspunkt weiterer Überlegungen genommen werden. Braun grenzt sich zunächst − im Anschluß an eine Arbeit von Ruth-Eva Schulz[26] − gegen die sogenannte *Schelling-These* ab, nach der das freie Entlassen der Idee in die Natur nach dem Modell eines Willensentschlusses als ein Schöpfungsakt zu verstehen ist, bei dem die Idee

---

„das Negative ihrer selbst oder *sich äußerlich*" (ebda.). Metaphorisch kann man diese negative Selbstbeziehung der Idee im Element der Natur auch so umschreiben, daß Hegel die Natur als die von sich selbst getrennte oder entfremdete Idee ansieht; diese Beschreibung trifft aber nur *einen* Aspekt der vielschichtigen Beziehung zwischen Natur und Idee.

25 Hermann Braun: „Zur Interpretation der Hegelschen Wendung: frei entlassen", aus: Hegel. L'esprit objectif, l'unité de l' histoire. Lille 1970.

26 R.-E. Schulz, „Interpretationen zu Hegels Logik", Diss. Heidelberg 1954.

die Natur erschaffe und der nicht mehr durch Begriffsbestimmungen, sondern nur noch durch eine Metapher erfaßt werde. Er weist sodann darauf hin, daß die Wendung ‚frei entlassen‘ in Hegels Philosophie spezifisch nicht nur für die Beziehung der Idee zur Natur ist, sondern auch an anderen systematischen Stellen vorkommt. Von dieser Wendung macht Hegel immer dort Gebrauch, wo in einer Beziehung zweier Unterschiedener 1. bei der Herstellung dieser Beziehung ein unauflösliches *Moment der Verhältnislosigkeit* zwischen ihnen bleibt, und 2. dieses Moment gerade *zur Bildung und Wahrung ihrer Identität als selbständiger Individuen gehört.* Braun gibt hierfür zwei Beispiele an – die Beziehung eines Selbstbewußtseins auf ein anderes Selbstbewußtsein (die Hegel in der Phänomenologie des Geistes entwickelt) sowie die vom Begriff des Lebens implizierte Beziehung eines Organismus auf die anorganische Natur (siehe Enz. § 219). Beide Beziehungen sind dadurch bestimmt, daß das Eine das Andere, das weder in ihm aufgeht noch von ihm erzeugt ist, in einem Anerkennungs- bzw. Abscheidungsprozeß als ein freies Gegenüber aus sich ‚entläßt‘ oder freigibt und dadurch erst seine eigene Selbständigkeit herstellt. Nach diesem Modell, das ist Brauns erste zentrale These, muß auch die Beziehung der Idee zur Natur gedacht werden. Die Idee findet in der Natur ein freies Gegenüber vor, das sie zwar begrifflich durchdringen, nicht aber aus sich entwickeln oder ableiten kann, und das ihr in dieser Hinsicht widerständig ist. Das Moment der Verhältnislosigkeit an der Beziehung zwischen Idee und Natur liegt nach Brauns Auffassung gerade in dieser Widerständigkeit der Natur gegen die Idee, die darin ihren Grund hat, daß die Natur ein vom Denken unabhängig bestehendes Sein ist. Er bringt dies mit der Tatsache in Zusammenhang, daß der Übergang der Idee zur Natur nicht mehr wie innerhalb des Gegenstandsbereichs der Logik einer zwischen einzelnen Begriffsbestimmungen ist, sondern den Rückgang der gesamten Totalität der Idee in ihren Anfang, das unmittelbare Sein, bedeutet; er faßt diese Rückkehr der Idee in das Sein, die diese zum Sein der Natur spezifiziert, als eine Überbrückung der Differenz zwischen dem bloßen Gedanken des Seins und dem tatsächlich bestehenden Sein auf. Ich zitiere die zentrale Textpassage:

„Nur soweit Natur die Totalität des unmittelbaren Seins ist, ergibt sie sich am Ende der Logik. Es ist der Begriff eines Seins, zu dem sich die absolute Idee selber bestimmt; es ist die letzte Differenz, deren die absolute Idee im Erkennen ihrer selbst noch fähig ist. Der Gedanke ‚sein‘, der Inhalt des Gedankens ‚sein‘ nicht als Gedanke, sondern als unmittelbare Totalität, ist dadurch bestimmt, daß dieses ‚Sein‘ unabhängig davon besteht, daß es gedacht wird. Dies ist das Moment seiner Unmittelbarkeit. Es ist insofern das *Andere* zu dem bloßen Gedanken ‚Sein'. Auf solche Weise aber ist das letzte Resultat der Wissenschaft zugleich ein Herausgehen aus dem Eingeschlossensein in den reinen Gedanken – und der Rückgang in den Anfang gleichbedeutend mit dem Sich-entschließen des in sich Verschlossenen, mit der Freigabe der Idee für ihre Äußerlichkeit." (Braun, a. a. O., S. 60)

Nach dieser Interpretation ist die einzige Grundbestimmung für die Natur, die das Denken am Endpunkt seiner Begriffsentwicklung und im Übergang zu einem neuen Element der Idee noch angeben kann, die *Äußerlichkeit des Seins der Natur gegen das reine Denken der Idee*. An diesem Endpunkt tritt nämlich für Braun zugleich der zweite Aspekt der Verhältnislosigkeit der Idee zur Natur zutage, der durch die Wendung des freien Entlassens ausgedrückt wird. Die spezifische Bestimmtheit der Natur in ihrem Äußerlichsein als *Raum*, also die erste spezifische Denkbestimmung der Naturphilosophie, kann in seinen Augen durch das Denken nicht mehr abgeleitet werden; die Differenz zwischen dem Äußerlichsein der Natur gegen die Idee und dem spezifischen Äußerlichsein der Natur in sich selbst läßt sich nach Brauns Auffassung durch das reine Denken nicht mehr überbrücken. Die Unüberbrückbarkeit dieser Differenz und ihre Anerkennung durch die Idee konstituiert nun gerade die Selbständigkeit der Natur gegen die Idee und macht dadurch ihre absolute Freiheit aus. Diese Freiheit zeigt sich darin, daß die Beziehung der einzelnen Bestimmungen des reinen Denkens auf die Natur keine logische mehr ist, sondern ein *Anschauen*. Bei diesem Anschauen ist die spezifische Form der Bestimmtheit der Natur frei in dem Sinne, daß sie durch die einzelnen Bestimmungen der Idee nur „aufgenommen werden kann aus dem als unabhängig Vorliegenden und Präsenten: der Natur" (a. a. O., S. 63).

Nach der hier von Braun vorgenommenen Markierung der Stelle, an der die Verhältnislosigkeit der Idee zur Natur anzusetzen ist, sind *alle spezifischen Denkbestimmungen der Naturphilosophie für das Denken kontingent* und können nur anschauend durch die Idee aufgenommen, nicht aber begrifflich hergeleitet werden. Insbesondere sind Raum und Zeit, die spezifischen Formen des Äußerlichseins der Natur in sich, kontingent und können nicht aus der Bestimmung der Äußerlichkeit der Natur gegen die Idee abgeleitet werden. „Die spekulative Logik als ‚erste Wissenschaft' muß und *kann* die Kontingenz von Raum und Zeit zulassen" (a. a. O., S. 64) – dies ist Brauns zweite zentrale These.

Brauns Interpretation von Hegels Wendung ‚frei entlassen' und ihrer

Applikation auf den Übergang der Idee zur Natur drückt zwei sehr wichtige Einsichten bezüglich der Beziehung von Idee und Natur aus. Die *erste Einsicht* besteht darin, daß Hegels Ausdruck ‚Befreiung‘ bzw. ‚freies Entlassen‘ hier wörtlich und nicht metaphorisch gemeint ist – zwischen Idee und Natur besteht in Hegels Augen tatsächlich ein *Verhältnis der Freiheit*, das z. B. nach dem Modell der Anerkennung eines Selbstbewußtseins durch ein anderes expliziert werden kann. Dieses Verhältnis hat drei Aspekte. 1. Die Natur ist der Idee nichts Fremdes, sondern sie ist ihr wesentlich verwandt und nach demselben System objektiver Denkbestimmungen organisiert wie diese. Deshalb ist die Idee als reines Denken in der Lage, die Natur in ihren Denkbestimmungen zu erfassen, das heißt sie als wie sie selbst strukturiert zu erkennen. – 2. Die Natur ist ein wesensverwandtes, gleichwertiges und selbständiges Gegenüber für die Idee im Element des reinen Denkens und wird von ihr als solches erkannt und anerkannt. – 3. Die Beziehung zwischen Natur und Idee ist symmetrisch. Durch sie konstituiert sich nicht nur die Freiheit der Natur gegen die Idee, sondern auch umgekehrt diejenige der Idee gegen die Natur: die Befreiung der Idee zur Natur „ist deshalb absolut, weil sie das Andere“ – die Natur – freiläßt; die Freiheit der Idee selbst ist damit „wesentlich die Freiheit des Anderen“ (Braun, a. a. O., S. 63).

Zu diesem Verhältnis zwischen Idee und Natur ist noch zweierlei anzumerken. Zum einen liegt mit seinen ersten beiden Aspekten genau die Struktur der *negativen Selbstbeziehung* vor, die nach Enz. § 247 die Beziehung der Idee auf die Natur charakterisiert; denn die Idee bezieht sich in der Natur auf sich selbst, auf ihre eigene vernünftige Organisation, und zugleich auf ein Anderes, das gegen sie selbständig ist. Zum andern übertragen sich alle drei Aspekte dieser Beziehung auf das *Verhältnis zwischen Natur und Geist* (bzw. zwischen Natur und Mensch) und sind die Grundlage für Hegels Auffassung der Naturphilosophie als eine Erkenntnis, die die Natur frei läßt. Hegel drückt diesen Zusammenhang einmal ganz pointiert so aus: „Die Naturphilosophie ist also die Wissenschaft der Freiheit.“[27]

---

27 VL 1819/20, S. 6. Unmittelbar davor heißt es: die Natur „ist ein in sich Geschlossenes und Vernünftiges, dessen Freiheit für mich nichts Furchtbares hat, da sein Wesen das meinige ist. Der Mensch ist nur insofern frei, als noch andere neben ihm frei sind.“ (ebda.) Das subjektive begreifende Erkennen der Natur, also die Naturphilosophie, denkt Naturdinge nach Maßgabe des spekulativen Begriffs in Denkbestimmungen für Totalitäten und erkennt die Natur so als etwas

Die *zweite Einsicht* von Braun besteht darin, daß das Verhältnis der Freiheit zwischen Natur und Idee mit der *Kontingenz der Natur,* d. h. mit der Unmöglichkeit einer Ableitung aller einzelnen Bestimmungen für Naturdinge, in Zusammenhang steht. Enthielte die Natur in Hegels Augen nichts Kontingentes, ließe sich alles und jedes in ihr durch die Idee integrieren, so wäre sie nichts Selbständiges gegen die Idee mehr und diese hätte kein freies Gegenüber. Dann wären die Vorwürfe gegen Hegel der Gestalt, seine Naturphilosophie zwinge die Natur in ein Prokrustes-Bett der Idee, voll und ganz berechtigt. Über diese Einsicht des Zusammenhangs von Freiheit der Natur und Kontingenz hinaus hat Braun allerdings die Bedeutung der Kontingenz in der Natur für Hegel nicht richtig erfaßt. Seine Interpretation der Freigabe der Natur durch die Idee erklärt letztlich *alle* durch die Idee aufgenommenen spezifischen Bestimmungen der Natur für kontingent, beginnend mit den Bestimmungen von Raum und Zeit. Nach dieser Deutung ist nicht mehr einzusehen, auf welche Weise dem reinen Denken die Natur überhaupt noch durchsichtig sein kann, und wie die Denkbestimmungen der Naturphilosophie die der Natur nach Hegels Auffassung objektiv zugrunde liegende, gesetzmäßige Organisation in ihrer „eigenen, immanenten Notwendigkeit nach der Selbstbestimmung des Begriffs" (§ 247) entwickeln sollen; insbesondere ist nicht mehr zu verstehen, wie hier von einer „Selbstbestimmung" des spekulativen Begriffs in der Natur die Rede sein kann. Hegels Anspruch, mit einer gegen die empirische Naturerkenntnis weitgehend autonomen Naturphilosophie die Organisation der Idee im Element des Außereinanderseins darzustellen, wäre dann völlig unhaltbar, und Hegels Naturphilosophie wäre keine Metaphysik der Natur im Kantischen Sinne einer Vernunfterkenntnis der Natur aus reinen Begriffen. Meiner Auffassung nach markiert Braun den Punkt, an dem das Verhältnis der Idee zur Natur nicht mehr durch Begriffsbestimmungen erfaßt werden kann, falsch. Deshalb entgeht ihm

dem Geist Wesensverwandtes und gegen ihn Freies. Die Naturphilosophie transzendiert in dieser Hinsicht sowohl die Zweckrationalität des praktisch-technischen Verhaltens, das die Natur unterwirft, als auch das sich auf partikulare Sinneserscheinungen beziehende theoretisch-naturwissenschaftliche Verhalten zur Natur. Das von der Naturphilosophie erkannte Verhältnis der Freiheit zwischen Natur und Geist besteht für Hegel unbeschadet der Tatsache, daß seiner philosophischen Systematik nach der Geist als die höhere, nicht mehr der Kontingenz verhaftete Organisationsform der Natur überzuordnen ist; von dieser Überordnung ist polemisch in Enz. § 248 A die Rede.

ein wesentlicher Aspekt des freien Entlassens der Idee zur Natur und mit ihm die Differenziertheit, in der Hegels Naturphilosophie das Problem der Kontingenz der Natur angeht.

An der von Braun markierten Stelle des Rückgangs der vollständigen Idee in das unmittelbare Sein tritt das objektive System vernünftiger Denkbestimmungen in ein neues Element ein, das der Äußerlichkeit, innerhalb dessen auch seine Bestimmungen untereinander in ein anderes Verhältnis treten. Das freie Entlassen der Idee zur Natur ist zugleich die *Freigabe der einzelnen Bestimmungen der Idee in die Äußerlichkeit.* In der Natur sind – das ist hier die Pointe von Hegels Wendung ‚frei entlassen‘ – die Bestimmungen der Idee gleichermaßen frei oder äußerlich gegeneinander, wie die Natur insgesamt als Element der Äußerlichkeit gegen die Idee im Element des reinen Denkens. Die Idee ‚entschließt sich‘ in die Natur (ähnlich wie eine Pflanze im Wachstumsprozeß ihre Blätter entfaltet), indem sie ihre einzelnen Bestimmungen oder Organisationsstufen in die Äußerlichkeit des Raums und der Zeit entläßt. Freiheit der spezifischen Form der Bestimmtheit der Natur heißt für Hegel also nicht: Kontingenz aller ihrer einzelnen Bestimmungen, sondern: Außereinandersein der einzelnen durch Denkbestimmungen erfaßten Naturformen.[28] Die besondere Bestimmtheit des Elements, in dem die

---

28 Dies geht m. E. schon aus dem letzten Textabschnitt (L II, S. 573) der Logik hervor, dessen wichtigster Teil hier versuchsweise kommentiert werden soll. Die Idee, die sich im Übergang zu einem neuen Element „in die Unmittelbarkeit des *Seins* zusammennimmt", ist als die „*Totalität* in dieser Form – Natur". Die Bestimmung des Übergangs der Idee als Totalität in dieses neue Element ist „aber nicht ein *Gewordensein* und *Übergang*" im Sinne der Übergänge der Logik, die verschiedene Stadien desselben begrifflichen Entwicklungsprozesses verbinden. Jetzt ‚verdoppelt‘ sich die Idee sozusagen, indem „die Bestimmtheit oder Realität des Begriffs selbst zum Begriffe erhoben ist" und als ein ihr unabhängig gegenüberstehendes Sein bestimmt wird. Diese ‚Verdopplung‘ der Idee ist eigentlich eine Vervielfachung ihrer selbst in ihre einzelnen Bestimmungen, bei der jede Bestimmung selbst als „Begriff", also als selbständige Totalität, vorliegt und frei in sich ruht: dies ist die „absolute *Befreiung*" der Idee, „für welche keine unmittelbare Bestimmung mehr ist, die nicht ebensosehr *gesetzt* und der Begriff ist". Die einzelnen Bestimmungen der Idee sind in dieser Realität oder diesem Sein selbst frei und damit gegeneinander selbständig geworden – sie sind in der Natur für sich bestehende Totalitäten, deren niedere oder höhere Organisationsform den verschiedenen Entwicklungsstufen des spekulativen Begriffs entspricht. Diese Organisationsstufen gehen nicht auseinander hervor (Natur ist für Hegel eine geschichtslose Kategorie, siehe Anm. 20); die einzelnen Bestimmungen der Natur gehen nicht ineinander über, sondern haben für sich Bestand. Zugleich sind sie

Idee als Natur ist, nämlich das Außereinandersein der Natur in sich, läßt sich sehr wohl aus dem am Ende der Logik angegebenen, durch die Wendung des freien Entlassens charakterisierten Verhältnis zwischen Idee und Natur herleiten.[29] Allerdings gehört die Herleitung dieser

noch Bestimmungen der Idee selbst: „in dieser Freiheit findet daher kein Übergang statt; das einfache Sein" ihrer Organisationsstufen, zu dem sich die Idee jetzt bestimmt, „bleibt ihr vollkommen durchsichtig und ist der in seiner Bestimmung bei sich selbst bleibende Begriff." Die einzelnen Bestimmungen der Idee sind in der Natur auseinandergetreten, bleiben dabei aber der Idee noch erkennbar, weil sie die in die Teile oder Stufen der Natur diversifizierte Idee selbst sind. Das Übergehen der Idee zur Natur ist deshalb im Gegensatz zu den innerlogischen Übergängen „so zu fassen, daß die Idee sich selbst *frei entläßt*, ihrer absolut sicher und in sich ruhend." Die Idee gibt ihre Bestimmungen gegeneinander frei, bleibt in der Natur im Ganzen als der Totalität ihrer Bestimmungen aber mit sich identisch und wahrt so ihre eigene Freiheit. „Um dieser Freiheit willen ist die *Form ihrer Bestimmtheit* ebenso schlechthin frei, – die absolut für sich selbst ohne Subjektivität seiende *Äußerlichkeit des Raums und der Zeit.*" Die spezifische Form der Bestimmtheit der Idee als Natur, d. h. die Grundbestimmung für die Natur, muß die Freiheit ihrer Bestimmungen gegeneinander implizieren und darf ebenfalls keine innerlogischen Verhältnisse mehr ausdrücken. Die Grundbestimmung für die Natur muß deshalb durch eine Beziehung charakterisiert werden, deren Relate nicht ineinander übergehen, sondern objektiv und selbständig gegeneinander bestehen; diese findet sich im Außereinandersein von (Dingen in) Raum und Zeit.

29 Der noch stärkeren Auffassung, daß die Entäußerung der Idee zur Natur mittels der am Ende der Logik gegebenen Begründungen überhaupt nicht hergeleitet werden kann, ist D. Wandschneider; vgl. sein Aufsatz: Die Absolutheit des Logischen und das Sein der Natur, in: Zeitschrift f. philos. Forschung, Band 39/3 (1985), S. 331 ff. Die Vollendung der Sphäre des Logischen in der absoluten Idee und die Bestimmung des Seins, die ihr nun im Übergang zu einer neuen Totalität bzw. einem neuen Element zukommt, ist nach Wandschneiders Auffassung „noch keine Begründung für die *Entäußerung* des Logischen in die Äußerlichkeit der Natur. Eine Begründung hierfür läßt sich erst aus dem wesentlich *dialektischen* Charakter des Logischen gewinnen, wonach auch und gerade die höchste Bestimmung des Logischen, wie sie in der absoluten Idee erreicht ist, gleichsam in dialektischer Brechung, d. h. in dreifacher Gestalt erscheinen muß: als die Idee selbst, als deren Negation in der Form naturhaften Seins und als Synthese von Idee und Natur, d. h. als Geist." (a. a. O., S. 347 f.)
Während Brauns Interpretation des Übergangs der Logik in die Naturphilosophie der Natur zuviel Kontingenz gegenüber zuschreibt, unterscheidet Wandschneider m. E. zuwenig zwischen der innerlogischen Beziehung, die unter den Denkbestimmungen der Logik besteht, einerseits und der nicht mehr innerlogischen, ein Moment der Verhältnislosigkeit enthaltenden Beziehung der Idee im Element des reinen Denkens zur Natur andererseits. Wenn der grundsätzliche

Grundbestimmung für die Natur systematisch eigentlich nicht mehr in die Logik, sondern bereits in die nächste Sphäre der Philosophie – ebenso wie die Herleitung der besonderen Denkbestimmungen für die Organisationsstufen der Natur, die durch die Spezifikation der Bestimmungen des reinen Denkens mittels dieser Grundbestimmung des Außereinanderseins erfolgt.

Die Wendung des freien Entlassens bezeichnet ein Verhältnis der Freiheit zwischen Idee und Natur, das die Struktur einer negativen Selbstbeziehung aufweist. Wie in diesem Verhältnis die Grundbestimmung für die Natur bereits enthalten ist, muß am Anfang der Naturphilosophie expliziert werden. Hegel tut dies in § 247 der Enzyklopädie denkbar knapp; seine Argumentation läuft hier (ebenso wie im letzten Textabschnitt der Logik, siehe Anm. 28) darauf hinaus, daß das Verhältnis, das zwischen Idee und Natur besteht, auch innerhalb der Natur für die Bestimmungen der Idee untereinander gilt. Die Natur „ist nicht äußerlich nur relativ gegen diese Idee ..., sondern die *Äußerlichkeit* macht die Bestimmung aus, in welcher sie als Natur ist" (§ 247). Begründet wird diese Herleitung der Grundbestimmung für die Natur von Hegel mit der Struktur der negativen Selbstbeziehung der Idee auf die Natur, die er vorher in die Formel kleidet, die Natur sei die „Idee in der

---

Unterschied der Sphäre des reinen Denkens und derjenigen der Äußerlichkeit der Idee als Natur, den Hegel durch die Wendung ‚frei entlassen' bestimmt, nicht festgehalten wird, bleibt die am Ende der Logik gegebene Begründung dafür, daß Äußerlichkeit die Grundbestimmung der Natur ist, unverständlich. Damit geht zugleich der Blick für zweierlei verloren: 1. Der Übergang von der Idee zur Natur besitzt gerade nicht den „dialektischen Charakter" der Begriffsentwicklung innerhalb der Sphäre „des Logischen", sondern muß anders bestimmt werden – eben durch das mittels der Wendung „frei entlassen" bestimmte Moment der *Verhältnislosigkeit*. 2. Das Verhältnis der Äußerlichkeit, das zwischen den einzelnen Bestimmungen der Natur untereinander besteht, ist nicht durch pure Kontingenz bestimmt, sondern identisch mit der Beziehung zwischen Idee und Natur: es enthält neben dem Moment der Verhältnislosigkeit noch ein Moment des *Logischen*.

Wandschneider hält dieses Verhältnis der Bestimmungen der Natur untereinander bzw. der Naturformen in Raum und Zeit ähnlich wie Braun für *bloß* kontingent: „Im Sinne dialektischer Diremtion der Idee ist die Natur ... das prinzipiell *Nicht-Idelle*" und damit „das *begriffslos vereinzelte Außereinander* des Raums und der Zeit" (a. a. O., S. 346). Zugleich schließt Wandschneider aber, daß „Idee, Natur und Geist hiernach jeweils die *Totalität* der Idee repräsentieren" (ebda.) – diese Aussage scheint mir mit der eben zitierten gar nicht vereinbar.

148

Form des *Andersseins"* (ebda.), und nach der sich die Idee auf die Natur als auf ein Anderes, ihr frei Gegenüberstehendes bezieht, das sie zugleich selbst ist, weil sie in ihm ihre eigenen Bestimmungen wiederfindet. Hegel faßt diese Struktur hier so zusammen: die Idee ist als Natur „das Negative ihrer selbst oder sich äußerlich" (ebda.), d. h. als Natur steht die Idee zu sich selbst in einem Verhältnis der Äußerlichkeit. Dieses Selbstverhältnis der Idee versteht Hegel als eine Beziehung ihrer einzelnen Bestimmungen untereinander – damit ist für ihn die Grundbestimmung der Äußerlichkeit bzw. des Außereinanderseins für die Natur abgeleitet.

Wichtig an dieser Herleitung erscheint mir, daß Hegel durch sie eine Vorschrift gewinnt, wie sich im Element der Äußerlichkeit Denkbestimmungen für Naturdinge gewinnen lassen. Das Verhältnis der Äußerlichkeit, das zwischen Idee und Natur sowie zwischen den einzelnen Bestimmungen der Idee in der Natur besteht, ist zugleich das *logische Prinzip der Begriffsentwicklung in diesem Element,* nach dem die Bestimmungen des reinen Denkens in ihm spezifiziert werden (siehe 1.1 sowie 2.3). Das Vorhandensein eines solchen Prinzips steht im Gegensatz zu der von Braun behaupteten Kontingenz der besonderen Bestimmungen der Natur. Dieses logische Prinzip drückt allerdings ein Verhältnis des Außereinanderseins oder der Selbständigkeit zwischen den Organisationsstufen der Idee in der Natur aus, das nicht mehr allein durch innerlogische Beziehungen erfaßt wird, weil es ein Moment der Verhältnislosigkeit enthält, und das auch etwas mit der Kontingenz der Natur zu tun hat. Die nach diesem Prinzip entwickelten Denkbestimmungen für Naturformen, und das sind zumindest die reinen Formen der Äußerlichkeit, nämlich Raum und Zeit, sind aber in Hegels Augen keineswegs kontingent. Im Gegenteil ist (wie im zweiten Teil dieses Kapitels gezeigt werden soll) Hegels Auffassung nach die Idee gerade vermittels der Formen von Raum und Zeit im Element der Äußerlichkeit noch präsent.

Die Kontingenz der Natur muß für Hegel also eher eine *in* Raum und Zeit als diejenige *von* Raum und Zeit sein. Mit dieser Auffassung ist auch eine von Braun abweichende Deutung des Terminus ,Anschauen', den Hegel im Zusammenhang der Beziehung zwischen Idee und Natur einmal gebraucht, verträglich (siehe dazu Braun, a. a. O., S. 63). Hegel bezeichnet die Natur am Ende der Logik der Enzyklopädie als die „anschauende Idee" (§ 244). Diese Bezeichnung drückt aus, daß die Beziehung der Idee zur Natur keine logische mehr ist; hierin stimme ich Braun zu. Ich schlage aber vor, ,Anschauen' hier im Anschluß an Kant als eine *Tätigkeit, durch die das Mannigfaltige der Natur in einer Einheit gegeben wird,* aufzufassen. Diese Tätigkeit ist für Hegel im Gegensatz zu Kant als *objektiv* und nicht als subjektiv bestimmt; ihr Subjekt ist die Idee oder das reine objektive Denken selbst. Die Idee ‚schaut‘ also die Natur ‚an‘, ebenso wie die Bestimmungen der Natur einander gegenseitig ‚anschauen‘; beides drückt wieder die Beziehung der Äußerlichkeit der einander Anschauenden aus. Die Einheit, in der das Mannigfaltige der Natur der Idee durch dieses Anschauen gegeben ist, ist die Einheit von Raum und Zeit, der reinen Formen der Äußerlichkeit. Die Natur ist die „anschauende Idee“, heißt dann wiederum: sie ist die Idee selbst im Element des raumzeitlichen Außereinanderseins — und nicht: sie ist das für die Idee schlichtweg kontingente Gegenüber, das diese in ihre Bestimmungen aufnimmt, so gut es eben geht.

1.3 Idee und Kontingenz in der Natur

Bisher blieb noch ungeklärt, welche Rolle die Kontingenz der Natur in Hegels Naturbegriff spielt und wie sie mit der Beziehung zwischen Idee und Natur zu vereinbaren ist, die Hegel als ein Verhältnis der Freiheit und als eine negative Beziehung der Idee auf sich selbst im Element der Äußerlichkeit auffaßt. Es steht zwar schon fest, daß für Hegel die Natur in allen ihren Bestimmungen weder völlig kontingent gegenüber der Idee ist — denn dann könnte er nicht die Natur in irgendeiner Hinsicht mit der Idee identifizieren, wie es die negative Selbstbeziehung der Idee auf die Natur beinhaltet —, noch völlig von der Idee integriert werden kann — denn dann wäre die Natur nichts Selbständiges mehr gegen die Idee, wie es die Wendung des freien Entlassens fordert. Die Natur geht als das Element der Äußerlichkeit nicht vollständig in der Idee auf, sondern enthält Kontingentes. Zugleich ist sie als eines der Elemente, in dem die Idee ist, der Idee verwandt und enthält vernünftig Organisiertes. Es muß für Hegel demnach sowohl Kontingenz in der Natur geben als auch die Idee in ihr präsent sein. Das Verhältnis von Idee und Kontingenz in der Natur ist nun näher zu bestimmen.

Dabei ist vor allem zu beachten, daß das Kontingenzproblem nach Hegels Naturbegriff *zwei verschiedene Aspekte* hat, die über die Bestimmung der Natur, die Idee im Element der Äußerlichkeit zu sein, miteinander zusammenhängen. Zum einen beinhaltet die Selbständigkeit bzw. Äußerlichkeit der Natur gegen die Idee: Nicht alles an der Natur geht in der Idee auf; es muß also Naturphänomene geben, denen gegenüber die Denkbestimmungen von Hegels Naturphilosophie zwangsläufig versagen. Zum andern beinhaltet die Präsenz von einzelnen gegeneinander selbständigen bzw. äußerlichen Bestimmungen der Idee in der Natur: Es gibt Vorformen der vollständigen Idee in der Natur, die deren systematischen Entwicklungsstufen entsprechen und die koexistent sind; in der Natur existiert also mehr oder weniger Vernünftiges oder Organisiertes nebeneinander. Nur dieser zweite Aspekt des Kontingenzproblems kann, wie leicht zu zeigen ist, bestimmter Inhalt von Hegels Naturphilosophie sein. Zunächst soll aber der erste erläutert werden.

1. Die Beziehung zwischen Idee und Natur ist zwar symmetrisch in bezug darauf, daß die Idee erst durch die Freigabe der Natur ihre eigene Freiheit herstellt (siehe Braun, a. a. O., S. 63). Diese Beziehung ist aber nicht in *jeder* Hinsicht symmetrisch (ebensowenig wie diejenige von Geist und Natur). Natur und Idee sind zwar *frei* gegeneinander; sie sind aber nicht *gleich* zum Beispiel in dem Sinne, in dem ein Selbstbewußtsein ein anderes als ihm in jeder wesentlichen Hinsicht gleich anerkennen muß.[30] Asymmetrisch ist die Beziehung von Idee und Natur in folgendem: Die Idee ist zwar *in* der Natur enthalten, insofern Vernünftiges, d. h. die Bestimmungen der Idee, in ihr präsent ist. Die Natur ist aber nicht auch umgekehrt in der Idee enthalten, sondern befindet sich *außer* ihr, nämlich außerhalb des Elements des reinen, nur auf sich selbst bezogenen Denkens, im Element der Äußerlichkeit. Wegen dieser Asymmetrie kann die Natur nicht in der Idee aufgehen. Sie ist eine Mannigfaltigkeit, von der nicht jede Einzelheit zum Gegenstand einer Synthesis durch objektive und vernünftige Denkbestimmungen werden kann. In der Natur ist also Vernünftiges *und* schlechthin Unvernünftiges enthalten, in der Idee dagegen bloß schlechthin Vernünftiges – dies folgt aus dem Unterschied der Grundbestimmungen für die Elemente, in denen die Idee als reines Denken bzw. als Natur ist. Das reine Denken kann anhand dieses Unterschieds zwar noch feststellen, *daß* etwas

---

30 Voraussetzung dieser Gleichheit ist nämlich für Hegel, daß es schon in Raum und Zeit Vereinzeltes gibt, d. h. daß verschiedene Individuen, die zugleich Naturwesen sind, existieren. Diese Voraussetzung ist in der Beziehung zwischen Idee und Natur gerade nicht gegeben; in Raum und Zeit Vereinzeltes existiert erst *innerhalb* des Elements der Äußerlichkeit. – Man kann auch sagen: Natur und Idee sind zwar frei gegeneinander, ihnen kommt aber Freiheit nicht in demselben Sinne zu; die Freiheit der Natur bleibt der Kontingenz verhaftet, sie verbirgt sich in zufälligen Naturformen. Siehe Enz. § 248: „Die Natur zeigt daher in ihrem Dasein keine Freiheit, sondern *Notwendigkeit* und *Zufälligkeit*."

an der Natur nicht in der Idee aufgeht. Dasjenige, *was* nicht in der Idee aufgeht, kann durch das reine Denken aber nicht mehr inhaltlich bestimmt werden; ihm gegenüber bleibt die Idee verhältnislos.[31]

Da sich das reine Denken zum Kontingenten der Natur nicht mehr in ein *inhaltlich bestimmtes* Verhältnis setzen kann, entsteht natürlich die Frage: Wodurch ist eigentlich Hegels Auffassung nach bestimmt, was im einzelnen an der Natur kontingent ist und was nicht, weil es durch Bestimmungen des reinen spekulativen Denkens erfaßt werden kann? Woher ‚weiß‘ die Idee (oder Hegels Naturphilosophie), was an der Natur ihren Bestimmungen entspricht und was nicht? An diesem Punkt sind m. E. systematisch die Schwierigkeiten anzusiedeln, die man immer wieder mit Hegels Naturphilosophie an Stellen bekommt, wo der Eindruck entsteht, die Zuordnung eines bestimmten Naturphänomens zu einer spekulativen Begriffsbestimmung sei in hohem Maße willkürlich und werde von Hegel nur vorgenommen, weil dieses Phänomen gut zu der gerade in der Begriffsentwicklung anstehenden Denkbestimmung ‚passe‘. Ob dieser Verdacht im Einzelfall zu bestätigen oder zu verwerfen ist, läßt sich nur durch Detailuntersuchungen der von Hegel entwickelten Denkbestimmungen für Naturformen feststellen.

2. Der zweite Aspekt der Kontingenz in der Natur ergibt sich aus dem Verhältnis, in dem die Begriffsbestimmungen im Element der Äußerlichkeit untereinander stehen und das ebenfalls eines der Freiheit oder Äußerlichkeit ist. Die einzelnen Bestimmungen oder Entwicklungsstadien der Idee, die in der Natur gegeneinander freigegeben sind und koexistieren, entsprechen den verschiedenen Formen von Organisation innerhalb des systematischen Stufenbaus, den die Natur nach Hegels Auffassung bildet. Diese Organisationsformen sind je nach den ihnen zugeordneten Begriffsbestimmungen als mehr oder weniger vernunftgemäß bzw. vernünftig anzusehen. Die vollständig entwickelte Idee ist unter den einzelnen Organisationsformen der Natur jedoch nicht repräsentiert, sondern entspricht höchstens deren Gesamtheit. Innerhalb der Natur sind für Hegel nur Vorformen der Idee präsent, die als mehr oder weniger vernünftig organisierte Naturformen mit dem völlig Kontingenten koexistieren. Da die Natur im Ganzen die Koexistenz aller dieser Vorformen der Idee umfaßt, sieht Hegel sie als die

---

31 Diesen Punkt hat Braun erkannt, als er die Verhältnislosigkeit der Idee zur Natur, die in der Wendung ‚frei entlassen‘ impliziert ist, mit der *Kontingenz* von Naturformen in Zusammenhang brachte; siehe Braun, a. a. O., S. 59 u. 61.

verkörperte Idee an (siehe Anm. 19). Diese Bestimmung drückt nicht nur die Präsenz der Idee in der Natur aus, sondern auch den Sachverhalt, daß die *Bestimmungen der Idee in der Natur partikularisiert* sind und nur Vorformen der vollständigen Totalität der Idee darstellen. Die Natur ist für Hegel also so etwas wie die ‚zersplitterte‘ Idee, deren verschiedene Entwicklungsstufen nur noch in äußerlichen Beziehungen stehend koexistieren. Diese Entwicklungsstufen sind zwar keineswegs kontingent gegenüber der Idee, denn das reine Denken kann sie in seine Bestimmungen fassen, aber sie sind auf einer Stufenleiter anzuordnen, die von völlig unorganisierten Naturgebilden zur vollständig vernünftigen Organisation der Idee, der innerhalb der Natur die Organismen am nächsten kommen, aufsteigt. Ihre Stufen werden durch die Denkbestimmungen der Naturphilosophie dargestellt. –

Der erste Aspekt des Kontingenzproblems bezieht sich auf die Kontingenz von Naturformen im Verhältnis zur Idee, der zweite dagegen auf den Grad der Unorganisiertheit von Naturformen im Verhältnis untereinander. Zu beachten ist, daß auf *allen* Stufen der Natur, also auch auf den am höchsten entwickelten, deren Organisationsform das Leben ist, das Vorhandensein völliger Kontingenz im Sinne des ersten Aspekts nicht verlorengeht. Man kann sogar sagen: je reicher und differenzierter die Natur in ihren Organisationsformen wird, desto größer wird zugleich die Kontingenz ihrer Gebilde, wie sich an der Mannigfaltigkeit von Tier- und Pflanzenarten zeigt. Die Kontingenz im Sinne des zweiten Aspekts, d. h. die Unorganisiertheit von Naturformen, nimmt dagegen von jeder Stufe zur nächsthöheren ab. Zum Beispiel sind Organismen unvergleichlich stärker organisiert als Dinge, die sich nach bloß mechanischen und physikalischen Gesetzen verhalten. Nur die zunehmend vernunftgemäßen Organisationsformen in der Natur und die Abnahme der Kontingenz im zweiten Sinne an ihnen können inhaltlich durch Hegels Naturphilosophie bestimmt werden. Zum Kontingenten im ersten Sinne bleibt die Idee gerade auch bei den am höchsten organisierten Naturformen völlig beziehungslos. Deshalb kann und darf es nicht Aufgabe der Naturphilosophie sein, Naturgebilde in allen ihren Einzelheiten zum Gegenstand des begreifenden Erkennens zu machen – darauf weist Hegel gelegentlich polemisch hin.[32] Wie weit die reinen

---

32 In § 250 + A heißt es: „Am größten ist diese Zufälligkeit im Reich der konkreten Gebilde, die aber als Naturdinge zugleich nur *unmittelbar* konkret sind ... Es ist die *Ohnmacht* der Natur, die Begriffsbestimmungen nur abstrakt zu erhalten und die Ausführung des Besonderen äußerer Bestimmbarkeit auszusetzen ... –

Denkbestimmungen der Naturphilosophie die Beschaffenheit von Naturformen eigentlich erfassen können, bleibt dabei problematisch; Hegel selbst geht auf dieses Problem nirgends ein.

Die Beziehung, die nach Hegels Naturbegriff insgesamt zwischen Kontingenz und Idee in der Natur besteht, ergibt sich aus der Betrachtung der Stufenleiter zunehmend vernünftiger oder organisierter Naturformen unter Einschluß ihrer Endpunkte, dem völlig Kontingenten, das zugleich ganz unorganisiert ist, einerseits und der Organisationsform der Idee selbst andererseits. Zwischen diesen beiden Endpunkten, dem schlechthin Kontingenten und dem vollständig Vernünftigen, die selbst nicht zur Stufenfolge der Natur gehören, besteht für Hegel ein Verhältnis der *Entgegensetzung:* was kontingent ist, kann nicht von der Idee erfaßt werden, ist also nicht vernünftig, und umgekehrt. Dieses Entgegensetzungsverhältnis führt in Hegels Augen zu einem *Widerspruch* bei der Bestimmung der Natur als der Idee im Element der Äußerlichkeit. Als kontingenzbehaftet ist hier die Idee selbst, die schlechthin vernünftige Totalität, in einem ihrer Elemente zu denken. Dieser Widerspruch im spekulativen Sinne hängt eng mit der negativen Selbstbeziehung der Idee auf die Natur zusammen − er ist der „Widerspruch der Idee, indem sie als Natur sich selbst äußerlich ist" (§ 250) − und kommt formal dadurch zustande, daß der Natur als Totalität in bezug auf ihre Bestimmung als Idee im Element der Äußerlichkeit das Prädikat der Kontingenz sowohl zu- als auch abgesprochen werden muß.

Das Widerspruchsverhältnis zwischen dem Kontingenten, für die Idee schlechthin Unbestimmbaren und dem durch die Idee erfaßbaren Vernünftigen ist auf allen Organisationsstufen der Natur vorhanden, denn keine Naturform geht vollständig in der ihr entsprechenden Begriffsbestimmung auf. Zugleich ändert sich aber von einer Stufe zur andern das Verhältnis von Organisiertheit und Unorganisiertheit an den Naturformen. In Organismen gibt es fast keinen Teil mehr, der nicht auch in Gestalt und Funktion in das Ganze integriert ist, während dies für mechanische Systeme wie z. B. das Sonnensystem nicht gilt. Hegel unterscheidet nicht explizit zwischen Unorganisiertheit und Kontin-

---

Jene Ohnmacht der Natur setzt der Philosophie Grenzen, und das Ungehörigste ist, von dem Begriffe zu verlangen, er solle dergleichen Zufälligkeiten begreifen − und wie es genannt worden, konstruieren, deduzieren". Hegel spielt dann auf Herrn Krug an, der von der Naturphilosophie verlangt hatte, sie solle seine Schreibfeder deduzieren.

genz, obwohl Kontingentes sehr wohl organisiert sein kann, wie die Unzahl von Tier- und Pflanzenarten in der Natur beweist. Statt dessen macht er sich zunutze, daß es sich nach seinem Naturbegriff sowohl bei der Beziehung zwischen dem Kontingenten und dem durch reine Denkbestimmungen Erfaßbaren als auch bei der Beziehung der mehr oder weniger organisierten Naturformen untereinander um ein *Verhältnis der Idee zu sich selbst* handelt. Die erste Beziehung ist die zwischen der Idee im Element des reinen Denkens auf sich selbst im Element der Äußerlichkeit; die zweite ist diejenige der einzelnen Bestimmungen der Idee in diesem Element untereinander. Dieses Verhältnis führt im ersten Fall zum *Widerspruch zwischen vernunftgemäßer Bestimmbarkeit und Kontingenz* der Idee als Natur, im zweiten Fall zu einer (begrifflichen) *Bewegung vom Unorganisierten zum Organisierten* der Natur. Hegel kann beide Fälle hinsichtlich der negativen Selbstbeziehung der Idee auf die Natur identifizieren. Er deutet deshalb den Widerspruch zwischen Vernunft bzw. Idee und Kontingenz in der Natur zunächst „näher" als den „Widerspruch einerseits der durch den Begriff gezeugten Notwendigkeit" der Naturformen und „andererseits deren gleichgültigen Zufälligkeit und unbestimmbaren Regellosigkeit" (§ 250) und schließlich als das *bewegende Prinzip* des Übergangs von einer Organisationsstufe der Natur zur nächsten. Bei dieser Begriffsbewegung von einer Bestimmung der Idee in der Natur zur nächsten kommt aus der Äußerlichkeit, in der die verschiedenen Naturformen koexistieren, deren verborgener Zusammenhang zum Vorschein, der auf der ihnen „inneren, den Grund der Natur ausmachenden Idee" (§ 249) beruht, und im Durchgang durch diese Bestimmungen erscheint die Idee selbst als deren Totalität.

Entscheidend ist, daß Hegel das logische Prinzip dieser Begriffsbewegung in der Grundbestimmung der Äußerlichkeit für das Element, in dem die Idee als Natur ist, schon angelegt hat. Die Bewegung vom Kontingenten und Unorganisierten in der Natur zum Vernünftigen und Organisierten ist für ihn zugleich diejenige von der Äußerlichkeit der Naturformen gegeneinander zur ‚Innerlichkeit' der sich in ihren einzelnen Bestimmungen nur auf sich selbst beziehenden Idee (siehe hierzu auch Abschnitt 2.3). Ihr bewegendes Prinzip ist, daß die Idee im Element der Äußerlichkeit „sich als das *setze,* was sie *an sich* ist" (§ 251), nämlich vernünftige Totalität, und dabei „aus ihrer Unmittelbarkeit und Äußerlichkeit ... *in sich* gehe" (ebda.). Diese Bewegung des Insichgehens der Idee im Element der Äußerlichkeit hat für Hegel zwei Seiten. Zum einen wird im Fortgang von einer Organisationsstufe der Natur zur nächsten das Ausmaß, in dem die im Raum außereinanderseienden

Teile einer Naturform in das Ganze integriert sind, immer höher; am höchsten ist diese Integration bei Organismen, die innerhalb der Natur der Idee am nächsten stehen. Zum andern wird dabei eine Beziehung zwischen scheinbar beziehungslosen Organisationsformen der Natur hergestellt: in der Äußerlichkeit der Natur „haben die Begriffsbestimmungen den Schein eines *gleichgültigen Bestehens* und *der Vereinzelung* gegeneinander" (§ 248); im begrifflichen Durchgang durch sie kommt aber aus diesem scheinbar beziehungslosen Außereinander die „innere, den Grund der Natur ausmachende Idee" (§ 249) zum Vorschein. Die Begriffsbewegung vom Unorganisierten zum Organisierten in der Natur ist nach diesen beiden Seiten metaphorisch ausgedrückt die Er-innerung der Idee im Außereinandersein der Natur.

Die Grundbestimmung für das Element, in dem die Idee als Natur ist, muß die Möglichkeit, dieses ‚Insichgehen' von Außereinanderseiendem zu erfassen, schon in ihrem Begriff enthalten. Dies wäre nicht der Fall, wenn Hegels Grundbestimmung für die Natur nicht den Aspekt der Selbstbeziehung enthielte. Die Bestimmung der Äußerlichkeit läßt sich für das Element, in dem die Idee als Natur ist, ja auf zwei verschiedene Weisen ausdrücken: hinsichtlich der Natur bzw. der einzelnen Entwicklungsstadien der Idee in ihr als Bestimmung des Außer*einan*-*derseins*, also einer Beziehung gegeneinander selbständiger Dinge und Formen; und hinsichtlich der vollständigen Idee selbst im Element der Äußerlichkeit als Bestimmung des Außer*sichseins*, also einer (negativen) Selbstbeziehung. Das Außereinandersein, d. h. die Koexistenz einer Mannigfaltigkeit kontingenter und gegeneinander selbständiger Dinge und Formen in der Natur, ist deren äußere Erscheinung, während die Organisationsformen in dieser Mannigfaltigkeit sowie deren verborgener Zusammenhang, die die Idee in einer Beziehung auf sich selbst erfaßt, den inneren Grund der Natur ausmachen.

Nun sind das Äußere und das Innere Reflexionsbestimmungen, die nach Hegels Auffassung, da sie in einem Verhältnis der Entgegensetzung stehen, nicht voneinander zu trennen sind, sondern in einer Einheit gedacht werden müssen. Hegels Bestimmung der Äußerlichkeit stellt eine solche Einheit dar, denn sie enthält sowohl den Aspekt des Außereinanderseins irgendwelcher selbständiger Relate als auch den Aspekt von deren innerer Beziehung, die für Hegel eine negative Selbstbeziehung ist. Das Äußere und das Innere der Natur stehen für Hegel wegen ihres Entgegensetzungsverhältnisses in einem *Widerspruch* im spekulativen Sinne, der das *logische Prinzip der Begriffsbewegung im Element der Äußerlichkeit* bildet, der im wesentlichen mit demjenigen von Kontingenz (oder Verhältnislosigkeit) und Vernunft (oder Herstellbarkeit von Beziehungen zwischen Bestimmungen der Idee und Naturformen sowie zwischen Naturformen untereinander) aus § 250 der Enzyklopädie identisch ist und den Hegel dadurch gewinnt, daß er Außereinandersein als Selbstbeziehung bestimmt. Zugleich ist dieser Widerspruch für Hegel das Prinzip der *objektiven Synthesis*, die Einheit im Mannigfaltigen der Natur stiftet und die Präsenz der Idee auch im Kontingenten beweist. In Hegels Augen ist die mit diesem Widerspruch behaftete Einheit von Äußerem und Innerem der Natur schon in der ersten und abstraktesten Organisationsstufe der Natur angelegt, in der reinen Äußerlichkeit von Raum und Zeit.

2. Idee und Raum

Nach Hegels Naturbegriff ist die Idee, die Totalität von Bestimmungen des vernünftigen Denkens, schon in der reinen Äußerlichkeit des Raums und der Zeit präsent. Das Außereinander von Raum und Zeit bzw. die Koexistenz und Aufeinanderfolge irgendwelcher Dinge oder Relate sind die abstraktesten Formen der Äußerlichkeit der Natur; zugleich stellen ihre Begriffe die ersten Spezifikationen der Idee im Element der Äußerlichkeit dar. Die Präsenz der Idee in dieser ersten und abstraktesten Stufe der Natur muß nach den Ergebnissen des letzten Teilkapitels für Hegel zweierlei beinhalten. Zum einen erwartet man, daß der Begriff des *Außereinanderseins* von Raum und Zeit den Aspekt einer *Selbstbeziehung* enthält; nur so kann durch ihn zwischen den räumlich oder zeitlich außereinanderseienden, also koexistierenden bzw. nacheinander existierenden Relaten dieser Beziehung ein innerer Zusammenhang hergestellt werden. Zum andern erwartet man, daß dieser Begriff ein *logisches Prinzip* für die Entwicklung der nächsten, weniger abstrakten Stufen der Natur aus den Begriffen von Raum und Zeit sowie auch schon für die des Zeitbegriffs aus dem Raumbegriff hergibt. Darüber hinaus ist zu beachten, daß die Idee, soweit sie Raum und Zeit begrifflich in sich integriert, sie *mittels reiner, objektiver Denkbestimmungen und als vernunftgemäße Totalitäten* (kurz: als logische Totalitäten) erfaßt, wobei von empirisch begründeten Bestimmungen nach Hegels Auffassung keinerlei Gebrauch gemacht wird.

Hegels Naturphilosophie versucht die Präsenz der Idee in Raum und Zeit darzustellen, indem sie objektive Begriffe für Raum und Zeit entwickelt, die diese Größen als auch untereinander zusammenhängende logische Totalitäten bestimmen und die am räumlichen bzw. zeitlichen Außereinandersein den Aspekt einer Selbstbeziehung aufdecken. Wie sich Hegel dies denkt, soll in diesem Teilkapitel erst einmal an seinem *Raumbegriff* zu zeigen versucht werden. Dabei soll zunächst von den Besonderheiten des physikalischen Raums (z. B. seiner Dreidimensionalität) genauso abgesehen werden wie davon, daß der Raum als die erste Bestimmung der Natur für Hegel eine Spezifikation der ersten Bestimmung der Idee im Element des reinen Denkens, des „unmittelbaren Seins", darstellt. Ausgangspunkt ist hier Hegels erste, ganz allgemeine Bestimmung für den Raum in der Berliner Enzyklopädie, nach der der Raum ein „Außereinander" ist, das „noch ganz abstrakt ist und keinen bestimmten Unterschied in sich trägt" (§ 254) und das Hegel dann durch eine Kategorie seiner Logik näher charakterisiert. Der Raum ist „überhaupt reine *Quantität*, nicht mehr nur dieselbe als logische Bestimmung, sondern als unmittelbar und äußerlich seiend" (§ 254 A). Der Raum, die erste Form der Äußerlichkeit der Natur, ist für Hegel also seiner allgemeinsten Bestimmung nach die reine Quantität nun nicht mehr im Element des reinen Denkens, sondern im Element der Äußerlichkeit, in dem ihre Bestimmungsstücke gegeneinander frei geworden sind und koexistieren. Am Begriff der *reinen* Quantität oder des unterschiedslosen Außereinanderseins, der für Hegel die abstrakteste, nur auf einer Kategorie der Logik beruhende Fassung seiner Grundbestimmung für die Natur zu sein scheint, soll im folgenden demonstriert werden, wie Hegel Außereinandersein als Selbstbeziehung und als logische Totalität denken kann, und wie dieser Begriff zum Entwicklungsprinzip für die nächsten Bestimmungen seiner Naturphilosophie werden kann. Daraus wird sich insbesondere der Übergang seiner Bestimmung für den Raum zu derjenigen für die Zeit ergeben und sichtbar werden, daß in Hegels Augen die Zeit gerade das ,Innere' an der Äußerlichkeit des Raums ist, das die Präsenz der Idee im Außereinandersein des Raums gewährleistet und das beim zweiten Schritt der Begriffsentwicklung im Element der Äußerlichkeit als etwas für sich Bestehendes gedacht werden muß.

Details von Hegels Begriffen für Raum und Zeit werden erst im nächsten Kapitel besprochen. Dieses Teilkapitel ist folgendermaßen gegliedert: 1. Zur Annäherung an Hegels Begriff des abstrakten, unterschiedslosen Außereinanderseins soll wieder an *Kant* angeknüpft werden, und zwar mit der Frage: Wie konnte Hegel unter Aufgabe des Kantischen Dualismus, aber mit Resultaten der KdrV zu einem objektiven Vernunftbegriff für den Raum gelangen? Der Versuch, diese Frage zu beantworten, schließt sich – wiederum unter Rückgriff auf Leibniz – an die Thematik des ersten Teils dieser Arbeit an und führt direkt zu den Charakteristika von Hegels Bestimmung der reinen Quantität. 2. Unterschiedsloses Außereinandersein und damit die Beziehung, die die Kategorie der reinen Quantität ausdrückt, kann nach Hegels Auffassung nicht ohne einen *Widerspruch* gedacht werden. Dieser Widerspruch kommt, wie gezeigt werden soll, formal durch die Bestimmung der Relate der reinen Quantität mittels der (entgegengesetzten) Prädikate des Außereinanderseins sowie der Unterschiedslosigkeit zustande. Das Resultat dieses Widerspruchs, der genau zu analysieren ist, besteht für Hegel darin, Außereinandersein als Selbstbeziehung zu bestimmen. Mit diesem Resultat ergibt sich in Hegels Augen ein Vernunftbegriff der reinen Quantität, der unterschiedsloses Außereinandersein als logische Totalität erfaßt und mittels dessen auch der Raum bestimmt werden muß. 3. Die Bestimmung des Raums mittels der Kategorie der reinen Quantität führt zugleich zu einem Entwicklungsprinzip für die Bestimmungen des reinen Denkens im Element der Äußerlichkeit und zunächst für den begrifflichen Übergang vom Raum zur Zeit.

2.1 Der Raum als Inbegriff von Relationen

Wie konnte Hegel unter Anschluß an Kant, aber unter Aufgabe von dessen Dualismus, zu einem objektiven Vernunftbegriff für den Raum gelangen? Zur Erinnerung an das zweite Kapitel dieser Arbeit: Für Kant ist der Raum eine der beiden Formen der Anschauung, die Synthesis im Mannigfaltigen der Sinneswahrnehmung bewirken. Auf die empirischen Gegenstände unserer Erkenntnis bezogen, ist der Raum nach der KdrV der Inbegriff von Verhältnissen koexistenter Sinneserscheinungen; die Totalität empirischer Relate räumlicher Beziehungen, die Welt im Ganzen hinsichtlich ihrer Extension im Raum, bildet eine spekulative Vernunftidee und ist nach Kants Theorie der Verstandeserkenntnis nicht mehr Gegenstand objektiven Erkennens. Wenn nun Hegel den Dualismus von phänomenalen Verstandesgegenständen und noumenalen Vernunftgegenständen fallen läßt und zu Objektivitätskriterien gelangt, die sich nicht mehr in erster Linie am empirischen Gegebensein der Erkenntnisgegenstände orientieren, so behält er von Kants Raumbegriff im wesentlichen zweierlei übrig. Zum einen ist der Raum eine *Form der Synthesis, die Einheit in einem Mannigfaltigen stiftet;* zum andern ist er ein *Inbegriff von Relationen* zwischen den koexistenten räumlichen Dingen, die diese Mannigfaltigkeit bilden. Im Unterschied zu Kants Raumbegriff sind jetzt diese ‚Dinge‘ und die von ihnen gebildete Mannigfaltigkeit nicht mehr als Phänomena bestimmt. Sie können deshalb nicht als empirisch gegeben vorausgesetzt werden, sondern sind als abstrakte Relate selbst noch begrifflich zu bestimmen. Ein *objektiver Vernunftbegriff des Raums*, der nach Hegels Kritik an Kants Objektivitätskriterium keineswegs die Grenzen des Erkennbaren übersteigt (siehe Abschnitt 1.1 des Dritten Kapitels), müßte dann die objektive Synthesis einer ihrem Inhalt nach logisch und nicht mehr empirisch zu bestimmenden Mannigfaltigkeit zu einem vernünftigen Ganzen beinhalten. Der Begriff dieses vernünftigen Ganzen ist Hegels Anspruch nach von den subjektiven Bedingungen des menschlichen Anschauungs- und Erkenntnisvermögens frei.

Hegel kann, wie in (1.2) schon angedeutet wurde, seine Objektivierung von Kants Raumbegriff, die auf die empirische Voraussetzung eines in der menschlichen Anschauung gegebenen Mannigfaltigen verzichtet, sogar noch mit dessen Terminus der *Anschauung* in Verbindung bringen. Auch der Begriff der Anschauung erfährt bei Hegel eine Objektivierung im Sinne der Loslösung von subjektiven Erkenntnisbedingungen. Hegel faßt die Natur am Ende des Logik-Teils der Berliner Enzyklopädie als die „anschauende Idee“ auf (§ 244). Dies läßt sich folgendermaßen deuten: Anschauen ist in der Natur das objektive Verhältnis der einzelnen, gegeneinander äußerlichen Bestimmungen der Idee untereinander, das zugleich ein Verhältnis der Idee zu sich selbst als Natur ist (siehe 1.2, letzter Absatz). Hegel faßt dieses Verhältnis als eine (logische) Tätigkeit der Idee auf, durch die das Mannigfaltige der Natur in einer Einheit gegeben wird. Diese Einheit ist zunächst der Raum als ein Inbegriff von Beziehungen innerhalb dieses Mannigfaltigen. Die anschauende Tätigkeit der Idee bewirkt dabei eine Synthesis, die objektiv ist und die die Charakteristika beider zur Verstandeserkenntnis gehörigen Kantischen Arten von Synthesis in sich vereinigt: sie ist *figürliche* Synthesis, in der das Ganze seinen Teilen *vorgeordnet* ist, denn sonst dürfte Hegel den Terminus Anschauen hier nicht gebrauchen; sie ist aber auch *intellektuelle* Synthesis, in der das Ganze den Teilen *nach*geordnet ist, denn sie beruht auf reinen Begriffen. Diese Synthesis erfaßt räumlich Außereinanderseiendes als eine Totalität, in der sich das Ganze und seine Teile wechselseitig bestimmen.[33] Das Vorhandensein *bei*-

---

33 Dies impliziert, wie im Verlauf dieses Teilkapitels deutlich werden sollte, auch folgendes: die Teile des Raums bzw. die Relate räumlicher Beziehungen beziehen sich so aufeinander oder bestimmen sich gegenseitig so, daß durch sie das Ganze

der Subordinationsverhältnisse – sowohl der Teile unter das Ganze, als auch des Ganzen unter seine Teile – zeichnet in Hegels Augen wohl die vernunftgemäße Synthesis, die zu objektiven Vernunftbegriffen gelangt, gegenüber den bloß Verstandeserkenntnis bewirkenden Synthesisarten Kants aus. Die Frage ist nun, wie Hegel sich das Verhältnis zwischen dem Ganzen, d. h. der Einheit des Raums, die zugleich die gesuchte Einheit im Außereinandersein ist, und seinen Teilen, d. h. den selbst räumlichen Relaten räumlicher Beziehungen, im einzelnen denkt.

Zunächst ist festzuhalten, daß Hegel den Raum sowohl als Ganzes als auch in seinen Teilen nur durch *Beziehungen* charakterisiert. Der Raum ist für ihn seiner allgemeinsten Bestimmung nach ein „Außereinander", das „noch ganz abstrakt ist und keinen bestimmten Unterschied in sich trägt" (Enz. § 254); d. h. der Raum ist bestimmt durch die abstrakte Beziehung des Außereinanderseins und die Teile des Raums bzw. die Relate dieser Beziehungen sind dadurch bestimmt, daß sie sich nicht voneinander unterscheiden, also in Gleichheitsbeziehungen stehen. Wie sind die Relate dieses Außereinanderseins nach Hegels Auffassung der „anschauenden Idee" gegeben, bzw. wie werden sie durch das reine Denken bestimmt? Aus der Dualismus-Kritik folgt, daß sie der Idee weder empirisch in einer subjektiven Anschauung gegeben sind noch durch die Beschaffenheit des subjektiven Anschauungsvermögens selbst. Sie können auch nicht durch irgendwelche individuierte Substanzen bestimmt sein, wie Leibniz meinte; Hegel fällt nicht in den vorkantischen Rationalismus zurück, sondern übernimmt Teile von Kants Leibniz-Kritik. Wie kann Hegel den Raum als Inbegriff von Relationen denken, wenn er die Relate räumlicher Beziehungen nicht auf eine die-

---

des Raums begrifflich bestimmt ist. – Hier liegt eine weitere Verbindung zu Kants *Zweckbegriff* vor. Für Kant ist ein „Naturzweck" ein Gebilde, an dem sich die Einheit des Ganzen sowie seiner Teile untereinander gegenseitig so bedingen, daß erstens „die Teile ... nur durch ihre Beziehung auf das Ganze möglich sind" (KdU, S. B 290) und zweitens „die Teile desselben sich dadurch zur Einheit eines Ganzen verbinden, daß sie von einander wechselseitig Ursache und Wirkung ihrer Form sind" (KdU, S. B 291). Bei Kant ist dieses Bedingungsverhältnis von Teilen und Ganzem *kausal* gedacht, als Kausalverbindung nach Wirkursachen bzw. Endursachen. Bei Hegels Begriffsbestimmungen für Naturdinge dagegen ist es als ein objektives gegenseitiges Implikationsverhältnis des Ganzen und seiner Teile nach ihren Begriffen gemeint. Die in diesem (abgeschwächten) Sinne zweckmäßige Organisation der Natur ist für Hegel Bedingung der Möglichkeit ihres begreifenden Erkennens durch uns und liegt in seinen Augen schon ab ihrer ersten Bestimmung, dem Raum, vor.

ser Weisen als gegeben voraussetzt? Um hier weiterzukommen, oder um die Fragestellung überhaupt erst zu präzisieren, geht man am besten auf das *Amphibolienkapitel* der KdrV zurück, wo sich *Kant* kritisch mit der Art und Weise auseinandersetzt, in der *Leibniz* die Relate räumlicher sowie zeitlicher Beziehungen bestimmt. Gezeigt werden soll, welchen Teil der Kantischen Leibniz-Kritik Hegel übernimmt und inwiefern er aufgrund seiner eigenen Dualismus-Kritik dann wiederum Leibniz gegen Kant ausspielen kann.

Die dritte von Kant kritisierte transzendentale Amphibolie oder Verwechslung einer phänomenalen mit einer noumenalen Substanz bezieht sich auf die Reflexionsbegriffe von *Innerem und Äußerem*. Leibniz schrieb den materiellen Substanzen, die für ihn die Relate räumlicher bzw. zeitlicher Beziehungen darstellen, innere Bestimmungen zu, aufgrund deren sie sich voneinander unterscheiden, und faßte sie letztlich als nicht miteinander in Wechselwirkungen stehende Monaden auf. Kant kritisierte diese Auffassung dahingehend, daß die Relate räumlicher und zeitlicher Beziehungen von Leibniz auf diese Weise als noumenale Gegenstände des reinen Verstandes bestimmt sind, die, da ihnen ausschließlich innere Bestimmungen zugesprochen werden, nicht in Beziehung auf etwas ihnen Äußeres stehen und auch nicht Gegenstand empirischer Erkenntnis sein können. Empirische Dinge, von denen nur sinnvoll ausgesagt werden kann, sie ständen in äußeren Relationen, weisen dagegen nach Kants Auffassung keinerlei innere Bestimmungen auf, die nicht auf Verhältnisse in Raum und Zeit zurückgeführt werden können (siehe KdrV, S. B 321, sowie Abschn. 2.3 des zweiten Kapitels). Leibniz' materielle Substanzen oder Monaden sind dementsprechend für Kant keine Gegenstände objektiver Erkenntnis; wären sie solche, so wären ihre inneren Bestimmungen allein durch Relationen in Raum und Zeit hinreichend bestimmt. Kant selbst versucht in den MAG zu zeigen, wie dies geleistet werden kann, wie sich also innere Bestimmungen der Materie wie z. B. Anziehungs- oder Abstoßungskräfte *a priori* auf raumzeitliche Verhältnisse zurückführen lassen. Die raumzeitlichen Verhältnisse selbst wiederum werden nach der transzendentalen Ästhetik *empirisch* (d. h. hinsichtlich ihrer Realität oder ihres Daseins) auf die in der Anschauung gegebenen Sinneserscheinungen zurückgeführt.

Hegel übernimmt von Kant die Kritik an Leibniz' inneren Bestimmungen der materiellen Substanzen bzw. der Monaden sowie die Forderung, man müsse die inneren Bestimmungen von Dingen in der Natur, dem Element der Äußerlichkeit, ganz und gar durch äußere Verhältnisse bestimmen. Er übernimmt hier ein Stück Kantische Metaphysik-Kritik, die bereits den Kern enthält, daß sich die in einem Entgegensetzungsverhältnis stehenden Reflexionsbestimmungen von Innerem und Äußerem gar nicht voneinander trennen lassen, wenn sie auf ein und dieselbe Substanz (nämlich Dinge in Raum und Zeit) bezogen werden. Seine Dualismus-Kritik verbietet es aber, die Verhältnisse, die den Raum oder die Zeit ausmachen, als Verhältnisse von Sinneserscheinungen aufzufassen, da ihre Bestimmung sonst von einer Theorie der subjektiven Erkenntnis abhängig bliebe. Die Relationen des räumlichen und zeitlichen Außereinanderseins müssen also auf irgendwelche abstrakten, begrifflich noch zu bestimmenden Relate zurückgeführt werden, die selbst wiederum keine inneren Bestimmungen aufweisen dürfen. Diese Relate des Außereinanderseins können nun begrifflich nicht mehr voneinander unterschieden werden – weder aufgrund ihrer noumenalen Beschaffenheit noch aufgrund ihres phänomenalen Gegebenseins in Raum und Zeit, noch aufgrund der Natur unseres Anschauungsvermögens, das sie als räumlich Getrennte wahrnimmt.

Sie sind also alle gleich hinsichtlich der ihnen zukommenden Bestimmungen. An diesem Punkt der Argumentation kann Hegel *Leibniz' Prinzip der Identität des Ununterscheidbaren* gegen Kant ausspielen. Kant hatte dieses Prinzip in seiner Kritik an der ersten Amphibolie, die sich auf die Reflexionsbegriffe von *Einerleiheit und Verschiedenheit* bezieht, nur für empirische Dinge widerlegt. Zwei Gegenstände der Sinneserfahrung können unter Absehung von allen ihren sonstigen Eigenschaften – nach denen sie sich unterscheiden mögen oder auch nicht – allein dadurch als verschieden erkannt werden, daß sie der räumlichen Anschauung als zwei an verschiedenen Orten befindliche Dinge gegeben sind. Diese Verschiedenheit zweier Örter, mittels deren Dinge, die sich sonst in allem gleichen, jedenfalls numerisch unterschieden werden können, ist für Kant eine Eigenschaft des Raums selbst bzw. unserer formalen räumlichen Anschauung. Für Kant ist die subjektive Anschauung sozusagen der ‚Träger‘ von Extension. Was aber, wenn der Raum oder Außereinandersein überhaupt seinem Begriff nach nicht mehr auf ein subjektives Anschauungsvermögen und die in ihm an verschiedenen Orten empirisch gegebenen Dinge zurückgeführt werden, sondern unabhängig von allen subjektiven Erkenntnisbedingungen bestimmt werden soll? Kants Widerlegung des Leibniz'schen Prinzips gilt dann offenbar nicht mehr für die Relate räumlicher Beziehungen. Sobald der Raum als Inbegriff von Relationen *gegen Kant* in derselben Hinsicht auf die Relate räumlicher Beziehungen zurückgeführt werden muß, wie umgekehrt diese Relate *gegen Leibniz* ihren inneren Bestimmungen nach auf die äußeren Beziehungen, in denen sie stehen, ist die Entscheidung über Leibniz' Prinzip der Identität des Ununterscheidbaren hinsichtlich dieser Relate keineswegs mehr trivial. Im Gegenteil ist gegen Kant *und* gegen Leibniz die Frage zu stellen: Sind zwei Raumpunkte oder zwei Raumteile ihrem Begriff nach *per se* überhaupt unterscheidbar? Um diese Frage zu beantworten, ist eine eingehende Analyse der Beziehung des abstrakten Außereinanderseins nötig, dessen Relate „noch keine bestimmten Unterschiede" (§ 254) an sich haben, weil sie weder als Monaden mit inneren Bestimmungen noch als in der Anschauung gegebene Sinneserscheinungen gedacht werden.

Den Einwand gegen Leibniz' Bestimmung von räumlichem und zeitlichem Außereinandersein kann Hegel von Kant übernehmen. Der Einwand gegen Kants Raumbegriff und gegen seine Widerlegung von Leibniz' Prinzip der Identität des Ununterscheidbaren in bezug auf empirische Dinge läßt sich aus Hegels Dualismus-Kritik gewinnen. Die in Hegels Begriff von abstraktem Außereinandersein implizit enthaltenen Vorwürfe gegen den Kantischen Raumbegriff haben anscheinend den folgenden Hintergrund: Hegels Auffassung nach dürfen für die Bestimmung des Begriffs von Außereinandersein in seiner abstraktesten und allgemeinsten Fassung *weder* Noumena noch *Phänomena* als gegeben vorausgesetzt werden, da der Begriff des Phänomenons den des Noumenons impliziert. Wenn Kant seinen Begriff von Außereinandersein auf in der Anschauung gegebene Phänomena gründet, so hat er sich in Hegels Augen gar nicht vollständig von der Leibniz'schen Metaphysik befreit, sondern selbst noch ein Stück von ihr unbesehen übernommen. Die Phänomena, die für Kant den Raum seiner Realität nach erzeugen, sind bloße Sinneserscheinungen, denen laut Dualismus immer noch ein unbestimmtes „Etwas = X, wovon wir gar nichts wissen" (KdrV, S. A 250) als Gegenstand des reinen Verstandes zugrunde liegt. Dieser ist zwar ein „Noumenon im *negativen* Verstande" (KdrV, S. B 307), d. h. völlig unbestimmt hinsichtlich irgendwelcher ihm zukommenden Prädikate (und nicht zu verwechseln mit den spekulativen Vernunftideen, die sehr wohl ihrem Inhalt nach durch Prädikate bestimmt werden). Dennoch ist er in *einer* Hinsicht bestimmt, nämlich als ein Träger von Prädikaten oder als ein *noumenales Substrat der Bestimmungen, die seinem phänomenalen Korrelat zugesprochen werden,* d. h. als ein Etwas oder Eins, das für den Verstand kein empirisch bestimmbarer Gegenstand ist, das er aber jeder Sinneserscheinung zugrunde legen muß, um ihr empirische Prädikate beilegen zu können. Dieses noumenale Etwas ist in Kants Raumbegriff von Leibniz' Monaden noch übriggeblieben.

Würde der Verstand nicht einzelne Sinneserscheinungen mittels eines solchen uneigentlichen Gegenstandsbegriffs voneinander trennen, dann könnte er die reine, in der Anschauung gegebene Extension gar nicht in Relate auflösen, die räumliche Beziehungen konstituieren. Die Relate räumlicher (sowie zeitlicher) Beziehungen sind ihrem Begriff nach nicht in der Anschauung durch bloße Sinnesdaten *gegeben,* sondern sie sind als solche durch Verstandesbegriffe *gemacht.* Dabei spielt es letztlich keine Rolle mehr, ob sich die Gegenstandskonstitution der Relate räumlicher Beziehungen nach der Quantitätskategorie der Einheit, die hier offenbar vorliegt, auf einen phänomenal an einem Ort im Raum gegebenen oder auf einen noumenal als Etwas oder Eins gedachten Träger empirischer Bestimmungen bezieht. Die Hinsichten, in denen dieser Gegenstand seiner Einheit nach als phänomenal bzw. als noumenal bestimmt ist, lassen sich nicht mehr auseinanderhalten – es sei denn, man denkt sich die Einheit der Relate räumlicher Beziehungen durch den Raum selbst konstituiert. Dann setzt man aber gerade dasjenige voraus, was man als Inbegriff von Relationen seinem Begriff nach auf diese Relate zurückführen wollte, nämlich den Raum.[34]

Nach Hegels Auffassung müssen die Eins oder Etwas, die Kant den Sinneserscheinungen als ganz unbestimmte Relate des Außereinanderseins von Raum und Zeit letztlich zugrunde legt, durch die *Beziehungen* bestimmt werden, in denen sie stehen, denn andere Prädikate oder Bestimmungen kommen ihnen auf diesem Abstraktionsniveau nicht mehr zu. Die Beziehungen, in denen sie stehen und die Hegel in die Kategorie der reinen Quantität zusammenfaßt, sind die des Außereinanderseins selbst und der Unterschiedslosigkeit. Anhand dieser Beziehungen kann Leibniz' Prinzip der Identität des Ununterscheidbaren auf die Relate des reinen, in sich ununterschiedenen Außereinanderseins angewandt und untersucht werden, ob und wie sie sich überhaupt begrifflich

---

34 Phänomenon und Noumenon sind in diesem Zusammenhang selbst reflexionslogisch entgegengesetzte Begriffe, die Gegenstand einer Amphibolie werden. Das phänomenale und das noumenale Substrat der Bestimmungen, die empirischen Dingen bzw. Relaten räumlicher Beziehungen beigelegt werden, beziehen sich *negativ* aufeinander und sind deshalb verwechselbar; siehe M. Wolff, Der Begriff des Widerspruchs, S. 121 f. – Offenbar hängt die Argumentation (die sich ohne weiteres auch auf Kants Zeitbegriff übertragen läßt) hier an der *Abstraktion vom subjektiven Anschauungsvermögen,* mittels dessen Kant die Extension des Raums durch eine Vorstellung, die unendlich viele Teilvorstellungen in sich enthält, immer schon gegeben denkt.

auseinanderhalten lassen. Hegel kommt zu dem Schluß, dies sei nicht der Fall, da die Beziehungen des Außereinanderseins und der Unterschiedslosigkeit in der Kategorie der reinen Quantität in einem Gegensatzverhältnis stehen und nicht widerspruchsfrei miteinander zu vereinbaren sind. Hegel zieht daraus nicht den Schluß, diese Kategorie sei zu verwerfen, sondern zeigt einen Weg auf, Außereinandersein als logische Totalität zu denken.

2.2 Die reine Quantität als logische Totalität

Die abstrakteste Fassung von Hegels Grundbestimmung für die Natur stellt die logische Kategorie der *reinen Quantität* dar. Diese Bestimmung des reinen Denkens drückt soviel wie reines, in sich noch ganz unstrukturiertes Außereinandersein aus. Der genaue Zusammenhang zwischen reiner Quantität, Äußerlichkeit der Natur und Raum ist dabei folgendermaßen: Die Äußerlichkeit der Natur beinhaltet das Außereinandersein ihrer einzelnen Dinge oder Bestimmungen; die erste und abstrakteste Stufe, auf der dieses Außereinandersein gedacht wird, ist die von Raum und Zeit, die jeweils für sich genommen selbst noch in sich ganz bestimmungslos sind. Der Raum fällt für Hegel ebenso wie die Zeit als unterschiedsloses Außereinandersein, das seinem Begriff nach nicht auf materielle Relate zurückgeführt werden darf, unter die Kategorie der reinen Quantität. Dies heißt zum einen: Unabhängig von ihrem systematischen Stellenwert als ersten Bestimmungen der Naturphilosophie *exemplifizieren* Raum und Zeit die logische Kategorie der reinen Quantität, d. h. ihnen kommen deren Begriffsmerkmale Unterschiedslosigkeit und Außereinandersein zu. Zum andern heißt es: Insofern die Äußerlichkeit der Natur ihr Dasein in Raum und Zeit bedeutet, kann die reine Quantität selbst als erste (logische) Bestimmung für das (nicht *nur* logische) Element der Äußerlichkeit gelten, so daß es gerade diese Kategorie ist, mittels deren die ersten Bestimmungen der Idee im Element des reinen Denkens zu denen der Natur *spezifiziert* werden. So ist der Raum das „Sein" im Element der Äußerlichkeit, und das heißt, er ist das Sein, das äußerlich besteht und das als reine Quantität spezifiziert ist, insofern seine Äußerlichkeit durch eine logische Kategorie bestimmt werden kann. Hegel drückt dies so aus: Der Raum ist „die reine *Quantität,* nicht mehr nur dieselbe als logische Bestimmung, sondern als unmittelbar und äußerlich seiend" (§ 254). Ebenso ist die Zeit das äußerliche, als reine Quantität spezifizierte „Werden". Man sieht hier, welche fundamentale Rolle diese Denkbestimmung der Logik in Hegels

Naturphilosophie und insbesondere für seine Begriffe von Raum und Zeit spielt.

Der genaue Gehalt dieser Kategorie wird in der Logik des Seins, dem ersten Teil von Hegels Logik, entwickelt. Die reine Quantität ist die erste Denkbestimmung der Quantitätskategorien, die Hegel auf die Qualitätskategorien – die reinen Begriffe für das Sein, das Bestimmtheit an sich hat – folgen läßt. Im Gegensatz zur Qualität ist die Quantität die „Bestimmtheit, die dem Sein gleichgültig geworden" ist (L I, S. 209) oder das „reine Sein, an dem die Bestimmtheit ... als *aufgehoben* oder *gleichgültig* gesetzt ist" (Enz. § 99). Dies reine Sein der Quantität unterscheidet sich weder in sich selbst, in seinen Teilen, noch gegen ein Anderes, wie z. B. die Qualitätsbestimmung „Dasein" oder „Etwas". Die Bestimmtheit des Seins ist an der Quantität dabei nicht völlig verschwunden (der Terminus ‚aufheben' hat für Hegel immer den Doppelsinn von negieren oder einschränken *und* bewahren), sie ist dem Sein aber hier gleichgültig oder äußerlich geworden. An einen Gegenstand des Denkens, der den Begriff der reinen Quantität exemplifiziert, können *äußere* Bestimmungen wie z. B. reelle Zahlen gesetzt werden, die ihn in sich bestimmen oder seinen Teilen nach unterscheiden.

Da die reine Quantität für Hegel ein Sein ist, das zwar per se keine Bestimmtheit *an sich hat,* an dem aber äußere Bestimmungen, die es in sich unterteilen, *gesetzt werden können,* drückt diese Denkbestimmung eine Einheit aus, die ebensogut als Vielheit gedacht werden kann. Zu beachten ist, daß der Begriff der reinen Quantität von Hegel vollkommen abstrakt gefaßt ist. Das Sein der reinen Quantität ist *kein* als Substanz im Leibniz'schen oder Kantischen Sinne gedachtes Substrat, das irgendwelchen Bestimmungen oder Prädikaten zugrunde gelegt wird. Der Begriff ‚reine Quantität' ist in der Logik vielmehr eine Entwicklungsstufe des Begriffs ‚Sein', deren einziger Inhalt reine begriffliche Beziehungen sind. Die Beziehung, die die reine Quantität als in sich ganz unbestimmte Einheit auszeichnet, ist für Hegel ihre innere Unterschiedslosigkeit oder *Kontinuität.* Die Beziehung, die diese Einheit der reinen Quantität als in sich teilbare Vielheit bestimmt, ist ihr Außereinandersein in sich oder ihre *Diskretion.* Die Relate dieser Beziehungen sind nicht näher bestimmt; insbesondere kommen ihnen nicht etwa innere Bestimmungen zu wie Leibniz' Monaden, und sie sind auch keine Sinneserscheinungen oder diesen gedanklich zugrundegelegte Noumena. Hegel bezeichnet die Relate der reinen Quantität oder des unterschiedslosen Außereinanderseins als „Eins" (L I, S. 212) und spezifiziert sie nur durch die Beziehungen, in denen sie stehen.

Der Einfachheit halber mag man Hegels reine Quantität (die für ihn selbst eine logische Totalität von Beziehungen ist) zunächst als Begriff für eine Menge im mathematischen Sinn auffassen, deren Elemente, die Eins oder Relate des Außereinanderseins, kontinuierlich zu indizieren sind. Die numerischen Indizes der Elemente stellen Bestimmungen dar, die äußerlich durch den Verstand an dieser Menge gesetzt sind und die für die Untersuchung von deren Eigenschaften nicht vorausgesetzt werden dürfen, sondern erst einmal vergessen werden müssen. Die Kontinuität der Menge oder die Unterschiedslosigkeit ihrer Elemente beinhaltet für Hegel zweierlei: ihre Elemente sind alle gleich und stehen untereinander in denselben Relationen, die Menge ist also *homogen;* außerdem sind ihre Elemente zusammenhängend, sie also ununterbrochen oder *stetig.* Die Diskretion der Menge oder das Außereinandersein ihrer Elemente beinhaltet, daß die Elemente der Menge voneinander trennbar sind; die Menge ist überall trennbar oder enthält in allen ihrer Elemente *Punkte.* Auch die Formulierung dieser mathematischen Eigenschaften der reinen Quantität wäre für Hegel allerdings eine äußerliche Reflexion des Verstandes. Es ist zu fragen, wie denn nun die Eins oder Elemente dieser Menge *per se* bestimmt sind. Für ihre Bestimmung stehen nur die Beziehungen des Außereinanderseins und der Unterschiedslosigkeit zur Verfügung, so daß man für die Bestimmung der Eins der reinen Quantität als den Relaten dieser Beziehungen die folgende Prädikationsstruktur erhält:

1. Die Eins der reinen Quantität sind außereinanderseiend, also die voneinander verschiedenen Relate einer Beziehung.
2. Diese Eins sind unterschiedslos oder stehen in einer Beziehung der Gleichheit.
3. Ihnen kommen keine weiteren Bestimmungen zu, als die Relate der Beziehungen (1) und (2) zu sein.

Die reine Quantität ist für Hegel im Anschluß an Leibniz' sowie Kants Begriffe von Raum und Zeit ein *Inbegriff von Relationen.* Die Relate dieser Relationen, die Eins, sind nach (2) und (3) hinsichtlich aller ihnen zukommenden Bestimmungen gleich. Ihre ursprünglich vom Verstand angenommene Vielheit fällt deshalb, wie gleich gezeigt werden soll, Leibniz' Prinzip der Identität des Ununterscheidbaren zum Opfer. Nach (3) kommen ihnen nämlich auch keine inneren Bestimmungen zu, die sie gegeneinander auszeichnen, sondern im Anschluß an Kants Leibniz-Kritik nur die Verhältnisbestimmungen (1) und (2). Da sie ihrem Begriff nach hier nicht qua subjektiver Anschauung begründet werden, ist jedoch Leibniz' Prinzip anzuwenden und die Bestimmung (1) aufzugeben – die Relate der reinen Quantität sind also alle miteinander identisch und diese ist gar kein Außereinandersein unterscheidbarer Relate. Wie nun deutlich wird, enthält die angegebene Prädikationsstruktur einen *formallogischen Widerspruch*. Die Bestimmungen (1) und (2) sind entgegengesetzt oder konträr – zwei Relate einer Beziehung können nicht widerspruchsfrei in derselben Hinsicht als außereinanderseiend bzw. verschieden und als unterschiedslos bzw. gleich gedacht werden. Nach (3) sind diese Relate aber überhaupt nur in *einer* Hinsicht bestimmt, nämlich hinsichtlich ihrer Beziehung aufeinander, die durch (1) und durch (2) auf entgegengesetzte Weise bestimmt ist. Die Eins der reinen Quantität sind nach (1)–(3) also in *derselben* Hinsicht als verschieden und als nicht verschieden bestimmt. Die konträren Bestimmungen des Außereinanderseins bzw. der Diskretion sowie der Unterschiedslosigkeit bzw. Kontinuität stehen innerhalb des Begriffs der reinen Quantität in einer echten Kontradiktion, die nur vermieden wird, wenn nach Leibniz' Prinzip entweder (1) oder (3) aufgegeben wird.

Man könnte nun natürlich sagen, Hegels Versuch, die reine Quantität *nur* mittels der Beziehungen des Außereinanderseins und der Unterschiedslosigkeit zu bestimmen, ohne deren Relaten weitere Bestimmungen beizulegen, sei hiermit kläglich gescheitert. Um zu einem widerspruchsfreien Begriff von Außereinandersein zu gelangen, braucht man ja nur (3) fallen zu lassen und entweder diese Relate wie Leibniz und Kant als noumenale bzw. phänomenale Substanzen vorauszusetzen oder sie einfach mit numerischen Indizes zu versehen, wie es heute die mathematische Mengenlehre tut. Beides wäre nicht in Hegels Sinn – man würde dabei verschenken, was sich seiner Auffassung nach aus den reinen Beziehungen des Außereinanderseins und der Unterschiedslosigkeit sowie aus dem formallogischen Widerspruch lernen läßt, der zustande kommt, wenn man auf eine weitere Bestimmung von deren Relaten verzichtet. Aus dem auf den ersten Blick völlig desaströs erscheinenden Ergebnis des Versuchs, die Relate eines reinen, bestimmungslosen Außereinanderseins auf so abstrakte Weise zu bestimmen, ergibt sich nämlich für Hegel der Weg zur Bestimmung von *Außereinandersein als logischer Totalität*. Diesen Weg schlägt er ein, indem er die Möglichkeit, dem Widerspruch zwischen dem Außereinandersein und der Unterschiedslosigkeit dieser Relate mittels Leibniz' Prinzip der Identität des Ununterscheidbaren zu entkommen, ernst nimmt. Er macht von diesem Prinzip allerdings auf sehr eigenwillige Weise Gebrauch, denn er schließt aus ihm weder, den Relaten des Außereinanderseins müßten über die sie charakterisierenden Beziehungen hinaus noch irgendwelche anderen Bestimmungen zukommen, noch, im Begriff der reinen Quantität läge also gar keine Beziehung des Außereinanderseins vor. Aus Leibniz' Prinzip folgt, wenn man es auf die sonst unbestimmten Relate der Beziehungen des Außereinanderseins und der Unterschiedslosigkeit anwendet, daß die Relate dieser Beziehungen alle identisch sind oder daß es tatsächlich nur ein einziges Eins oder Relat dieser Beziehungen gibt. Dieses Eins der reinen Quantität, in das die Relate der Beziehung des Außereinanderseins ,zusammenfallen', wird nun von Hegel als eine Totalität gedeutet, deren Außer*einander*sein in sich als eine *negative Selbstbeziehung* oder als Außcr*sich*sein aufgefaßt werden muß. Damit erreicht er sein Ziel, an die Stelle eines bloßen Verstandesbegriffs von abstraktem Außereinandersein dasjenige zu rücken, was er unter einer vernünftigen oder spekulativen Denkbestimmung versteht; in diesem Vernunftbegriff erhält dann auch der formallogische Widerspruch zwischen dem Außereinandersein und der Unterschiedslosigkeit sonst unbestimmter Relate einen neuen Sinn.

Um Hegels Auffassung von Außereinandersein als negativer Selbstbeziehung und ihrem Zusammenhang mit der Prädikationsstruktur (1)–(3) wenigstens einigermaßen, wenn auch vermutlich nicht in allen Argumentationsschritten ganz stringent, zu erhellen, ist wieder ein Umweg über Kantische Begriffe nützlich. Außereinandersein als Inbegriff von Relationen, die zwischen irgendwelchen vorgegebenen – d. h. unabhängig von diesen Relationen bestimmbaren – Relaten bestehen, kann man als einen *Verstandesbegriff* ansehen, der auf der Kantischen Quantitätskategorie der *Vielheit* beruht. Zugleich muß man sich, um einen widerspruchsfreien Begriff von Außereinandersein zu gewinnen, die vorgegebenen Relate in irgendeiner anderen Hinsicht nach der Kantischen Quantitätskategorie der *Einheit* als Erkenntnisgegenstände konstituiert denken. Wenn man mit Hegel alle Möglichkeiten zur Unterscheidung der Hinsichten fallen läßt, in denen das Außereinandersein nach der Kategorie der Vielheit sowie die Relate dieser Beziehung nach der Kategorie der Einheit bestimmt sind, ohne diesen Relaten weitere Bestimmungen zuzusprechen, gerät man notwendigerweise in eine *Amphibolie von Reflexionsbegriffen,* deren Gegenstand die Verwechslung der *inneren* Bestimmungen dieser Relate mit ihren *äußeren* Beziehungen ist. Verwechselbar werden hier die Relate selbst mit den Relationen, in denen sie stehen und durch die sie allein bestimmt sind. Diese Verwechslung wird unvermeidlich, wenn man wie Hegel die Relate des Außereinanderseins völlig unbestimmt läßt. Sie hat ein wichtiges Resultat.

Die von Kant unterschiedenen Ebenen der Synthesis, mittels deren sich Verstandesbegriffe von Erkenntnisobjekten bzw. Vernunftideen von deren Totalität bilden lassen, sind jetzt nämlich ebenfalls verwechselbar geworden. Wenn die Relate des Außereinanderseins nicht als gegeben vorausgesetzt, sondern nur mittels ihrer äußeren Beziehungen bestimmt werden, so erfolgt schon ihre Konstitution als Erkenntnisgegenstände überhaupt – und nicht erst, wie Kant für den Fall einer substantia phaenomenon meinte, die Bestimmung a priori ihrer Eigenschaften als Eigenschaften von besonderen Erkenntnisgegenständen – durch die vollständige Angabe der Beziehungen, in denen sie stehen. Die Relate des Außereinanderseins sind damit selbst nur durch den Inbegriff ihrer Relationen bestimmt, und dieser wiederum ist seinem Begriff nach von der Gesamtheit der Relate selbst in keiner Hinsicht mehr zu trennen. Die Einheit der Relate als Erkenntnisgegenstände oder Eins, von denen erst sinnvoll behauptet werden kann, daß sie in irgendwelchen Relationen stehen, ist demnach von ihren Beziehungen aufeinander innerhalb ihrer Gesamtheit bzw. Totalität begrifflich nicht mehr zu isolieren. Die Amphibolie erster Stufe, die in der Verwechslung der Relate mit ihren Relationen besteht, führt damit auch zu einer Amphibolie zweiter Stufe, bei der jedes Relat der Beziehung des Außereinanderseins mit der Totalität dieser Relate verwechselbar wird. Die Relate eines abstrakten, nicht durch die Anschauung gegebenen und auch sonst nicht näher bestimmten Außereinanderseins fallen *in derselben Hinsicht* (nämlich hinsichtlich ihrer Beziehung aufeinander) unter die Kantischen Quantitätskategorien der *Einheit, Vielheit und Allheit*, und Hegel kann sich dies für seine spekulative Bestimmung der Kategorie der reinen Quantität zunutze machen.

Wie sieht diese spekulative Bestimmung nun aus? Aufgrund der Amphibolien zwischen den Relaten des Außereinanderseins, den Beziehungen, in denen sie stehen, und der Totalität dieser Relate kann ein einziges Relat oder Eins, insofern es durch den Inbegriff seiner Beziehungen zu anderen Relaten bestimmt ist, alle anderen Relate sowie deren gesamte Totalität repräsentieren. Hegel kann das eine Eins, in das die Relate des bestimmungslosen Außereinanderseins nach Leibniz' Prinzip der Identität des Ununterscheidbaren ,zusammenfallen', deshalb als das *erzeugende Prinzip* der reinen Quantität ansehen. Dieses Eins stellt seinem Begriff nach selbst schon die Totalität der reinen Quantität dar und ist folgendermaßen durch die *negative Selbstbeziehung des Außersichseins* bestimmt: Nach Leibniz' Prinzip bezieht es sich in jedem anderen Relat der Totalität, das als außer ihm seiend gedacht wird, nur auf sich selbst, weil dieses hinsichtlich aller ihm zukommenden Bestimmungen mit jenem identisch ist. Hegel deutet diese Identität so, daß aus dem Eins, das die reine Quantität erzeugt, deren andere Relate alle kontinuierlich hervorgehen können. Dieses Eins ist für Hegel eine *Grenzbestimmung;* zwei Relate des Außereinanderseins fallen in ihm im wörtlichen Sinne zusammen, d. h. sie sind in ihm als ihrer Grenze tatsächlich identisch, und es besitzt selbst keine Extension. Sein Begriff entspricht demjenigen der Grenze in einem Kontinuum, an der die diesseits und jenseits von ihr liegenden Teilkontinua zusammentreffen und die durch ihre Translation das gesamte Kontinuum generieren kann.[35] Ein anschauliches Beispiel für diese negative Selbstbeziehung der Relate des Außereinanderseins, die in ein als deren Totalität aufgefaßtes Eins zusammenfallen, findet man in einem Punkt, der durch seine Bewegung eine Linie erzeugt. Hegel betrachtet die Explikation seines Begriffs der reinen Quantität, der die Beziehungen des Außereinanderseins (oder der Diskretion) und der Unterschiedslosigkeit (oder Kontinuität) so in eine negative Selbstbeziehung zusammenfaßt, daß die „Einheit des Außersichseins Einheit mit sich selbst ist" (L I, S. 212), natürlich als von solchen anschaulichen Beispielen unabhängig (obwohl er ihn selbst unter Gebrauch so metaphorischer Ausdrücke wie „zerflossen" (L I, S. 212) und „Fortfließen" (L I, S. 213) expliziert). In seiner Denkbestimmung der reinen Quantität liegt offenbar ein ganz abstrakt gefaßter *dynamischer Begriff von Außereinandersein* vor. Er hat Verwandtschaft mit dem modernen gruppentheoretischen Begriff einer kontinuierlichen Menge, die dadurch bestimmt ist, daß sie mittels einer kontinuierlichen Symmetrietransformation aus einem einzigen, beliebigen Element hervorgeht.

---

35 Zu Hegels Begriff der Grenze als *Prinzip* dessen, was sie begrenzen, siehe L I, S. 138. − Meine Hegel-Auslegung ist hier nicht ganz buchstabengetreu. Der Begriff der Grenze ist eine Denkbestimmung der Qualität, und Hegel macht von ihm bei seiner Explikation der Bestimmung der reinen Quantität keinen Gebrauch. An der reinen Quantität läßt sich aber ihrem Begriff nach, da sie Einheit von Kontinuität und Diskretion ist, irgendwo willkürlich eine (quantitative) Grenze setzen, und diese läßt sich dann als das erzeugende Prinzip der reinen Quantität betrachten. Die Grenze ist hier nämlich *selbst* Einheit von Kontinuität und Diskretion: sie ist ein diskretes Eins, das kontinuierlich in andere diskrete Eins übergeht, weil je zwei Eins oder Relate der reinen Quantität in der Grenze identisch sind. Anhand des Grenzbegriffs läßt sich daher Hegels Denkbestimmung der reinen Quantität leichter explizieren als anhand von Hegels eigener, nicht ganz metaphernfreier Explikation der Beziehungen von Kontinuität und Diskretion sowie der Relate dieser Beziehungen nach L I, S. 212.

Hegel grenzt sich mit diesem Begriff ab gegen statische und atomistische Auffassungen von Extension, nach denen Außereinandersein mittels des Begriffs einer Menge oder Vielheit irgendwelcher vorgegebenen, in irgendeiner Hinsicht beziehungsloser Elemente bestimmt wird, die man sich zusammensetzbar denkt. Beispiele hierfür sind in Hegels Augen neben atomistischen Raumauffassungen in gewisser Weise auch Leibniz' und Kants Begriffe von Raum und Zeit, sowie ein mathematischer Begriff für lineare Mannigfaltigkeiten wie Linien oder Flächen, der diese aus Punkten oder Linien zusammengesetzt denkt.[36] An die Stelle einer vorgegebenen *Substanz*, aus der die Relate des Außereinanderseins als statische, zusammensetzbare Gebilde bestehen, rückt Hegel ein *dynamisches Prinzip*, nach dem diese Relate auseinander erzeugt gedacht werden. Dieses dynamische Prinzip ist das ‚Innere', das die einander äußerlichen Relate der reinen Quantität mittels einer negativen Selbstbeziehung verbindet und sie so (logisch) generiert.

Die innere Verbindung der Relate der reinen Quantität hängt wesentlich mit Hegels Auffassung der Unterschiedslosigkeit oder Kontinuität dieser Relate zusammen, die unter Umdeutung dessen, was hier unter ‚Identität' zu verstehen ist, auf Leibniz' Prinzip der Identität des Ununterscheidbaren zurückgreift. Die Identität dieser Relate ist für Hegel eine *Teilidentität*, die als *negative* Selbstbeziehung bestimmt ist und die Unterschiedensein in ihrem Begriff noch ‚aufgehoben' — d. h. sowohl eingeschränkt als auch bewahrt — in sich enthält. Die Struktur der negativen Selbstbeziehung beinhaltet für Hegel immer einen *Widerspruch* in dem spekulativen Sinn, den Hegel diesem Terminus gibt. Im Element, in dem die Idee als Natur ist, sowie in dessen abstraktester Bestimmung, der reinen Quantität, besteht dieser Widerspruch zwischen der Beziehung des Außereinanderseins und der inneren Beziehung von deren bestimmungslosen Relaten. Er stellt in Hegels Augen gerade die treibende Kraft für die dynamische Erzeugung der Relate der reinen Quantität aus einander dar. Seinem Begriff nach ist er eine *spekulative Umdeu-*

---

36 Zur atomistischen Auffassung von Raum und Zeit siehe L I, S. 213, in Anm. 1; ebda. auch zur Verwerfung einer „Metaphysik, welche die Zeit aus Zeitpunkten, den Raum überhaupt oder die Linie aus Raumpunkten, die Fläche aus Linien, den ganzen Raum aus Flächen bestehen lassen wollte" (L I, S. 213 f.). Eine Kritik an Kants zweiter Antinomie, die auf dem Vorwurf beruht, Kant rücke in seinem Raumbegriff den Begriff der Zusammensetzung an die Stelle desjenigen der Kontinuität, siehe L I, S. 216 ff., Anm. 2. — Auch Leibniz' Monaden müssen, sofern sie einerseits völlig beziehungslos sind, andererseits aber in äußere räumliche Verhältnisse treten können, hier unter Hegels Kritik fallen.

*tung des formallogischen Widerspruchs zwischen dem Außereinander-
sein und der Unterschiedslosigkeit* der Relate der reinen Quantität, von
dem die Untersuchung dieser Hegelschen Kategorie oben ihren Ausgang genommen hatte.

Diese spekulative Umdeutung bedürfte einer eingehenden Untersuchung und kann hier nur skizziert werden. Formallogisch besteht der
Widerspruch der reinen Quantität zwischen den Prädikaten des Außereinanderseins und der Unterschiedslosigkeit, die den sonst völlig unbestimmten Relaten der reinen Quantität zugesprochen werden und die
reine Beziehungen zwischen ihnen ausdrücken. Die Beziehungen des
Außereinanderseins und der Unterschiedslosigkeit sind entgegengesetzt
und lassen sich unter der Voraussetzung, daß über ihre Relate keinerlei
Zusatzannahmen gemacht werden, selbst nicht mehr voneinander trennen. Der formallogische Widerspruch zwischen dem Außereinandersein
und der Unterschiedslosigkeit sonst völlig unbestimmter Relate führt in
Hegels Augen dazu, daß diese Beziehungen ineinander übergehen und
sich als verschiedene Momente oder Aspekte derselben Beziehung erweisen. Zwischen den Beziehungen der Unterschiedslosigkeit bzw.
Kontinuität und des Außereinanderseins bzw. der Diskretion besteht
nämlich in diesem Fall selbst eine Beziehung der folgenden Gestalt:
*Jede dieser Beziehungen setzt Relate voraus, die nur noch durch die ihr
entgegengesetzte Beziehung bestimmt sind.* Die Beziehung der Unterschiedslosigkeit setzt Relate voraus, die man miteinander vergleicht und
die aber erst einmal als verschieden, also außereinanderseiend, angenommen werden. Umgekehrt setzt die Beziehung des Außereinanderseins hier abstrakte Relate voraus, die nur noch dadurch als unterschieden gelten, daß ihnen unterstellt wird, sie seien Relate einer Beziehung
der Gleichheit oder Unterschiedslosigkeit. Paradox formuliert: Die Eins
oder Relate des reinen, unterschiedslosen Außereinanderseins sind ihrem Begriff nach ebensosehr nur hinsichtlich ihrer Unterscheidbarkeit
unterschiedslos, wie sie nur hinsichtlich ihrer Unterschiedslosigkeit unterscheidbar sind. Wenn aber in jeder dieser beiden Beziehungen die
Relate nur noch hinsichtlich der ihr entgegengesetzten Beziehung bestimmt sind, so werden die *Beziehungen des Außereinanderseins und
der Unterschiedslosigkeit selbst verwechselbar;* zwischen ihnen besteht
ein amphibolischer Gegensatz.[37] Hegel schließt aus diesem amphiboli-
schen Gegensatz zwischen Unterschiedslosigkeit bzw. Kontinuität und

---

37 Zu diesem Begriff siehe M. Wolff, Der Begriff des Widerspruchs, S. 116 ff.

Außereinandersein bzw. Diskretion, daß jede dieser Beziehungen ihr Gegenteil in sich enthält und deshalb beide in einer komplexen begrifflichen Einheit gedacht werden müssen. Diese Einheit ist folgendermaßen charakterisiert: 1. Die Entgegengesetzten stellen in ihr nur verschiedene Aspekte oder *Momente* derselben Beziehung dar; 2. ihre ursprüngliche Bedeutung ist dabei nur in eingeschränktem Sinne gewahrt, also *aufgehoben* im Hegelschen Sinne; und 3. die Beziehung zwischen ihren Relaten wird als *negative Selbstbeziehung* aufgefaßt. Diese Einheit ist die reine Quantität als begriffliche Totalität, die eine Synthese der Begriffe von Einheit und Vielheit darstellt und nach deren Begriff sich die Kontinuität und Diskretion ihrer Relate gegenseitig implizieren. Aufgrund dieses Implikationsverhältnisses hat es dann keinen Sinn mehr, von festen oder gegeneinander abgegrenzten Relaten der Beziehung der reinen Quantität zu sprechen. Das Verhältnis, in dem die Momente der Kontinuität und Diskretion in dem Begriff dieser Totalität stehen und das allen ihren Relaten (sowie insbesondere dem die Totalität repräsentierenden, sie erzeugenden Eins) anhaftet, ist für Hegel ein Widerspruch im spekulativen Sinne.

Der von Hegel spekulativ als Widerspruch gedeutete amphibolische Gegensatz von Kontinuität und Diskretion liegt seiner Auffassung nach auch *Kants mathematischen Antinomien* zugrunde. Die reine begriffliche Grundlage der ersten Antinomie, die den Widerstreit zwischen den Behauptungen eines unbedingten Anfangs der Welt in Raum und Zeit sowie von dessen Bedingtsein zum Thema hat, besteht für Hegel in der Gegensatzbeziehung zwischen einer willkürlich gesetzten Grenze in einem Kontinuum und dem Kontinuum selbst, das über jede Grenze hinausgeht. Die begriffliche Grundlage der zweiten Antinomie, in der die Behauptungen einer bloß endlichen und einer unendlichen Teilbarkeit der Materie im Widerstreit stehen, ist die Gegensatzbeziehung zwischen der Einheit jedes Teils eines Kontinuums und der Vielheit, in die er immer noch weiter unterteilt werden kann. Beide Gegensätze beruhen auf dem widerspruchsbehafteten Verhältnis von Kontinuität und Diskretion in der reinen Quantität.[38] Kant hat seiner Meinung nach dieses

---

38 Hegels Kritik von Kants erster Antinomie siehe L I, S. 271 ff. In „der *ersten* der vier kosmologischen Antinomien" ist es „die quantitative Grenze, die in ihrem Widerstreite betrachtet wird" (L I, S. 271). „Die Thesis und die Antithesis und die Beweise derselben stellen nichts dar als die entgegengesetzten Behauptungen, daß eine *Grenze ist* und daß die Grenze ebensosehr nur eine *aufgehobene* ist" (L I, S. 275). Seine Kritik der zweiten Antinomie siehe L I, S. 216 ff. „In die

amphibolische Verhältnis verschleiert, indem er die Antinomien mittels der Unterscheidung einer begrenzten, phänomenalen und einer unbegrenzten, noumenalen Synthesis auflöste und den Widerstreit von Endlichkeit und Unendlichkeit der Welt im Kleinen wie im Großen allein der Vernunft zuschrieb. Hegels gegen Kant gerichteter Behauptung, ein Widerspruch komme hier den Dingen selbst objektiv zu und sei nicht nur durch unser subjektives Erkenntnisvermögen produziert, kann jetzt für den Fall der Beziehung der reinen Quantität ein genauerer Sinn gegeben werden. Der Widerspruch der reinen Quantität kommt durch den Versuch zustande, die Relate der reinen Beziehungen der Unterschiedslosigkeit und des Außereinanderseins selbst zu bestimmen, ohne sie einfach als etwas Gegebenes vorauszusetzen. Wenn man diese von Kant dualistisch begründete Voraussetzung fallenläßt, entsteht eine Amphibolie der Synthesisarten, die Kant als phänomenal bzw. noumenal bezeichnet, und die Antinomien lassen sich nicht mehr auflösen; der entstehende Widerspruch kommt den Relaten der reinen Quantität selbst zu.

Kants Auflösung der mathematischen Antinomien beruht auf dem Nachweis, daß die *Gegenstände von Thesis und Antithesis* durch jede dieser beiden Behauptungen *überbestimmt* sind, da die Welt im Ganzen ihrer Extension und Teilbarkeit nach kein Erkenntnisgegenstand im eigentlichen Sinne (der nach Kants Erkenntnistheorie immer im Endlichen empirisch gegeben sein muß) ist, Thesis und Antithesis aber stillschweigend unterstellen, sie bezögen sich auf einen Gegenstand objektiver Erkenntnis. Auch für Hegel liegt im Zusammenhang mit der ersten und zweiten Antinomie eine Überbestimmtheit von Erkenntnisgegenständen vor. Er sieht sie im Gegensatz zu Kant aber in der *Auflösung* der Antinomien, denn er setzt sie eine begriffliche Stufe tiefer als Kant an, nämlich an dessen Konzept eines phänomenal gegebenen, ein noumenales Substrat besitzenden Gegenstands der Erkenntnis selbst. In Hegels Augen sind Erkenntnisobjekte bereits überbestimmt, wenn sie

---

Natur der Quantität, diese einfache Einheit der Diskretion und der Kontinuität zu sein, fällt der Streit oder die *Antinomie der unendlichen Teilbarkeit* des Raumes, der Zeit, der Materie u. s. f." (L I, S. 216). Auf Hegels Kritik an Kants Beweisverfahren in den einzelnen Beweisen für Thesis und Antithesis der Antinomien kann hier leider nicht eingegangen werden; Hegel meint, er könne die Gegensatzbeziehung zwischen Kontinuität und Diskretion bzw. Kontinuum und Grenze aus Kants Beweisen herauspräparieren, indem er deren implizite Voraussetzungen aufdeckt und sie als zirkulär bloßstellt.

als endliche Gegenstände angesehen werden, die irgendwie schon nach der Kategorie der Einheit gedacht sind und die als die vorgegebenen Relate beliebiger Beziehungen fungieren können. Ausdruck dieser Überbestimmtheit ist für ihn der in eine Antinomie führende unendliche Regreß, in den man bei der Frage nach den Bedingungen eines im Endlichen gegebenen, also bedingten Erkenntnisgegenstands immer gerät und der empirisch nur eine endliche Anzahl von Schritten umfassen kann, während die Vernunft seine Totalität fordert. Dieser Regreß kann nur empirisch abgebrochen und von ‚infinit' in ‚definit' umbenannt werden — abschließbar ist er nicht. An die Stelle dieser Überbestimmtheit der Erkenntnisgegenstände, die dazu führt, daß sich der Versuch von deren vollständiger Bestimmung in einem unendlichen Regreß verfängt, rückt Hegel eine *systematische Unterbestimmtheit der Erkenntnisobjekte,* die deren Bestimmung erst einmal völlig offenläßt und sie als die ganz abstrakten, noch unbestimmten Relate begrifflicher Beziehungen behandelt. Hierdurch wird der Weg zu einer letzten Begründung für den Begriff des Erkenntnisobjekts frei, die nicht auf ein vorgängiges Un-bedingtes eines gegebenen Gegenstands, das sich dann doch wieder als bedingt erweist, zurückgreifen muß. Die systematische Unterbestimmtheit dieser Relate führt dann zu einem *Widerspruch, den Hegel spekulativ deutet, um so die Bestimmung des Erkenntnisobjekts vorzunehmen.* Im Fall der reinen Quantität besteht diese spekulative Deutung in Hegels eigenwilliger Interpretation von Leibniz' Prinzip der Identität des Ununterscheidbaren; sie führt ihn zu einem dynamischen Begriff des Außereinanderseins von Relaten, die mittels einer negativen Selbstbestimmung bestimmt sind und als das erzeugende Prinzip der reinen Quantität angesehen werden können.

2.3 Die Äußerlichkeit des Raums als logisches Prinzip der Natur

Die Kategorie der reinen Quantität ist Hegels abstrakteste logische Bestimmung für die Form der Äußerlichkeit der Natur. Die Natur insgesamt fällt aber *nicht* unter die Kategorie der reinen Quantität. Äußerlichkeit bzw. Außereinandersein ist zwar Hegels Grundbestimmung für die Natur. Die Natur insgesamt verkörpert die Idee jedoch als ein in sich differenziertes Ganzes, das einen Stufenbau bildet, und stellt ein *in sich bestimmtes Außereinandersein* dar, von dessen Bestimmtheit in sich auf der untersten, abstraktesten begrifflichen Stufe der Naturphilosophie noch abgesehen wird. Nur die reinen Formen der Äußerlichkeit, Raum und Zeit, sowie die Materie überhaupt, in deren Begriff von besonderen physikalischen Körpern und ihren Eigenschaften noch abstrahiert wird, exemplifizieren für Hegel die reine Quantität. Dennoch ist diese Kategorie für seine Naturphilosophie fundamental. Sie ist der abstrakteste Begriff für das Element, in dem die Idee als Natur ist, und gibt das logische Prinzip an, nach dem Hegel die Idee in der Natur präsent denkt und das bestimmt, wie die einzelnen Bestimmungen der Idee im Element der Äußerlichkeit miteinander zusammenhängen. Dieses Entwicklungsprinzip für die Idee in der Natur, ihrer Verkörperung, hängt eng mit der Beziehung zwischen dem *Äußeren* der reinen Quantität (d. h. den Relaten des Außereinanderseins) und ihrem *Inneren* (d. h. der negativen Selbstbeziehung dieser Relate aufeinander) zusammen und soll jetzt ausgehend vom Raumbegriff, der ersten spezifischen Bestimmung der Natur, erläutert werden.

Der Raum ist für Hegel „reine *Quantität*, nicht mehr nur dieselbe als logische Bestimmung, sondern als unmittelbar und äußerlich seiend" (§ 254). Diese Bestimmung kann nun insgesamt folgendermaßen gedeutet werden: Der Raum ist die Spezifikation der ersten Entwicklungsstufe der Idee durch den Begriff der Äußerlichkeit. Er ist das reine, in sich bestimmungslose Sein im Element der Äußerlichkeit, in dem die Idee ihre einzelnen Bestimmungen gegeneinander freigegeben hat. Wie ist das unmittelbare Sein der Idee im Element der Äußerlichkeit näher zu bestimmen, und was am Sein ist gegeneinander freigegeben? Der Übergang der Idee in ihr neues Element, die Natur, bedeutet ja für Hegel, daß sie *als Totalität*, d. h. unter Einschluß aller ihrer Entwicklungsstadien, in ihren Anfang, das unmittelbare und bestimmungslose Sein, zurückkehrt (siehe Abschnitt 1.1). Der Raum, die erste Bestimmung der Idee in diesem Element, ist deshalb das Sein, an dem die *Bestimmtheit der vollständig entwickelten Idee in sich selbst* wieder zur Bestimmungslosigkeit und bloßen Äußerlichkeit *aufgehoben* ist. Der Raum ist also ein Sein, an dem die Bestimmtheit aufgehoben ist; hiermit ist er als reine Quantität bestimmt. Er unterscheidet sich allerdings von der rein logischen Kategorie seinem Begriff nach dadurch, daß seine Bestimmungen oder Relate (die nach dem eben Gesagten als die aufgehobenen Bestimmungen bzw. Entwicklungsstadien der Idee selbst gelten) gegeneinander freigegeben sind oder selbständig existieren. Diese Selbständigkeit der Relate räumlicher Beziehungen gegeneinander ist ein Verhältnis der Koexistenz – den Relaten der reinen Quantität, die „unmittelbar und äußerlich seiend" bestehen, kommt gleicherweise Sein zu.

Der wichtigste Unterschied zwischen dem Raum und der logischen Kategorie der reinen Quantität liegt nach Hegels Naturbegriff gerade in der Selbständigkeit oder Freiheit der Relate räumlicher Beziehungen gegeneinander. Das Verhältnis der Äußerlichkeit ist beim Raum grundsätzlich anders bestimmt als bei der rein logischen Kategorie; es handelt sich im Element der Äußerlichkeit, innerhalb dessen die Bestimmungen der Idee gegeneinander freigegeben sind und kein Übergang mehr zwischen ihnen stattfindet, um kein rein logisches Verhältnis mehr (siehe Abschnitt 1.2 sowie insbesondere Anm. 28). Für die Relate des räumlichen Außereinanderseins gilt ja, daß sie gegeneinander selbständig sind oder Bestand haben. Teile oder auch Punkte des physikalischen Raums gehen aufgrund der negativen Selbstbeziehung, die nach der Kategorie der reinen Quantität zwischen ihnen besteht, keineswegs ineinander über und sie fallen auch nicht in ein einziges, wenn auch dynamisch gedachtes Relat oder Eins zusammen, das den Raum erzeugt – die Extension der Natur läßt sich nicht im Münchhausen-Verfahren gewinnen. Die Art von Teilidentifikation der Relate der reinen Quantität, mittels deren Hegel im Fall der logischen Kategorie den formallogischen Widerspruch zwischen ihrem Außereinandersein und ihrer Unterschiedslosigkeit spekulativ umdeutet, um einen dynamischen Begriff von Außereinandersein als Selbstbeziehung zu entwickeln, sagt uns für den physikalischen Raum noch keineswegs, wie seine Relate gegeneinander Bestand haben können.

Da die Relate räumlicher Beziehungen nicht ineinander übergehen, sondern gegeneinander Bestand haben, kann Hegel hier von *Leibniz' Prinzip der Identität des Ununterscheidbaren* nicht in genau derselben Weise Gebrauch machen wie bei der logischen Kategorie der reinen Quantität. Im Fall des Raums gilt dieses Prinzip für den Newton-Kritiker Hegel, der ebenso wie Leibniz und Kant dem absoluten Raum die Realität abspricht (siehe nächstes Kapitel, Abschnitt 2.1), seinem ursprünglichen Sinn nach. *Widerspruchsfrei* läßt sich räumliches Außereinandersein nach Hegels Auffassung nur als etwas in sich Bestimmtes denken, dessen Teile irgendwie voneinander unterschieden sind. Das mit dem Widerspruch der reinen Quantität behaftete unterschiedlose Außereinandersein des Raums ist ja nur der ganz abstrakte Begriff für die Koexistenz der vielfältigen Dinge in der Natur. In gewisser Weise ist der Raum mit der Natur insgesamt identisch – seinem Begriff nach enthält er die einzelnen, in der Natur gegeneinander äußerlichen Bestimmungen der Idee in sich aufgehoben. Aus Leibniz' Prinzip folgt nun direkt, daß *Außereinandersein in der Natur nur als Relation zwischen verschiedenen Naturformen* möglich ist. Die Relate des räumlichen Außereinanderseins sind nur unterscheidbar, wenn ihnen verschiedene Be-

stimmungen zukommen. Eine Minimalbedingung für räumliches Außereinandersein ist offenbar der Unterschied zwischen leerem und er-
fülltem Raum; eine hinreichende Bedingung dafür sicherlich das Vorhandensein verschiedener materieller Körper mit besonderen physikalischen Eigenschaften in der Natur.

Wie im nächsten Kapitel (Abschnitt 1.2) noch gezeigt werden soll,
denkt Hegel allerdings nicht wie Leibniz, jedem Körper im Raum müßten innere Bestimmungen zukommen, die ihn von allen anderen Körpern unterscheiden, damit räumliches Außereinandersein möglich ist.
Der Gebrauch, den er in seinen Begriffen von Raum, Zeit und Materie
von Leibniz' Prinzip der Identität des Ununterscheidbaren implizit
macht, ist gegenüber Leibniz nicht ganz auf dieselbe, aber auf ähnliche
Weise modifiziert wie in seiner Kategorie der reinen Quantität. Der
Raum ist als reine Quantität mit deren formallogischem Widerspruch
zwischen der Unterschiedslosigkeit und dem Außereinandersein ihrer
Relate behaftet. Dieser Widerspruch beruht auch im abstrakten Raumbegriff auf einer *systematischen Unterbestimmtheit* der Relate räumlicher Beziehungen, die Hegel im Gegensatz zu Leibniz und Kant nicht
als etwas noumenal oder phänomenal Gegebenes voraussetzt. Dieser
Widerspruch wird mittels der spekulativen Umdeutung der Beziehung
des Außereinanderseins zu einer negativen Selbstbeziehung nicht aufgelöst, im Element des reinen Denkens ebensowenig wie in dem der Äußerlichkeit. Seine Auflösung ist nur durch die Bestimmung der Relate
des Außereinanderseins mittels zusätzlicher Prädikate möglich. Die Natur insgesamt, die in sich bestimmte Idee im Element der Äußerlichkeit,
deren verschiedene Stufen koexistieren, hat diesen Widerspruch in einer
ursprünglichen Form jedenfalls nicht mehr an sich. Er ist für Hegel
damit aber nicht völlig aus der Natur verschwunden.

Zu fragen ist nun, wie Hegel aus seiner Teilidentifikation der Relate
der reinen Quantität mittels des Konzepts einer negativen Selbstbeziehung ein logisches Prinzip gewinnt, nach dem die zunächst unterbestimmten und widerspruchsbehafteten Relate des räumlichen Außereinanderseins Schritt für Schritt bestimmt werden können. Die Vermutung
liegt nahe, daß sich dieses Prinzip aus dem Verhältnis zwischen den
äußerlich gegeneinander bestehenden Relaten des Außereinanderseins
und deren *innerer* Verbindung, einer negativen Selbstbeziehung, ergibt
– schließlich ist der Raum für Hegel die Idee, deren Bestimmtheit aufgehoben (d. h. wie immer: sowohl negiert als auch bewahrt) ist, im Element der Äußerlichkeit; und schließlich erfolgt die Begriffsentwicklung
in Hegels Naturphilosophie nach der „inneren, den Grund der Natur

ausmachenden Idee" (§ 249), die dem „gleichgültigen Bestehen und der Vereinzelung" (§ 248) gegeneinander äußerlicher Naturformen noch als logisches Entwicklungsprinzip zugrunde liegt (siehe Abschnitt 1.3). Die einzelnen, im Raum aufgehobenen Bestimmungen der Idee sind in der Natur gegeneinander frei oder äußerlich geworden, müssen also als selbständige Naturformen gedacht werden. Deren innere Verbindung untereinander ist aber gerade das logische Verhältnis der Begriffsbestimmungen, die im Element des reinen Denkens nicht äußerlich gegeneinander sind, sondern ineinander übergehen. Zugleich ist die Begriffsentwicklung, die der Äußerlichkeit der Natur „als Innerliches" (§ 248) zugrundeliegt, ein Insichgehen dieser Äußerlichkeit (siehe § 251), d. h. eine Bewegung von unstrukturierten zu organisierteren Naturformen, deren Teile auf immer komplexere Weise innerlich verbunden sind. Diese Begriffsentwicklung ist so zu interpretieren, daß jeder Stufe der Natur versteckt oder innerlich eine begriffliche Organisationsform zugrunde liegt, in die ihre äußere Form ihrer logischen Bestimmung nach übergeht und die in der Natur auch als eine gegen die vorhergehende Stufe selbständige Naturform nach außen tritt. Das logische Prinzip, mittels dessen Hegel Begriffe für gegeneinander bestimmte und zunehmend komplexe Naturformen synthetisiert, läßt sich nach diesen Überlegungen sowohl für den ersten Übergang der Naturphilosophie, denjenigen vom *Raum* zur *Zeit*, als auch in seiner allgemeinen Struktur angeben.

Das Prinzip der Begriffsbewegung in der Natur, durch die sich die Idee als deren innerer Grund manifestiert, ist für Hegel die Beziehung zwischen dem *Äußeren* und dem *Inneren* der reinen Äußerlichkeit des Raums, d. h. zwischen den Relaten der reinen Quantität und deren Relation, die Hegel mit einer negativen Selbstbeziehung identifiziert. Die Äußerlichkeit der Relate räumlicher Beziehungen geht ihrem Begriff nach in die negative Selbstbeziehung als ihr Inneres über; dieses ist die nächste Bestimmung der Idee im Element der Äußerlichkeit und muß als etwas gegen den Raum Selbständiges gedacht werden. Hegel identifiziert das nach außen getretene, gegen den Raum selbständige Innere der Äußerlichkeit des Raums mit der *Zeit*, der „negativen Einheit des Außersichseins" (§ 258). Die Zeit ist die negative Selbstbeziehung der Relate des Außereinanderseins, in die der Raum seinem logischen Begriff als reiner Quantität nach übergeht und die „in der Sphäre des Außersichseins ebensowohl für sich" (§ 257) besteht, also im Element der Äußerlichkeit eine gegen den Raum eigenständige Form der Natur ist. Allgemein haben die Übergänge von Hegels Naturphilosophie dann die folgende Gestalt (jedenfalls gilt dies für deren ersten Teil, die Philosophie der Mechanik): *Das Prinzip des inneren Zusammenhangs einer Organisationsstufe der Natur ist zugleich das Prinzip des Übergangs zur nächsten Stufe* und gibt an, wie von einer unterbestimmten Bestimmung der Natur, z. B. dem abstrakten Außereinandersein der Relate räumlicher Beziehung, zu einer Bestimmung gelangt werden kann, die die erste komplettiert und eine vollständigere Bestimmung für sie ermöglicht. Im Fall des Raums ist die Bestimmung, die dies leisten kann, die *Zeit*, mittels deren Begriff das dynamische Konzept eines raumzeitlichen Außereinanderseins möglich ist. Dessen vollständige Bestimmung ist allerdings erst mit dem Begriff der *Materie* erreicht (siehe nächstes Kapitel, Abschnitt 1.2). Das Innere oder die Einheit der Stufe (i) der Natur wird nach diesem allgemeinen Prinzip als das Außereinandersein oder die Vielheit der Stufe (i + 1) und damit zugleich gegen Stufe (i) äußerlich gedacht. Die Entfaltung der Bestimmungen der von der Natur verkörperten Idee, die im bestimmungslosen Außereinandersein des Raums aufgehoben sind, wird im nächsten Kapitel bis zum Materiebegriff verfolgt, soweit er dem Niveau von Newtons Mechanik entspricht. – Inwieweit dieses allgemeine Entwicklungsprinzip auch für einzelne Schritte der darauffolgenden Teile von Hegels Naturphilosophie – der Physik und der Organik – Geltung besitzt, bedürfte eigener Untersuchungen und muß hier dahingestellt bleiben.

Bevor mit dem Mechanik-Teil von Hegels Naturphilosophie wieder an die Thematik des zweiten Kapitels dieser Arbeit angeknüpft werden kann, sind noch zwei Bemerkungen nötig. Zum einen sollte jetzt deutlich sein, inwiefern für Hegel die Idee gerade mittels Raum und Zeit in der Natur präsent ist. Der *Raum* ist für ihn die *Idee selbst, deren Bestimmungen aufgehoben sind, im Element der Äußerlichkeit;* ,aufgehoben' beinhaltet hier wieder den Doppelsinn von Eingeschränktsein und Bewahrtbleiben. Die *Zeit* ist als negative Selbstbeziehung, die das gegen den Raum noch einmal selbständig existierende Innere des Raums darstellt, der Idee ebenso verwandt wie dieser. Mit ihr beginnt *die Rückkehr der Idee zu sich selbst im Element der Äußerlichkeit;* genauer: mit dem Zeitbegriff beginnt für Hegel die Tätigkeit der Idee, in diesem Element ihre aufgehobenen Bestimmungen aufs neue zu setzen und die Totalität ihrer Bestimmtheit wieder zu erreichen.

Zum andern funktioniert die Entwicklung der Idee in der Natur nach einem *dynamischen Prinzip, dessen logischer Motor die dem Zeitbegriff zugrunde liegende negative Selbstbeziehung ist* und das auf dem formallogischen Widerspruch der reinen Quantität beruht. Dieser Widerspruch zwischen Unterschiedslosigkeit und Außereinandersein der Relate der abstrakten Äußerlichkeit läßt sich wegen der in (2.2) erläuterten Amphibolie zwischen Relaten und Relation des bestimmungslosen Außereinanderseins von Hegel spekulativ als ein Widerspruch zwischen dem Äußeren (den Relaten) und dem Inneren (der Relation) der reinen Quantität deuten. Hegels spekulative Schlußfolgerung aus ihm ist die Begriffsbewegung durch den Stufengang der Natur, bei der die Idee ‚in sich geht‘, indem sie als innerer Grund der Natur nach außen tritt. Seine Auflösung erfolgt, wie im nächsten Kapitel anhand von Hegels Begriffen für Raum, Zeit und Materie gezeigt werden wird, auf jeder begrifflichen Entwicklungsstufe nur partiell und um den Preis einer neuen systematischen Unterbestimmtheit der jeweiligen Organisationsform der Natur. Der Widerspruch zwischen dem Äußeren und dem Inneren der Natur wird auf keiner Entwicklungsstufe der Naturphilosophie wirklich aufgelöst, sondern immer nur transponiert. Der nicht aufzulösende Widerspruch der dynamischen Einheit von Raum und Zeit − *der Bewegung* − spielt in Hegels Naturphilosophie sogar eine ganz fundamentale Rolle.

FÜNFTES KAPITEL

Raum, Zeit, Materie (II)

1. Die Logik von Raum, Zeit, Materie

Der Hauptunterschied des Hegelschen Programms einer Naturerkenntnis aus reinen Begriffen gegenüber demjenigen Kants besteht darin, daß Hegel dessen in seinen Augen subjektivitätsabhängige Theorie der Verstandeserkenntnis als Voraussetzung für die Metaphysik der Natur fallenläßt und so in seinem eigenen Projekt Elemente der Kantischen rationalen Kosmologie und Physik miteinander verschmelzen kann. Eine Konsequenz dieses prinzipiellen Unterschieds ist, daß Hegel die Begriffe von Raum und Zeit, die Kant mit der transzendentalen Ästhetik zur Grundlage einer Erkenntnistheorie gemacht hatte, erst an den Anfang der Naturphilosophie stellt. Raum und Zeit sind für Hegel die objektiven Formen der Äußerlichkeit, deren Begriffe in der Darstellung der Idee im Element des reinen Denkens nichts zu suchen haben, für die Begriffsentwicklung im Element der Äußerlichkeit aber fundamental sind.

Nach den ausführlichen Vorbereitungen durch die letzten beiden Kapitel, die Hegels Konzept von Naturphilosophie unter Rückgriff sowohl auf dasjenige Kants als auch auf Hegels eigene Systematik verdeutlichen sollten, kann man sich nun die ersten Begriffe des Mechanik-Teils der Berliner Enzyklopädie näher ansehen, um die Durchführung dieses Konzepts an ihnen zu überprüfen. Es wurde gezeigt, wie sich aus Hegels Grundbestimmung für die Natur – der Bestimmung der Äußerlichkeit – und ihrem abstraktesten Begriff, der Kategorie der reinen Quantität, ein logisches Prinzip für die Begriffsentwicklung in der Naturphilosophie herleiten läßt, mittels dessen Hegel den ersten begrifflichen Übergang der Naturphilosophie vollzieht und einen Zusammenhang zwischen Raum und Zeit herstellt (vgl. Viertes Kapitel 2.3). Diese Begriffsentwicklung ist jetzt anhand der §§ 254 ff. der Berliner Enzyklopädie näher zu untersuchen und bis zum vollentwickelten Begriff der schweren und trägen Materie weiterzuverfolgen.

Ein Kommentar zum knappen Haupttext der Enzyklopädie von § 254 bis § 262 wird im *Anhang* gegeben, insofern die von Hegel dort entwickelten Begriffe für Raum, Zeit, Ort, Bewegung und Materie als Spezifikationen der ersten Bestimmungen der Seinslogik – der Denkbestimmungen: Sein, Werden, Dasein, Unendlichkeit, Fürsichsein – verstanden werden können. Auf diesen Anhang wird im folgenden nicht andauernd explizit verwiesen. Im Verlauf dieses Teilkapitels wird die Begriffsentwicklung bis zum Begriff der schweren Materie (§ 262) expliziert, soweit es nötig ist, um schließlich einen Zusammenhang der von Hegel entwickelten Begriffe für Naturformen mit den Grundbegriffen der Mechanik herstellen zu können. Dies soll in folgenden Schritten geschehen: 1. Zunächst werden noch einige Bemerkungen zur *Begriffsentwicklung* am systematischen Anfang der Naturphilosophie und zu Hegels Behauptung einer „Identität" von Raum, Zeit und Materie (§ 261) gemacht. – 2. Raum, Zeit, Ort, Bewegung und Materie, die abstraktesten Bestimmungen für Naturformen, fallen für Hegel alle in irgendeiner Hinsicht unter die Kategorie der reinen Quantität und sind für ihn Inbegriffe reiner Relationen. Was aber sind in seinen Augen die *Relate raumzeitlicher Beziehungen?* Zu analysieren ist, wie die von Hegel zunächst unterbestimmt gelassenen Relate im Laufe der Begriffsentwicklung an Bestimmtheit gewinnen, und was dabei mit dem aus ihrer Unterbestimmtheit resultierenden Widerspruch der reinen Quantität passiert. – 3. Schließlich bleibt zusammenzustellen, welche *physikalische* Auffassung Hegel mit seinen Begriffen von Raum, Zeit und Materie indirekt vertritt, und darauf hinzuweisen, wie sich in sein Konzept der Materie die *Trägheit* einordnen läßt.

1.1 Zur Begriffsentwicklung am systematischen Anfang der Naturphilosophie

Die ersten Begriffe, die Hegel im Mechanik-Teil der Berliner Enzyklopädie entwickelt, sind diejenigen von Raum, Zeit, Ort, Bewegung und Materie. Man kann diese Begriffe in einem ähnlichen Sinne als Spezifikationen von Denkbestimmungen des ersten Teils der Logik – nämlich derjenigen von Sein, Werden, Dasein, Unendlichkeit, Fürsichsein – ansehen, wie in Kants MAG die Begriffe der Geschwindigkeit, der raumerfüllenden Kraft, der bewegenden Kraft und der verschiedenen mechanischen Bewegungstypen Spezifikationen der Kategorien der Quantität, Qualität, Relation und Modalität darstellen (vgl. Anhang bzw. Zweites Kapitel, 2.2). Das Prinzip dieser Spezifikation ist in beiden Fällen eine begriffliche Grundbestimmung für die Natur; diese Grundbestimmung ist für Kant der Begriff der Bewegung und für Hegel die Bestimmung der Äußerlichkeit.

Ein Unterschied von Hegels Naturphilosophie gegen Kants MAG

fällt jedoch sogleich in die Augen. Für Kant ist die Kategorie der Quantität die erste Kategorie, die durch die Grundbestimmung der Natur spezifiziert wird. Für Hegel dagegen beginnt die Spezifikation bei den Qualitätskategorien Sein, Werden, usw., weil er die Kategorie der Quantität selbst als die abstrakteste Bestimmung für die Äußerlichkeit der Natur zum Spezifikationsprinzip der naturphilosophischen Begriffsentwicklung gemacht hat. Hegel rückt die Denkbestimmung der Quantität also auf viel fundamentalere Weise an den Anfang seiner Naturphilosophie als Kant.[39] Die Quantitätskategorie gibt für Hegel das Verhältnis an, in dem die Bestimmungen der Idee bzw. die ihnen entsprechenden Naturformen im Element der Äußerlichkeit zueinander stehen und aus dem sich auch ableiten läßt, wie deren Begriffe auseinander entwickelt werden können.

Der abstrakteste Begriff für die Form der Äußerlichkeit, in der die Naturformen bzw. die ihnen von Hegel zugeordneten Denkbestimmungen der Logik bestehen, ist der *Raum, das Sein im Element der Äußerlichkeit*. Der Raum ist für Hegel die abstrakteste und deshalb erste Bestimmung der Idee im Element der Natur, deren Entwicklungsstadien frei oder äußerlich gegeneinander koexistieren und deren Bestimmtheit in sich auf dieser abstraktesten begrifflichen Stufe als *aufgehoben* gilt. Somit ist der Raum für Hegel ein Sein, dessen Bestimmtheit aufgehoben ist und das als „reine Quantität, nicht mehr nur dieselbe als logische Bestimmung, sondern als unmittelbar und äußerlich seiend" (§ 254 A) bestimmt werden muß (siehe Viertes Kapitel, 2.3). Der Terminus ‚aufheben' schließt auch hier den Doppelsinn von Negiertsein und Bewahrtbleiben ein; dies ist von einiger Wichtigkeit für die Begriffsentwicklung in Hegels Naturphilosophie. Nach dem begrifflichen Zusammenhang von Idee und Raum, den Hegel herstellt, enthält der Raum als der abstrakte Begriff der Koexistenz aller Naturformen oder Entwicklungsstufen der Natur alle in der Logik entwickelten Bestimmungen der Idee schon in sich aufgehoben. Demnach faßt der Raum die ganze Tota-

---

39 Hegel selbst hebt in § 254 A nur den systematischen Unterschied der Begriffsentwicklungen in seiner Logik und seiner Naturphilosophie hervor: „Die Natur fängt darum nicht mit dem Qualitativen, sondern mit dem Quantitativen an, weil ihre Bestimmung nicht wie das logische Sein das Abstrakt-Erste und Unmittelbare, sondern wesentlich schon das in sich *Vermittelte*, Äußerlich- und Anderssein ist." Das Sein des Raums enthält im Gegensatz zum logischen Sein die Idee als Totalität von Denkbestimmungen, die im Element der Äußerlichkeit koexistieren, aufgehoben in sich; deshalb ist der Raum für Hegel reine Quantität.

lität der Idee, des Systems objektiver und vernünftiger Denkbestimmungen, auf einer ganz abstrakten begrifflichen Stufe noch (oder schon) in sich. Dies hat folgende Bedeutung für die naturphilosophische Begriffsentwicklung:

Wenn der Raum alle Bestimmungen der Idee aufgehoben – d. h. zugleich negiert und bewahrt – in sich enthält, dann ist es nicht verwunderlich, daß Hegel sich bei der Durchführung seiner Naturphilosophie nicht sklavisch an die Kategorienabfolge seiner Logik hält. Die Begriffsfolge der Logik ist zwar der rote Faden, dem er mit der naturphilosophischen Begriffsentwicklung im großen und ganzen folgt. So spezifiziert er im Mechanik-Teil der Naturphilosophie die Denkbestimmungen der Seinslogik bis hin zu derjenigen des Fürsichseins; im Physik-Teil spezifiziert er Kategorien der Wesenslogik beginnend mit der Identität oder „Reflexion-in-sich", die er dem Licht zuordnet (§ 275); und die Organik fällt unter die Denkbestimmungen seiner Begriffslogik. Dennoch tauchen Kategorien der Wesens- und Begriffslogik schon im Mechanik-Teil auf. Z. B. ist der Raum für Hegel auch „an sich Begriff" (§ 255), und die Bewegung ist der „Widerspruch" (§ 261). Man darf dieses Durcheinandergehen verschiedener begrifflicher Ebenen der Logik in den Denkbestimmungen, die Hegel den Stufen der Natur zuordnet, nicht für eine zufällige Nachlässigkeit halten, die ihm passiert, weil er nun einmal in der Naturphilosophie den gesamten Begriffsapparat der Logik schon zur Verfügung hat. Der Übergang der Logik in die Naturphilosophie ist vielmehr systematisch dadurch gekennzeichnet, daß die Idee *als Totalität* ihrer Bestimmungen in ihren Anfang zurückkehrt und sich Hegels Begriff der Natur nach im Raum verkörpert. Die verschiedenen Stufen der Natur existieren nach Hegels Naturbegriff eher *ineinander* als nebeneinander und schon gar nicht nacheinander. Wenn Hegel auf der abstraktesten Stufe der Naturphilosophie bereits von Kategorien der Wesens- und Begriffslogik Gebrauch macht, so vermutlich deshalb, weil in seinen Augen Raum, Zeit, Bewegung und Materie nur abstrakteste Bestimmungen für Naturformen sind, die zugleich unter Kategorien der Wesens- und Begriffslogik fallen, weil sie physikalischen und chemischen Prozessen unterliegen und entweder Teile geologischer Formationen oder Tiere oder Pflanzen sind.

Hegel verschafft sich allerdings durch das Ineinanderschieben verschiedener begriffslogischer Ebenen *erhebliche Freiheitsgrade für die naturphilosophische Begriffsentwicklung*. Da ihm auf jeder Stufe der Naturphilosophie seinem Naturbegriff nach prinzipiell alle Denkbestimmungen der Logik zur Verfügung stehen, hat er die Möglichkeit, auch Sachverhalte, die uns heute *kontingent* erscheinen, auf etwas unkontrollierte Weise in die begriffliche Entfaltung der Idee im Element der Äußerlichkeit zu integrieren und sie so für vernünftig zu erklären. Seine Bestimmung des Raums als reine Quantität, die systematische Gründe in seinem Naturbegriff hat, trifft dieser Vorwurf nicht. Anders verhält es sich aber mit Hegels Deduktion einer Eigenschaft des physikalischen Raums, die ihrem Begriff nach weder in der Bestimmung des Seins noch in derjenigen der reinen Quantität liegt, nämlich der *Dreidimensionalität* des Raums. Hegel versucht auch diese uns heute kontingent erscheinende Eigenschaft in die naturphilosophische Begriffsentwicklung zu integrieren, indem er sie mit den drei Begriffsmomenten des spekulativen *Begriffs* in Zusammenhang bringt (in § 255; vgl. Anhang). Meiner Auffassung nach sollte man in seiner spekulativen Herleitung der vom Standpunkt der heutigen Naturwissenschaft kontingenten Dreidimensionalität des physikalischen Raums zunächst vor allem eines sehen − nämlich ein Indiz für die Verwandtschaft, die nach Hegels Naturbegriff zwischen Idee und Raum besteht. Es scheint Hegel sehr viel daran zu liegen, daß für die Naturphilosophie nichts am Raum kontingent bleibt; denn der Raum ist für Hegel die Form der Äußerlichkeit der Natur und damit das Medium oder Element, in dem sich die Idee verkörpert und kraft dessen sie in der kontingenzbehafteten Natur noch präsent ist.[40]

---

40 Mit der spekulativen Deduktion der Dreidimensionalität des Raums aus der Natur des Begriffs liegt ein weiteres Argument gegen H. Brauns Behauptung vor, für Hegel seien Raum und Zeit kontingent; siehe Braun, a. a. O., sowie Viertes Kapitel, 1.2. Hegel ist sich allerdings dessen bewußt, daß sein ‚Beweis' für die Dreidimensionalität des Raums philosophisch-spekulativ begründet ist und von den Naturwissenschaften oder der Mathematik nicht verlangt werden kann; siehe § 255 A: „Die Notwendigkeit, daß der Raum gerade drei Dimensionen hat, ist an die Geometrie nicht zu fordern, insofern sie nicht eine philosophische Wissenschaft ist und ihren Gegenstand, den Raum mit seinen allgemeinen Bestimmungen, voraussetzen darf." Insofern ist der Versuch von D. Wandschneider, den dreidimensionalen Raum mittels topologischer Argumente gegen andere mathematische Räume auszuzeichnen, gegen Hegels eigene Intention gerichtet. (Siehe D. Wandschneider: Raum, Zeit, Relativität; Frankfurt/M. 1982, S. 55 ff.)
Der Raum ist für Hegel das Element oder die Form, in der die einzelnen Entwicklungsstadien der Idee sowohl auseinandergetreten sind als auch innerlich zusammenhängen und in der die Totalität der Idee aufgehoben noch vorhanden ist; deshalb darf nichts an ihm für die Naturphilosophie kontingent bleiben. Ich kann mich hier einer Assoziation zu Newtons Bestimmung des absoluten Raums als „sensorium dei", d. h. als Sinnesorgan Gottes, nicht ganz erwehren. Für He-

Die *Zeit* ist für Hegel die erste gegen den Raum selbständige Naturform und die zweite Bestimmung der Idee im Element der Äußerlichkeit. Hegel denkt sie als eine neue Art von Äußerlichkeit gegenüber
dem Raum, d. h. als eine zweite Art von Beziehung, die der Raum, dessen Teile oder Punkte koexistent sind, nur seinem logischen Begriff als
reiner Quantität nach als ‚Inneres‘ hat. Diese zweite reine Form der
Äußerlichkeit ist eine Selbstbeziehung – Hegel denkt sie nicht wie
Leibniz einfach als Beziehung der Aufeinanderfolge. Die Zeit gehört
noch zu derselben Abstraktionsstufe der Naturphilosophie wie der
Raum. Sie ist das abstrakte Entwicklungsprinzip, nach dem die naturphilosophische Begriffsentwicklung den Raum, an dem die Bestimmtheit der Idee aufgehoben ist, ‚in sich gehen‘ läßt und Bestimmungen an
ihm setzt. Ihr Begriff stellt Hegel das Prinzip zur Verfügung, nach dem
eine vollständigere Bestimmung der Relate des Außereinanderseins in
der Natur erfolgen kann.

Die eigentlichen, als gegeneinander stabil bestimmten Relate raumzeitlicher Beziehungen stellen erst die Teile der *Materie* dar. Umgekehrt
führt Hegel diese Relate hinsichtlich ihrer fundamentalen empirischen
Eigenschaften wie Undurchdringlichkeit und Schwere wiederum auf die
raumzeitlichen Beziehungen zurück, in denen sie diesen Eigenschaften
entsprechend phänomenologisch stehen. Hegel drückt den inneren Zusammenhang von Raum, Zeit und Materie, den er so mit seiner Begriffsentwicklung stiftet, aus, indem er zunächst den Ort und dann die Materie als eine „Identität des Raumes und der Zeit" (§ 261 + A) begreift.
Dem reflexionslogischen Terminus ‚Identität‘ entspricht in diesem Kontext als *seins*logische Bestimmung das „Übergehen" des Raums in die
Zeit und umgekehrt, das Hegel in § 260 konstatiert und für das in 1.2
eine Deutung gegeben wird.

Man kann die „Identität des Raumes und der Zeit", die Hegel wiederum mit der Materie identifiziert, wohl auch im Sinne von Hegels eigenem spekulativen Gebrauch des Terminus ‚Identität‘ verstehen. Nach
diesem spekulativen Gebrauch sind Raum, Zeit und Materie als ver-

gel ist die absolute Idee, das Gebäude objektiven und vernünftigen Denkens, an
die Stelle des Gottes der Metaphysik vor ihm getreten, und der Raum als das
abstrakte Element, in dem die Idee aufgehoben ist und sich in ihrer Totalität als
Natur verkörpert, an die Stelle von Newtons metaphysikgeladenem Konzept des
absoluten Raums. Für Hegel ist der absolute Raum – ähnlich wie für Leibniz
(siehe Anm. 33 des Kant-Teils) – dabei im Gegensatz zu Newton eine mathematische Abstraktion; siehe z. B. L II, S. 514, sowie Enz. § 254 Z.

schiedene Entwicklungsstadien der Idee im Element der Äußerlichkeit miteinander identisch etwa in dem Sinne, in dem eine Pflanze durch die verschiedenen Stadien ihres Wachstumsprozesses hindurch, der ihre inneren Anlagen zur Entfaltung bringt, mit sich identisch bleibt. Das Entwicklungssubjekt, von dessen Identität im Fall der Begriffe von Raum, Zeit und Materie die Rede ist, ist die absolute Idee, die nach Hegels Naturbegriff den inneren Grund der Natur ausmacht und in deren Äußerlichkeit zur Erscheinung gelangt. Die Entwicklung der Idee in der Natur, hieran soll noch einmal erinnert werden, wird von Hegel als ein rein begrifflicher (wenn auch objektiver) Prozeß verstanden (siehe § 249). Die Identität von Raum, Zeit und Materie bedeutet für Hegel selbst also vor allem den objektiven inneren Zusammenhang, den diese abstraktesten, in der Natur scheinbar gegeneinander äußerlichen Naturformen aufweisen und der durch die Begriffsexplikationen der Naturphilosophie zum Vorschein gebracht werden soll. Dieser innere Zusammenhang hat die Gestalt, daß jede Naturform ihrem Begriff nach in eine andere, gegen sie selbständige Naturform übergeht, in deren Begriff das der vorhergehenden Naturform begrifflich ‚Innere‘ als etwas Äußeres gedacht wird. Das logische Prinzip dieser Begriffsentwicklung läßt sich aus Hegels Grundbestimmung für die Natur und damit aus seiner Kategorie der reinen Quantität gewinnen. Die Entfaltung der Begriffe von Raum, Zeit und Materie läßt sich diesem Prinzip gemäß folgendermaßen zusammenfassen (vgl. 1.2 dieses Kapitels):

Das begrifflich ‚Innere‘ des Raums, der äußerlich seienden reinen Quantität, ist die Ununterscheidbarkeit seiner Punkte in jeder Hinsicht und die aus ihr folgende Selbstbeziehung der Relate des räumlichen Auseinanderseins. Diese Selbstbeziehung faßt Hegel als eine gegen den Raum äußerlich existierende Naturform auf und identifiziert sie mit der *Zeit*. Das ‚Innere‘, das die Zeit ihrem Begriff nach enthält, ist das Bestehen des gegenwärtigen Zeitpunkts. Dessen äußerliche Gegenwart versteht Hegel nun wiederum als etwas Räumliches, nämlich als gegenwärtigen Raumpunkt oder als *Ort*. Das begrifflich ‚Innere‘ des Orts, der eine Stelle in einem zeitlichen Raum darstellt, ist seine Beziehung auf andere Stellen in diesem zeitlichen Raum, also auf andere Orte. Die als äußerlich gedachte Beziehung verschiedener Orte aufeinander, die zunächst noch ununterscheidbar in jeder Hinsicht sind und wieder in einer Selbstbeziehung stehen, ist für Hegel die *Bewegung*. Das ‚Innere‘ der Bewegung stellt die Vielheit voneinander unterscheidbarer Relate dar, die der (von Hegel wesentlich relativistisch angesetzte) Bewegungsbegriff erfordert. Äußerlich existieren diese sich gegenseitig ausschließenden Relate in der *Materie*. Das ‚Innere' der Materie schließlich besteht für Hegel in den Beziehungen ihrer Teile aufeinander, die durch die Kategorien der Repulsion und Attraktion beschrieben sind. Diese Beziehungen werden äußerlich durch das *Schwerezentrum* repräsentiert, das die Homogenität des Raums aufhebt.

Die absolute Idee, deren Bestimmtheit auf der Stufe des abstrakten Raumbegriffs Hegels Ausdrucksweise nach nur noch als Aufgehobene vorhanden ist, gewinnt während dieser Begriffsentfaltung an Bestimmtheit zurück. Die zunächst unterbestimmten Relate räumlicher Beziehungen, die ihrem Begriff nach nicht voneinander unterschieden werden können und eine Bestimmung räumlicher Extension nicht widerspruchsfrei erlauben, werden von Hegel mittels des Zeitbegriffs zunächst zu raumzeitlichen Relaten – den Orten – und dann zu den materiellen Relaten raumzeitlicher Beziehungen bestimmt, die mittels ihrer Bewegungen unterscheidbar sind. Die „Identität" von Raum, Zeit und Materie, die nach diesem begrifflichen Entwicklungsprozeß besteht, läßt sich bildhaft durch den Wachstumsprozeß einer Pflanze folgendermaßen darstellen: Das ‚Innere' der Natur, nämlich die „innere, den Grund der Natur ausmachende Idee" (§ 249), wird von der Naturphilosophie nach ‚außen' gebracht, indem ihre Anlage, die im Raum aufgehobene Totalität von Bestimmungen der absoluten Idee, begrifflich entfaltet wird. Der Raum ist nach dieser Metapher der Keim, in dem die Idee in der Natur angelegt ist, während die Zeit den Entwicklungstrieb darstellt, der aus dem Keim Gestalten hervorbringt.[41]

Man mag sich am spekulativen Gehalt von Hegels Entwicklung der Begriffe für Raum, Zeit und Materie stören, der sich in der Behauptung, die Materie sei die „Identität des Raumes und der Zeit", ausdrückt und der durch die Pflanzenmetapher veranschaulicht wird. Wichtig und ernstzunehmen erscheint mir am Zusammenhang zwischen Raum, Zeit und Materie, den Hegel durch diese Behauptung stiftet, auf jeden Fall zweierlei. *Zum einen* läßt sie sich, wie kurz gezeigt wurde, auf den Naturbegriff zurückführen, den Hegel selbst im Einleitungsteil seiner

---

41 Die erste in sich differenzierte Gestalt der Natur, die Hegel begrifflich expliziert, ist das *Sonnensystem*, in das sich die schwere Materie nach dem Begriff der Gravitation organisiert; siehe § 269. Die Begriffsentwicklung von Hegels Naturphilosophie kann in dieser Arbeit nicht systematisch so weit verfolgt werden. Insbesondere muß offenbleiben, wie stringent sie sich über § 262 der Berliner Enzyklopädie hinaus mit den in dieser Arbeit angewandten Mitteln noch rekonstruieren läßt.

Naturphilosophie der Berliner Enzyklopädie (§ 246 – § 252) entwik-kelt. Diesen Naturbegriff kann man (vgl. Drittes und Viertes Kapitel) in wesentlichen Zügen aus einer Auseinandersetzung mit *Kants* Programm einer Metaphysik der Natur heraus begreifen. Hegels Naturbegriff for-dert im Anschluß an Kants Teleologie und Kosmologie, die Natur phi-losophisch als eine Totalität einzelner Naturformen zu erfassen, die ih-ren Begriffen nach in inneren Zusammenhängen stehen. Dementspre-chend behauptet Hegel, wenn er die Materie als die „Identität des Rau-mes und der Zeit" bestimmt, in erster Linie, daß Raum, Zeit und Mate-rie eine unauflösliche Totalität bilden, die die abstrakteste Bestimmung der Natur im Ganzen darstellt. Nach dieser Behauptung kann einem absoluten Raum oder einer absoluten Zeit ebensowenig Realität zukom-men wie irgendwelchen von Raum und Zeit unabhängig gedachten Sub-stanzen, deren äußere Relationen dann Raum und Zeit ausmachen sol-len.

Zum andern läßt sich mit Hilfe von Denkbestimmungen aus Hegels Logik präzise rekonstruieren, welche Begründungsschritte Hegel bei seiner naturphilosophischen Begriffsentwicklung vom Raumbegriff über den Zeitbegriff zu der Bestimmung der Materie als einer „Identi-tät" von Raum und Zeit hinführen; dies wird in 1.2 dieses Kapitels gezeigt. Hegels Begriffe von Raum, Zeit und Materie befinden sich in der Tradition von Leibniz und Kant und setzen sich mit deren Konzep-ten kritisch auseinander. Hegel zeigt mittels einer systematischen Un-terbestimmtheit der Relate von räumlichen und zeitlichen Beziehungen, daß die begrifflichen Bestandteile der von Raum, Zeit und Materie ge-bildeten Totalität nicht widerspruchsfrei unabhängig voneinander be-stimmt werden können, sondern sich gegenseitig für ihre Begründung benötigen. Hegels auf den ersten Blick kaum verständlicher Materiebe-griff besagt nicht etwa, daß die Materie aus Raum und Zeit ‚besteht', sondern er besagt, daß die Materie ihrer begrifflichen Bestimmung – oder ihrer Form – nach allein auf Raum und Zeit zurückzuführen ist, weil die Teile der Materie nichts anderes als die Relate räumlicher und zeitlicher Beziehungen sind. Hierin steht Hegels Materiebegriff ganz und gar in der Tradition von Kants MAG.

1.2 Die Relate raumzeitlicher Beziehungen

Eigentlich erhofft man sich von Hegels Materiebegriff eine Bestimmung der Relate raumzeitlicher Beziehungen, denn diese Relate sind materiel-le Dinge. Diese Hoffnung scheint betrogen, wenn die Materie für Hegel im Anschluß an Kants MAG wiederum nichts anderes als ein Inbegriff raumzeitlicher Relationen ist. Man darf allerdings von Hegel um der Konsequenz seines Ansatzes willen, der auf Sinneserscheinungen, Monaden, Atome oder andere vorgegebene Substanzen als Substrat von Raum, Zeit und Materie verzichtet, nichts anderes erwarten. Hegels Begriffe für Raum und Zeit einerseits und für die Materie andererseits definieren sich in gewissem Sinne gegenseitig, ähnlich wie die Relate und Relationen in seinen (auf die Kategorie der reinen Quantität zurückgehenden) Begriffen für Raum und Zeit. – Wie sind auf diese Weise die materiellen Relate raumzeitlicher Beziehungen denn nun bestimmt? Wie erreicht Hegel es, sie als selbständige Dinge zu denken, die den Raum erfüllen und gegeneinander Bestand haben, was für bloße Raumpunkte oder Teile des Raums noch nicht gilt?

Raum, Zeit und Materie sind für Hegel jeweils reine Quantität, d. h. ihre Teile oder Relate sind sowohl unterschiedslos (kontinuierlich) als auch außereinanderseiend (diskret). Über diese Bestimmungen hinaus kommen den Relaten der reinen Quantität hier verschiedene Denkbestimmungen der Seinslogik zu, die Raum, Zeit und Materie gegeneinander qualifizieren: die Teile oder Relate des Raums sind *seiend*, die der Zeit *werdend* und die der Materie *fürsichseiend*. Entscheidend ist, daß Hegel hiermit dem Außereinandersein von Raum, Zeit und Materie nicht etwa innere Bestimmungen (beispielsweise im Sinn von Leibniz' Monaden) zuspricht, mittels deren die Relate des Außereinanderseins voneinander unterschieden werden könnten; die Bestimmung des Seins, des Werdens, bzw. des Fürsichseins kommt *allen* Relaten oder Teilen des Raums, der Zeit, bzw. der Materie gleicherweise zu. Hegel wird also den Widerspruch der reinen Quantität (siehe Viertes Kapitel, 2.2) durch keine dieser Bestimmungen los. Dies will er aber auch nicht. Wie wir gleich sehen werden, nutzt er ihn systematisch für die Begriffsentwicklung.

Was gilt nun für die Relate der reinen Quantität, die „unmittelbar und äußerlich seiend" (§ 254 A) ist, also die Teile oder Punkte des *Raums?* Sie sind 1. außereinander und 2. gleichermaßen äußerlich seiend oder gegeneinander bestehend; sonst kommen ihnen keine Bestimmungen zu (was ihre Unterschiedslosigkeit impliziert). Den Raum trifft also voll der Widerspruch der reinen Quantität (der darin besteht, daß ihre Relate in derselben Hinsicht sowohl außereinander, also verschieden, als auch ununterschieden, nämlich in diesem Fall gleichermaßen bestehend, sein sollen) mit der hieraus folgenden logischen Katastrophe, dem Zusammenfallen dieser Relate in ein einziges, abstraktes Eins. Der

Raum ist für Hegel deshalb „der Widerspruch des gleichgültigen Auseinanderseins und der unterschiedslosen Kontinuität, die reine Negativität seiner selbst und das Übergehen zunächst in die Zeit" (§ 260), mit welcher Hegel in der Natur das abstrakte Eins identifiziert, in das die reine Quantität ihrem Begriff nach übergeht. Der „Widerspruch" des Raums läßt sich so deuten, daß der Raum auf diesem Abstraktionsniveau dem Begriff des Außereinanderseins nicht gerecht wird, weil die Relate dieser Beziehung unterbestimmt bleiben und die Behauptung ihres selbständigen Seins oder Bestehens zu einem Widerspruch führt. Außereinandersein setzt Unterscheidbarkeit voraus. Nach der Bestimmung des Seins, das allen Teilen und Punkten des Raums gleichermaßen zukommt und hier deren einzige weitere logische Bestimmtheit ausmacht, sind die Relate des Außereinanderseins aber nicht unterschieden. Selbst die Grenzen im Raum − Punkte, Linien und Flächen − sind gegenüber dem Raum nicht ausgezeichnet und bestehen ununterschieden in ihm.[42] Aus dem „Widerspruch" des ganz abstrakt bestimmten Raums kann man ersehen, welche Bestimmung diesem noch fehlt: ein begriffliches Prinzip, das Unterschiede oder Grenzen an ihm setzt, die nicht mehr bloß räumlich sind. Dieses Prinzip sieht Hegel in der *Zeit*, die er als negative Selbstbeziehung bestimmt und mit dem Werden im Element der Äußerlichkeit identifiziert. Im Fall der *logischen Kategorie* denkt er das abstrakte Eins, in das die Relate des in sich ununterschiedenen Außereinanderseins zusammenfallen, dynamisch als eine Grenze, die erzeugendes Prinzip für die (nun als Totalität bestimmte) reine Quantität ist. Das erzeugende Prinzip des Außereinanderseins der *Natur*, das Unterschiede im Raum hervorbringt, ist für Hegel die Zeit. Sie besteht für ihn in völlig anderer Weise als der Raum, nämlich als ein *beständiges Sichselbstaufheben*, das einerseits die Grenze darstellt, in die der Raum nach dem Widerspruch der reinen Quantität übergeht, und andererseits im Element der Äußerlichkeit eine gegen den Raum selbständige Naturform ist (vgl. § 257).

Im Gegensatz zum Raum ist die Zeit für Hegel ihrem ersten Begriff nach kein Außer*einander*sein, sondern ein Außer*sich*sein, d. h. eine (ne-

---

42 Siehe hierzu auch § 257 Z: „Der Raum ist die unmittelbare daseiende Quantität, worin alles bestehen bleibt, selbst die Grenze die Weise eines Bestehens hat; das ist der Mangel des Raums. Der Raum ist dieser Widerspruch, Negation an ihm zu haben, aber so, daß diese Negation in gleichgültiges Bestehen zerfällt." Dieser Widerspruch ist derjenige der reinen Quantität, denn der Raum hat einerseits Unterschiede oder Grenzen, diese sind aber andererseits aufgehoben; ihnen kommt selbst nur räumliches Sein zu.

gative) Selbstbeziehung (die schon per definitionem den Widerspruch der reinen Quantität an sich hat). Nach dieser Bestimmung hat sie keine bestehenden Teile oder Relate wie der Raum, sondern ist eine Grenze, die sich permanent selbst aufhebt. Die Zeit weist zwar die inneren Unterschiede von Vergangenheit, Gegenwart und Zukunft auf. Von den drei Zeitmodi kommt aber nur der Gegenwart Sein zu, während Vergangenheit und Zukunft Nichts mehr und noch Nichts sind. Dabei ist die Zeit für Hegel ebenfalls reine Quantität, denn als beständiges Sichselbstaufheben, dem nur in der Grenze Sein zukommt, ist sie sowohl diskret als auch kontinuierlich. Kann die Zeit nun ähnlich wie der Raum als Außereinandersein bestimmt werden, dessen Teilen oder Relaten irgendwelche Bestimmungen zukommen? Naheliegend ist es, das Außereinandersein der Zeit mittels der Beziehung der *Aufeinanderfolge* zu bestimmen, wie Leibniz und Kant es taten; für sie war ja die Zeit die Ordnung aufeinanderfolgender Dinge bzw. Sinneserscheinungen. Man kann sich aber leicht überlegen, daß sich diese Beziehung formal von derjenigen der Koexistenz gar nicht unterscheiden läßt. Die Aufeinanderfolge zweier Zustände in der Zeit ist das Außereinandersein zweier Zustände, die zu verschiedenen Zeiten als Gegenwart bestehen, denen also zu verschiedenen Zeitpunkten Sein zukommt. Für die Relate räumlicher Beziehungen gilt dasselbe, nämlich daß ihnen Sein zukommt; nur gilt dies für sie zur selben Zeit. Wenn man nicht schon in Betracht zieht, ob von einer räumlichen oder einer zeitlichen Beziehung die Rede ist, kann man somit die Beziehungen der Koexistenz und der Aufeinanderfolge nicht auseinanderhalten. Um zeitliche Beziehungen von räumlichen zu unterscheiden, benötigt man den Begriff der *Veränderung*, der impliziert, daß etwas durch ein Anderswerden hindurch mit sich identisch bleibt. Hegel bestimmt die Zeit deshalb im Gegensatz zu Leibniz und Kant als (negative) Selbstbeziehung und nicht als Beziehung der Aufeinanderfolge.

Da den Relaten zeitlicher Beziehungen, wenn auch zu verschiedenen Zeiten, gleichermaßen Sein zukommt, denkt Hegel ihr Außereinandersein als etwas Räumliches, ähnlich wie er Unterschiede im Raum durch die Zeit erzeugt denkt. Bestehen kommt der Zeit in seinen Augen nur als Gegenwart zu. Dasjenige, was jeweils als Gegenwart existiert, ist der Raum, jedenfalls solange man vom Vorhandensein von Materie noch abstrahiert. Zudem lassen sich an der Zeit zwar die verschiedenen Modi unterscheiden; diese sind aber immer nur auf die jeweilige Gegenwart bezogen, und ein gegenwärtiger Zeitpunkt läßt sich von einem beliebigen anderen gegenwärtigen Zeitpunkt nicht unterscheiden, wenn er nicht z. B. durch materielle Vorgänge inhaltlich bestimmt ist. Die Zeit geht deshalb für Hegel ihrem Begriff als reine Quantität nach ebenso in das unterschiedslose Außereinandersein des Raums über, wie umgekehrt der Raum seinem Begriff als reine Quantität nach in die Zeit als sein erzeugendes Prinzip übergeht, das erst Unterschiede an ihm setzt. Die Zeit, „deren in eins zusammengehaltene entgegengesetzte Momente sich unmittelbar aufheben", insofern in der Gegenwart als Grenze, der Sein zukommt, Vergangenheit und Zukunft zusammenfallen und insofern dies für jeden beliebigen gegenwärtigen Zeitpunkt gilt, ist für Hegel das „unmittelbare Zusammenfallen in die Indifferenz, in das ununterschiedene Außereinander oder den Raum" (§ 260). Dieser ‚Übergang' der Zeit in den Raum ist so zu deuten, daß die Zeit für sich genommen in Hegels Augen ihrem Begriff als Veränderung oder negativer Selbstbeziehung nicht gerecht wird, weil dasjenige, was in der Veränderung bestehen bleibt, durch den Zeitbegriff allein nicht gegeben ist und als etwas Räumliches aufgefaßt werden muß. Die Relate zeitlicher Beziehungen sind für sich genommen ebenfalls unterbestimmt; sie können ohne den Raumbegriff nicht als etwas Bestehendes gedacht werden. Hegel identifiziert deshalb den abstrakten Begriff des *Dauernden,* also dessen, was während einer zeitlichen Veränderung beständig oder mit sich identisch bleibt, wiederum mit dem Raum.[43]

Hegel beansprucht für den Übergang des Raums in die Zeit und den nachfolgenden Übergang der Zeit in den Raum in demselben Sinne Objektivität, wie er sie der Entwicklung reiner Denkbestimmungen in der Wissenschaft der Logik zuspricht. Diese Übergänge sind demnach begrifflicher Natur; sie stellen für Hegel den − auf dem spekulativen Begriff beruhenden − inneren Zusammenhang der beiden gegeneinander selbständigen Formen der Äußerlichkeit der Natur dar. Durch den

---

43 Siehe Enz. § 260 Z: „Das Dauernde ist die Sichselbstgleichheit, worein die Zeit zurückgegangen; sie ist der Raum, denn dessen Bestimmtheit ist das gleichgültige Dasein überhaupt." Und § 264: „Nach der Raumbestimmung, in welcher die Zeit aufgehoben ist, ist der Körper dauernd." − Die begrifflichen Übergänge von Raum und Zeit ineinander bedeuten für Hegel: Raum und Zeit sind *entgegengesetzte* Größen, die einander ermangeln und die erst in ihrer Einheit ein vollständig bestimmtes Ganzes ergeben. Diese Einheit ist die Materie, in deren Begriff die Relate räumlicher bzw. zeitlicher Beziehungen erst vollständig bestimmt sind. Hegel drückt diese begriffliche Beziehung zwischen Raum, Zeit und Materie auch durch die seinslogischen Kategorien von *Idealität* und *Realität* aus; Raum und Zeit sind für ihn „Aufgehobene" oder „Ideelle", deren Realität die Materie ist. Vgl. hierzu L I, S. 178 und Enz. § 261 A.

Vollzug dieser Übergänge sind Raum und Zeit nach Hegels Auffassung begrifflich zusammengeschlossen, und ihre innere Verbindung, von der Newtons, Leibniz' und Kants Begriffe abstrahieren, ist erwiesen. Die Relate räumlicher und zeitlicher Beziehungen können gar nicht getrennt voneinander gedacht werden, denn sie sind miteinander identisch: dasjenige, was als ein Unterschiede setzendes Prinzip ihr Außereinandersein erzeugt, ist für Hegel die Zeit, während umgekehrt dasjenige, was ihnen zeitliche Beständigkeit oder Dauer verleiht, ihr Räumlichsein ist. Hegel bestimmt sie deshalb in § 260 als die Relate raumzeitlicher Beziehungen, als Orte. Der *Ort* ist für ihn eine Raum-Zeit-Stelle, die sowohl als etwas Räumliches besteht als auch zeitlich gegen alle anderen Raumpunkte ausgezeichnet ist, mit denen sie ein Weg in Raum *und* Zeit verbindet. Der Ort markiert den *jetzigen Raumpunkt* und schließt alle anderen Stellen im Raum als vergangene oder zukünftige Punkte aus sich aus.

Nun ist klar, daß der Ort noch nicht in dem Sinne ausschließend gegen den Raum ist, in dem sich verschiedene Teile der Materie gegenseitig ausschließen. Als abstrakte Raum-Zeit-Stelle kann der Ort nicht im Raum fixiert werden. Im Gegenteil kommt ihm aufgrund seiner Zeitlichkeit die Bestimmung zu, in eine *andere* Raum-Zeit-Stelle überzugehen, die in jeder Hinsicht genauso bestimmt ist wie er selbst; genausogut kann zu einem anderen Zeitpunkt irgendeinem anderen Raumpunkt die Bestimmung, gegenwärtig zu sein, zugeordnet werden. Der Ort ist für Hegel deshalb nicht nur die begrifflich „gesetzte Identität des Raumes und der Zeit" (§ 261) bzw. der Relate räumlicher und zeitlicher Beziehungen, sondern auch „ebenso der gesetzte Widerspruch, welcher der Raum und die Zeit, jedes an ihm selbst ist" (ebda.). Der Widerspruch der logischen Kategorie der reinen Quantität haftet dem Ort seinem Begriff nach genauso an, wie dies für Raum und Zeit der Fall ist. Aufgrund seiner Zeitlichkeit ist „der Ort unmittelbar gleichgültig gegen sich als diesen, sich äußerlich, die Negation seiner und ein anderer Ort" (ebda.). Auch in einem durch Zeitbestimmungen komplettiert gedachten Raum können verschiedene Punkte noch nicht konsistent als außereinanderseiend oder unterschieden bestimmt werden, denn diese gehen als Relate einer reinen Quantität ineinander über. Diesen Übergang eines Orts in einen anderen Ort macht die *Bewegung* aus, in deren Begriff der dem Ortsbegriff immanente Widerspruch der reinen Quantität entfaltet ist und als etwas äußerlich in der Natur Daseiendes gedacht wird. Hegel expliziert die Bewegung als ein „Vergehen und Sichwiedererzeugen des Raums in Zeit und der Zeit in Raum" (ebda.; siehe Anhang). Die Bewegung (die für Hegel das Paradebeispiel für den Widerspruch im spekulativen Sinne ist) stellt die raumzeitliche Selbstbeziehung eines Ortes auf einen anderen Ort dar. Dabei ist dasjenige, dem Bewegung zukommt, nämlich der Ort, als das einzige Relat einer Relation bestimmt, die im Prinzip (mindestens) zweistellig ist. Dieses Relat einer raumzeitlichen Beziehung, der Ort, ist also immer noch unterbestimmt, und zwar sogar in doppelter Hinsicht. Die Bewegung erfordert ihrem Begriff nach 1. das Vorhandensein mindestens zweier raumzeitlicher Relate, und diese müssen 2. konsistent voneinander unterschieden werden können. Behoben wird die Unterbestimmtheit erst durch den Begriff der *Materie*, in der Raum und Zeit nach Hegels Auffassung in eine Einheit treten, mit der das „in sich Zusammenfallen" (§ 261) des Widerspruchs von Raum, Zeit und Bewegung erreicht ist.

Bewegung ist immer Bewegung von etwas; dieses Etwas, das sich bewegt, ist letztlich die Materie bzw. irgendein materielles Ding, das einen Ort einnimmt. Zugleich ist das, was sich bewegt, für Hegel essentiell auf etwas Anderes bezogen. Die Bewegung ist für Hegel ebenso wie für Leibniz in jedem Falle *relativ*. Dasjenige, worauf sich die Bewegung irgendeines materiellen Dings bezieht, ist nach Hegels Materiebegriff allerdings nicht ein anderes, vom ersten isoliert gedachtes materielles Ding, sondern der *gemeinsame Schwerpunkt* beider bzw. letztlich das Schwerezentrum der Materie insgesamt. Mit dem Materiebegriff will Hegel gegenüber den abstrakten Bestimmungen von Raum, Zeit, Ort und Bewegung zweierlei gewinnen. Zum einen schließen sich die Teile der Materie tatsächlich räumlich gegenseitig aus, was für die Teile des Raums sowie für zwei Orte im Raum nicht gilt; die Materie ist *undurchdringlich*. Zum andern steht die Materie wesentlich in einer raumzeitlichen Beziehung auf einen nicht unbedingt selbst mit Materie besetzten Punkt im Raum, der unabhängig vom Zeitpunkt, zu dem er betrachtet wird, begrifflich gegen den übrigen Raum ausgezeichnet ist; die Materie ist *schwer*.

Beide Bestimmungen hängen für Hegel fundamental zusammen. Dies drückt sich in seiner Identifikation der Materie mit der *Einheit von Repulsion und Attraktion im Element der Äußerlichkeit* aus. In der Naturphilosophie stellen Repulsion und Attraktion gegenüber den rein logischen Kategorien raumzeitliche Beziehungen dar; als Einheit von Repulsion und Attraktion ist die Materie die „unmittelbar identische daseiende Einheit" (§ 261) von Raum und Zeit, oder von Ort und Bewegung (siehe Anm. 43). Es bleibt zusammenzutragen, welche Bestimmungen den *materiellen* Relaten raumzeitlicher Beziehungen, also den Teilen der Materie, nach Hegels Kategorien der Repulsion und Attraktion genau zukommen.[44]

1. Nach der Kategorie der *Repulsion* schließen sich die Teile der Materie im Raum gegenseitig aus. Dies impliziert, daß sie sich

(a) *räumlich auf etwas Anderes beziehen*, nämlich auf andere Teile der Materie, indem sie sich

(b) *zeitlich auf sich selbst beziehen*, insofern sie einen Ort (also eine Raum-Zeit-Stelle) einnehmen, in dem sie mit sich identisch bleiben.

Beides zusammengenommen macht für Hegel schon aus, daß die Materie die „Identität des Raums und der Zeit, des unmittelbaren Außereinander und der Negativität" (§ 261 A) darstellt. Nach (a) ist die Materie räumliches Außereinandersein bzw. diskret und besitzt Extension. Nach (b) gehen die Teile der Materie *nicht* wie die Relate der logischen Kategorie der reinen Quantität oder die Teile des leeren Raums ineinander über, denn jeder Teil der Materie steht in einer zeitlichen Selbstbeziehung, die von ihrer räumlichen Beziehung aufeinander unterschieden ist und die bedeutet, daß jeder Teil der Materie einen eigenen Ort ein-

---

44 Diese Denkbestimmungen der Seinslogik haben den folgenden Inhalt: Repulsion und Attraktion machen − ähnlich wie die Beziehungen der Diskretion und Kontinuität − zusammengenommen die Beziehungsstruktur der Elemente oder ‚Eins‘ einer Vielheit aus, die zugleich Einheit ist und von Hegel als Totalität aufgefaßt wird. Dabei drückt die Bestimmung der *Repulsion* einen Aspekt der Beziehungslosigkeit der ‚Eins‘ dieser Menge oder Vielheit aus, der auf die Selbstbeziehung zurückgeht, die von Hegels Bestimmung des Fürsichseins ausgedrückt wird. Durch diesen Aspekt der Beziehungslosigkeit unterscheidet sich die Bestimmung der Repulsion gerade von derjenigen der Diskretion (siehe hierzu L I, S. 186 ff., sowie Enz. § 97 + Z). Die Bestimmung der *Attraktion* drückt die Beziehungen der Elemente der Vielheit aufeinander aus; diese Beziehungen denkt sich Hegel hier über ein abstraktes ‚Eins‘ vermittelt, das „eine Eins der Attraktion" (siehe L I, S. 193 ff.). Dieses repräsentiert die Gesamtheit von Beziehungen der Elemente der Attraktion und unterscheidet sich darin von dem ‚Eins‘, das in Hegels Begriff der Kontinuität liegt oder der reine Quantität als Totalität repräsentiert, daß es selbst nicht mehr zu dieser Vielheit oder Menge gehört (es unterscheidet sich nach den Bestimmungen, die ihm zukommen, von deren Elementen). − Repulsion und Attraktion unterscheiden sich von den Begriffsmomenten der reinen Quantität vor allem dadurch, daß die Relate dieser Beziehungen aufgrund der in die Repulsion ‚eingebauten‘ Selbstbeziehung − die Hegel im Element der Äußerlichkeit mit der *Zeit* identifiziert − nicht ineinander übergehen oder in ein einziges Relat zusammenfallen.

nimmt und einer eigenen Bewegung fähig ist. Aufgrund von (b) impliziert Hegels Materiebegriff, daß jeder Teil der Materie eine Trajektorie in Raum und Zeit besitzt, die sich mit keiner anderen Trajektorie überschneidet.

Hegel selbst ordnet seiner Bestimmung der Repulsion der Materie (in § 261 und § 262) die empirischen Eigenschaften der *Undurchdringlichkeit* und des *Leistens von Widerstand* zu. Mit diesen Prädikaten sind die Eigenschaften, die er der Materie durch die Kategorie der Repulsion zuspricht, jedoch nicht erschöpft. Unmittelbar einsichtig ist, daß die zeitliche Selbstbeziehung (b) der Teile der Materie deren *Dauer* beinhaltet, denn sie bleiben in der Zeit mit sich identisch, indem sie im Raum bestehen oder in ihrem Ort verharren. Nach (a) stellt dieses Verharren der Teile der Materie in ihrem Ort aber zugleich ihre räumliche Beziehung aufeinander dar. Diese räumliche Beziehung läßt sich auch so ausdrücken, daß materielle Dinge gegeneinander Beharrungsvermögen besitzen oder einen Trägheitswiderstand gegen instantane Bewegungen leisten. Hegel bringt also das Kunststück fertig, in seine Bestimmung der Repulsion der Materie außer den Eigenschaften der Undurchdringlichkeit und der Dauer noch diejenige der *Trägheit* zu integrieren, was angesichts seiner Bestimmung der *Schwere* als Einheit von Repulsion und Attraktion besonders bemerkenswert ist.[45]

---

45 Daß Hegel die Trägheit bis einschließlich § 262 noch nicht explizit als Bestimmung der Materie angibt, obwohl sie in seinem Materiebegriff hier schon implizit enthalten ist, hat systematische Gründe. Mit § 262 ist erst von der Materie überhaupt die Rede und noch nicht von einzelnen, in Raum und Zeit besonderten materiellen Dingen; erst diese bestimmt Hegel – in § 264 – als träge; siehe hierzu Abschnitt 2.1 dieses Kapitels. Für Hegel ist die Trägheit eine Bestimmung der „endlichen" Mechanik, die von der Schwerebewegung aller materiellen Dinge abstrahiert und zugleich im vollständigen Begriff der Materie als einer dynamischen Totalität als (verendlichende) Unterbestimmung enthalten ist. – Eine verwandte Subsumtion der Trägheit unter den Begriff der Schwere liegt schon in *Leibniz'* Konzept der Materie als einer Gesamtheit „substantieller Formen" vor. Für Leibniz ist der Massenbegriff ein Konzept, zu dem man durch eine Abstraktion von der Totalität von Bestimmungen gelangt, die allen materiellen Substanzen inhärent sind. Vgl. Briefwechsel mit de Volder, HS II, S. 287 ff. Auch die Eigenschaften der Undurchdringlichkeit und der Trägheit sind bei Leibniz schon in Zusammenhang gebracht: die primitive passive Kraft oder „erste Materie" der materiellen Substanzen beinhaltet, „daß ein Körper von einem anderen nicht durchdrungen wird", *und* einen „Widerstand gegen die Bewegung" (Leibniz, Specimen Dynamicum, hg. von H. G. Dosch u. a., Hamburg 1982. Vgl. auch den Kommentar der Herausgeber zu dieser Stelle; a. a. O., S. 102).

2. Nach der Kategorie der *Attraktion* beziehen sich die Teile der Materie alle in derselben Weise raumzeitlich aufeinander, indem sie sich aufgrund ihrer zeitlichen Selbstbeziehung gegenseitig im Raum ausschließen. Dies impliziert für Hegel, daß ihnen

(a) *allen dieselben raumzeitlichen Bestimmungen zukommen*, nämlich ihre räumlichen Beziehungen aufeinander sowie ihre zeitlichen Selbstbeziehungen, weshalb sie

(b) wesentlich in *raumzeitlichen Beziehungen aufeinander* stehen, die über einen durch sie bestimmten Punkt im Raum, nämlich das *Schwerezentrum*, vermittelt sind.

Erst Repulsion und Attraktion zusammengenommen machen für Hegel die Schwere aus: „die Materie ist untrennbar beides und negative Einheit dieser Momente" (§ 262). Der Begriff der Attraktion führt mit (b) nur insofern zu demjenigen der Schwere, als in ihm derjenige der Repulsion schon vorausgesetzt ist. Nach (a) ist die Materie kontinuierlich oder steht in allen ihren Teilen im Zusammenhang. Hegel versteht die Kontinuität der Materie hier – weil in ihrem Begriff die Beziehung der Repulsion schon vorausgesetzt ist – aber nicht bloß als einen räumlichen Zusammenhang, sondern zugleich als eine raumzeitliche Wechselwirkung aller Teile der Materie untereinander. Für ihn stellt die Materie eher ein raumzeitliches Wechselwirkungsfeld dar als eine bloß räumlich ausgedehnte Substanz im Sinne der rationalistischen Metaphysik; die Materie ist für ihn eine Totalität, deren Teile sich über das Schwerezentrum alle aufeinander beziehen.

Aufgrund der in (a) und (b) schon vorausgesetzten Bestimmung der Repulsion, welche die räumliche Beziehung der Teile der Materie von ihrer zeitlichen Selbstbeziehung unterscheidet, kann auf den Materiebegriff im Gegensatz zu demjenigen des Raums nicht mehr Leibniz' Prinzip der Identität des Ununterscheidbaren angewandt werden, obwohl nach Hegels Materiebegriff allen Teilen der Materie dieselben raumzeitlichen Bestimmungen zukommen. Die Teile der Materie sind für Hegel ihrem Begriff nach identisch nur hinsichtlich der Bestimmungen, in räumlichen Beziehungen aufeinander und in zeitlichen Selbstbeziehungen zu stehen. Hinsichtlich ihrer Beziehung auf das Schwerezentrum, das für Hegel die Gesamtheit der raumzeitlichen Wechselwirkungen der Materie repräsentiert und das die Homogenität des Raums aufhebt, sind sie aber nicht mehr identisch, was man daran sieht, daß materielle Dinge (falls sie frei beweglich sind) verschiedene Schwerebewegungen ausführen, je nach der Position, in der sie sich relativ zum Schwerezentrum befinden.

Hegel hat mittels der Beziehungsstruktur von Repulsion und Attraktion also einen Weg gefunden, *gegen Leibniz' Prinzip eine Vielheit oder Menge zu denken, deren Teile oder Elemente alle durch dieselben Bestimmungen charakterisiert sind,* wobei diesen über ihre raumzeitlichen Relationen hinaus keinerlei innere oder sonstige Bestimmungen zukommen. Allerdings ist darauf hinzuweisen, daß ihm dies nur aufgrund des folgenden Tricks gelingt: An die Stelle der *inneren Bestimmungen,* die Leibniz den Monaden als den Trägern äußerlicher raumzeitlicher Verhältnisse zuspricht, hat Hegel eine *abstrakte Selbstbeziehung, nämlich seinen Zeitbegriff,* gerückt. Es gelingt ihm ja nur durch die Hinzunahme der (negativen) Selbstbeziehung, als die er die Zeit auffaßt, den Raumbegriff so zu komplettieren, daß Extension im Materiebegriff widerspruchsfrei denkbar wird. Die ,innere' Bestimmung der materiellen Relate raumzeitlicher Beziehungen, sich zeitlich nur auf sich selbst zu beziehen, ,äußert' sich dann in ihrer Schwerebewegung. Nach Hegels Materiebegriff sind die Teile der Materie nur anhand ihrer Bewegung, also anhand ihrer Bahnen in Raum und Zeit, zu unterscheiden. Der ursprüngliche Widerspruch der reinen Quantität, der dem Raum und der Zeit für sich genommen zukommt, ist dabei aus dem Materiebegriff nicht völlig verschwunden. Er ist lediglich in die *Schwerebewegung* transponiert, die materiellen Dingen zukommt, sobald sie frei beweglich sind. Die Materie hat für Hegel deshalb noch einen Widerspruch im spekulativen Sinne an sich. Dieser besteht darin, ihren „Mittelpunkt außer sich zu setzen" (§ 262 A) und nach ihm zu *streben.* Nicht der Schwerpunkt selbst, in den die Materie nach der Bestimmung der Repulsion ja nicht ,zusammenfällt', sondern das „Streben nach demselben ist der Materie immanent" (ebda.). Die Schwere ist so zwar „das Insichsein der Materie" (ebda.), aber dieses Insichsein stimmt auf dieser Stufe der Entwicklung der Idee im Element der Äußerlichkeit mit der äußeren Form der Materie, nämlich ihrer bloßen, gestaltlosen Extension, nicht überein.[46]

---

46 Aufgehoben ist dieser Widerspruch nach Hegels Auffassung erst im System der Gravitation, dem Sonnensystem, das für ihn eine erste Realisierung der Idee im Element der Äußerlichkeit darstellt. Vgl. hierzu § 269 A: „Die Bewegung als solche hat überhaupt schlechthin nur im Systeme mehrerer, und zwar nach verschiedener Bestimmung zueinander im Verhältnis stehender Körper Sinn und Existenz." Siehe hierzu auch die Anmerkungen 41 und 50 sowie die Erläuterungen, die in (2.2) zu Hegels Begriffen der Endlichen und Absoluten Mechanik gegeben werden.

1.3 Zusammenfassung des Hegelschen Konzepts von Raum, Zeit und Materie

Hegels Naturphilosophie stellt fundamentale begriffliche Zusammenhänge zwischen Raum, Zeit und Materie her. In Hegels Augen lassen sich ihre Begriffe nur um den Preis voneinander isolieren, daß man die Relate räumlicher und zeitlicher Beziehungen entweder als etwas Gegebenes voraussetzt und dann den Begriff der Materie nicht vernünftig begründen kann, oder sie aber unterbestimmt läßt und sich dann zwangsläufig in Antinomien verwickelt. Da die Begriffsbegründung von Raum, Zeit und Materie mit dem Herausgreifen einer dieser drei Begriffe beginnen muß, entscheidet sich Hegel für die zweite Alternative und macht sich die aus der Unterbestimmtheit der Relate von Raum und Zeit resultierenden Widersprüche methodisch für die begriffliche Entwicklung der Einheit von Raum, Zeit und Materie zunutze. Die Zusammenhänge, die Hegel auf diese Weise zwischen den drei Begriffen herstellt, sollen jetzt noch im Hinblick auf die von ihnen implizierten physikalischen Auffassungen zusammengefaßt werden.

Hegel beginnt seine Begriffsentwicklung mit dem abstrakten Begriff des *Raums*. Er bestimmt ihn unter Verzicht auf irgendwelche weiteren begrifflichen Voraussetzungen als das in sich ununterschiedene Außereinandersein, d. h. mit den Kategorien seiner Seinslogik: als reine Quantität, der äußerliches Sein zukommt und deren Relate alle etwas gleicherweise Seiendes oder Bestehendes sind (Enz. § 254). Weiter ist der Raum dreidimensional und in seinen Richtungen ununterschieden (§ 255). Demnach ist der Raum für Hegel *homogen und isotrop*, d. h. an allen Stellen symmetrisch sowohl hinsichtlich seiner Ausdehnung in irgendeiner Richtung als auch hinsichtlich aller seiner Richtungen. Hegels abstrakter Raumbegriff entspricht dem Begriff des *dreidimensionalen Euklidischen Raums*. Physikalische Realität besitzt der Raum für sich genommen nach Hegels Auffassung nicht. Der absolute Raum ist für ihn ähnlich wie für Leibniz ein rein mathematisches Konzept (siehe den Schluß von Anm. 40). Die Relate räumlicher Beziehungen sind auf dieser Abstraktionsstufe Punkte, Linien und Flächen (§ 256), also geometrische Gebilde, die nur mathematisch voneinander unterschieden werden können.

Hegels Begriff der *Zeit* ist ebenso abstrakt wie derjenige des Raums. Hegel sieht die Zeit als die abstrakte Veränderung von etwas an, das in der Veränderung zugleich mit sich identisch bleibt, und bestimmt sie als Negativität, die beständiges Sichselbstaufheben ist (§ 257). Nach diesem

Begriff ist für ihn die Zeit reine Quantität, deren Relate in einer negativen Selbstbeziehung stehen und ineinander übergehen, d. h. sie ist ein eindimensionales Kontinuum, das nur in der Grenze, nämlich als Gegenwart, existiert und das abstrakte äußerliche Werden ist (§ 258 und § 259). Als reine Quantität ist die Zeit für Hegel ebenso *homogen* wie der Raum. Im Gegensatz zu diesem ist sie nicht isotrop, sondern *gerichtet,* denn Vergangenheit und Zukunft sind ihren abstrakten Begriffen nach voneinander unterschieden. Von Irreversibilität der Zeit (etwa im Sinne der klassischen Thermodynamik) kann man auf dieser abstrakten Stufe der Begriffsbildung noch nicht sprechen, denn hierfür wäre eine inhaltliche Bestimmung von verschiedenen Zuständen in der Zeit und deren Nichtwiederherstellbarkeit notwendig. Hegels abstrakter Zeitbegriff ist also mit dem der klassischen Mechanik verträglich, nach der die Zeit im Prinzip umkehrbar ist, obwohl Hegels sicher mit Irreversibilität verbundener Entwicklungsbegriff eng mit seinem Konzept der Zeit zusammenhängt.

Was den heutigen Leser an Hegels Auffassung von Raum und Zeit modern anmutet, ist der Zusammenhang, den Hegel durch seine Begriffsentwicklung zwischen diesen zwei Formen der Äußerlichkeit der Natur herstellt. Die erste begriffliche Bestimmung der Einheit von Raum und Zeit ist der *Ort,* den Hegel mit einer Raum-Zeit-Stelle oder einem zeitlichen Raumpunkt identifiziert (§ 260). Der Ort ist ein zeitlicher Punkt im Raum, der gegenüber allen anderen Raumpunkten durch die Zeitbestimmung, gegenwärtiger Punkt zu sein, ausgezeichnet ist. Er steht demgemäß in einer raumzeitlichen Beziehung auf andere Raumpunkte bzw. Orte und ist deshalb nach Hegels Auffassung von der *Bewegung* begrifflich nicht zu trennen (§ 261). Durch den Ort und seine Bewegung wird ein *zeitlicher Raum* erzeugt, der mit einem durch Zeitbestimmungen angereicherten Euklidischen Raum identisch ist.

Dieser zeitliche Raum ist für Hegel eine abstrakte *dynamische Totalität,* die es mit dem vierdimensionalen Raum-Zeit-Kontinuum der Speziellen Relativitätstheorie gemeinsam hat, die Begriffe von Raum und Zeit in ein Konzept zu vereinigen. Diese Vereinigung ist in Hegels Konzept eines durch Bewegung erzeugten zeitlichen Raums aber ganz anders vorgenommen als in der Speziellen Relativitätstheorie. Für Hegel ist die Zeit — als beständiges Selbstaufheben, dem für sich genommen nur in der Grenze Sein zukommt — gerade nicht ein Kontinuum, das neben dem dreidimensionalen Kontinuum des Raums Bestehen hat und dessen Eindimensionalität sich zu den drei Dimensionen des Raums addiert; sie ist für ihn das negative Prinzip, das in einem nach wie vor dreidimensionalen Raum Unterschiede setzt. Hegels Terminologie nach wäre im Begriff eines vierdimensionalen Raum-Zeit-Kontinuums die Zeit *neben* dem Raum ‚verräumlicht‘, nicht aber als ein Unterschiede im Raum setzendes Prinzip erkannt. Man kann deshalb kaum sagen, Hegels Konzept von Raum und Zeit sowie insbesondere sein Ortsbegriff seien Antizipationen derjenigen der Speziellen Relativitätstheorie.[47] Durch diese Einschränkung der Modernität von Hegels Begriffen für Raum und Zeit wird aber nicht sein Verdienst geschmälert, gegenüber Newton, Leibniz und Kant die Notwendigkeit erkannt zu haben, daß Raum und Zeit begrifflich in Zusammenhang gebracht werden müssen, weil die Relate räumlicher und zeitlicher Beziehungen letztlich miteinander identisch sind.

---

47 Dies hat z. B. S. Sambursky behauptet. Siehe S. Sambursky, Hegels Philosophy of Nature, in: Elkana, The Interaction between Science and Philosophy, Jerusalem 1974; S. 143 ff. „To my knowledge, Hegel was the first philosopher who, through his method, established a dialectical concatenation of space and time, and thus foreshadowed one of the basic conceptions of relativity ... Hegel's definition of Place (Ort) as a ‚Spatial Now‘ (Räumliches Jetzt) (§ 261) is indeed more than an ingenious formulation; it is an anticipation of the point in the four-dimensional relativistic universe" (S. 147 f.). Diese Auffassung kann ich nicht teilen, denn die begriffliche Verbindung, die Hegels Ortsbegriff zwischen Raum und Zeit herstellt, ist völlig anders geartet als die Verknüpfung der Begriffe von Raum und Zeit durch die Spezielle Relativitätstheorie. Diese geht nämlich auf Untersuchungen des Transformationsverhaltens räumlicher Bezugssysteme sowie auf eine Kritik des Gleichzeitigkeitsbegriffs der Klassischen Mechanik zurück. Solche innerphysikalischen Erwägungen lagen klarerweise außerhalb des Blickfelds von Hegels Naturphilosophie – und zwar nicht nur, weil die Theorienentwicklung der Physik zu seiner Zeit noch nicht genügend fortgeschritten war (Voraussetzung für die Entwicklung der Speziellen Relativitätstheorie war ja die Existenz der Lorentz-invarianten Maxwell-Gleichungen, an denen Einsteins Überlegungen ansetzten), sondern vor allem auch, weil der Naturphilosophie nach Hegels Überzeugung ganz andere Aufgaben zukommen als der Naturwissenschaft selbst (siehe Drittes Kapitel, 2.2). Die unterschiedlichen Aufgaben von Naturphilosophie und Physik bedingen natürlich auch, daß Hegel sich nicht die Empirie-orientierte Methode der Physik aneignet, was ihm Sambursky in demselben Aufsatz vorwirft: „Hegel thus rejects precisely that method which physics since Newton has succeeded in acquiring a steadily expanding knowledge of the nature of the physical world." (ebda., S. 145) Dieser (verbreitete) Vorwurf zielt an der erklärten Absicht Hegels, Naturphilosophie und eben nicht Naturwissenschaft zu betreiben, völlig vorbei. Hegel geht es in seiner Naturphilosophie gerade nicht um ‚knowledge‘, also Verfügungswissen über die Natur, sondern um deren vernunftgemäßes Begreifen.

Ort und Bewegung sind für Hegel ebenso abstrakte Konzepte wie Raum und Zeit, denen für sich genommen keine physikalische Realität zukommt. Insbesondere erfordert es der Begriff der Bewegung nach Hegels Überzeugung, daß etwas da ist, das sich relativ zu etwas anderem bewegt; sein *Konzept von Bewegung* ist ebenso wie dasjenige von Leibniz *relativistisch*. Verwirklicht sieht Hegel Raum, Zeit, Ort und Bewegung erst in der *Materie*, der ersten Realität gegenüber der „Idealität" von Raum und Zeit (§ 261 + A). Materielle Dinge bzw. die Teile der Materie sind die nicht mehr unterbestimmten Relate raumzeitlicher Beziehungen, die sich gegenseitig räumlich ausschließen und auch konsistent als Verschiedene gedacht werden können. Hegel erreicht dies in seinem Materiebegriff gerade mittels seiner Begriffe für Ort und Bewegung und der von ihnen implizierten Einheit von Raum und Zeit. Dabei fällt für ihn die Materie ebenso wie Raum und Zeit unter die Kategorie der reinen Quantität, d. h. auf dieser Stufe der Begriffsbildung denkt er die Materie nicht in einzelne Körper unterteilt, die entweder durch leeren Raum getrennt sind oder sich durch ihre stoffliche Beschaffenheit unterscheiden. Die Materie ist für ihn ihrem abstraktesten Begriff nach ein *kontinuierliches raumzeitliches Wechselwirkungsfeld* und besteht weder aus ausgedehnten oder punktuellen Atomen noch aus isolierten mechanischen Körpern. Die raumzeitlichen Beziehungen, in denen die Teile dieses Wechselwirkungsfeldes stehen, charakterisiert Hegel mittels der Kategorien der Repulsion und Attraktion und identifiziert ihre Einheit mit der *Schwere* (§ 262). Er sieht die Schwere dabei nicht wie Newton als Kraft an, d. h. als eine äußere, durch andere materielle Dinge verursachte Einwirkung, sondern als eine innere Eigenschaft materieller Dinge, die als eine aus den symmetrischen Wechselwirkungen aller materiellen Dinge resultierende *Selbstwechselwirkung der Materie insgesamt* bestimmt werden muß. Diese Selbstwechselwirkung der Materie insgesamt *hebt die Homogenität des leeren Raums auf*. Das Schwerezentrum der Materie insgesamt oder der gemeinsame Schwerpunkt eines Systems von Körpern stellt einen ausgezeichneten Punkt im Raum dar, der der Bezugspunkt für die verschiedenen Bewegungen aller Teile der Materie ist.

Einige physikalische Implikationen dieses Materiebegriffs müssen noch hervorgehoben werden. Zunächst ist festzuhalten, daß er Materie und Bewegung ebenso fundamental miteinander verbindet, wie schon in Hegels Ortsbegriff Raum und Zeit vereinigt sind. Die Pointe von Hegels Materiebegriff liegt gerade darin, daß nach ihm materielle Dinge *verschiedene Orte* einnehmen, die nicht ineinander übergehen, und so wesentlich durch ihre *relativen Bewegungen* begrifflich voneinander unterschieden werden. Demnach sind die materiellen Relate raumzeitlicher Beziehungen ganz im Sinne der Klassischen Mechanik dadurch bestimmt, daß sie *eindeutige, sich nicht schneidende Trajektorien* in Raum und Zeit besitzen. Hegel ordnet dieser begrifflichen Bestimmung der Materie ihre empirische Eigenschaft der *Undurchdringlichkeit* zu. Dies wird sofort einleuchtend, wenn man daran denkt, daß es genau diese Eigenschaft ist, die der Materie im mikroskopischen Bereich, wo die Gesetze der Klassischen Mechanik ungültig werden, verlorengeht. Nach der Quantenmechanik werden Materieteilchen unter bestimmten Bedingungen ununterscheidbar, und dies heißt: sie können innerhalb eines endlichen (durch die Planck'sche Konstante festgelegten) Raum-Zeit-Volumens nicht mehr lokalisiert, also auch nicht mehr räumlich getrennt werden. Damit verliert der Begriff ihrer Undurchdringlichkeit aus demselben Grund (nämlich der Heisenberg'schen Unschärferelation) seinen Sinn wie ihre Bestimmung durch eindeutige Bahnen in Raum und Zeit.

Hegels Materiebegriff befindet sich also völlig auf dem Boden der Klassischen Mechanik. In einigen Zügen weist er aber weit über sie hinaus – in Richtung auf eine rein phänomenologisch durch raumzeitliche Bestimmungen begründete *Feldtheorie der Materie;* und zwar durchaus in Richtung auf Einsteins Spezielle und Allgemeine Relativitätstheorie. Zunächst ist es beachtlich, daß Hegels Bestimmung der Materie mittels der zeitlichen Selbstbeziehungen ihrer Teile mit dem Konzept einer *Eigenzeit* verträglich ist, die nach der Speziellen Relativitätstheorie jedem mechanischen Körper oder jedem durch materielle Dinge erzeugten räumlichen Bezugssystem zukommt. Weiter läßt sich Hegels Bestimmung der Repulsion der Materie ohne weiteres auch deren *Trägheitswiderstand* zuordnen, denn der Widerstand, den sich materielle Körper bei einem Stoßprozeß leisten und den Hegel ebenfalls unter die Repulsion der Materie faßt (§ 261 A), ist ja durch ihre träge Masse bedingt. Demnach ist in Hegels Begriff der Schwere als einer Einheit von Repulsion und Attraktion die Trägheit der Materie enthalten, wenn Hegel diese Implikation seines Materiebegriffs auf der mit § 262 der Enzyklopädie erreichten Stufe der Begriffsbildung aus systematischen Gründen auch noch nicht herausgearbeitet. Der Zusammenhang, den er auf diese Weise durch seinen Materiebegriff zwischen Trägheit und Schwere herstellt, erinnert in manchem an den Versuch von Einsteins Vorläufer *Mach*, Trägheit und Schwere als ein einheitliches Phänomen zu begreifen. Dies soll im nächsten Teilkapitel anhand von Hegels Kritik an

Newtons Konzept der trägen Materie gezeigt werden, die man in § 263 ff. der Berliner Enzyklopädie findet.

2. Hegel zwischen Kant und einer heutigen Naturphilosophie?

Nun sind alle Mittel zusammengetragen, um wieder an die Fragen heranzutreten, mit denen am Ende des ersten Teils dieser Arbeit von Kants zu Hegels Naturphilosophie übergegangen worden war. Im Fall der Begriffe von Raum, Zeit und Materie gewinnt Hegel, wie in diesem Teilkapitel demonstriert werden soll, mit der größeren Systematizität seiner Begriffsbildung einiges gegenüber Kant. Er gelangt durch seine Begriffsentwicklung zu einem Konzept, das Raum, Zeit und Materie als eine Totalität begreift und das Hegels heutigen Leser in vielem erstaunlich modern anmutet. Um zu einer Beurteilung dieses Stücks seiner Naturphilosophie zu gelangen, sollen noch folgende Schritte vorgenommen werden:

1. Bezüglich der Auffassung von Raum und Zeit nimmt Hegel ähnlich wie Kant eine Mittelstellung zwischen Newton und Leibniz ein. Mit seinem Materiebegriff steht er aber Leibniz näher als Kant und Newton; er kritisiert massiv Newtons Konzept der trägen Materie. In diesem Zusammenhang ist näher auszuführen, was Hegel genau unter *Trägheit* versteht. – 2. Diese *Newton-Kritik* soll mit Blick auf die im zweiten Kapitel entwickelte Problematik des absoluten Raums sowie den *Konflikt zwischen Trägheits- und Gravitationsgesetz*, den erst die heutige Physik lösen kann, diskutiert werden. – 3. Damit verbleibt die Aufgabe, ein Resümee des allerersten Teils von Hegels Naturphilosophie zu ziehen. Dabei muß man sich an Fragen orientieren, die sich auf die Grundzüge seiner Naturphilosophie beziehen. Was ist mit der Hegelschen Bestimmung von Raum, Zeit und Materie gegenüber den Kantischen Begriffen sowie gegenüber der Naturwissenschaft seiner Zeit nun eigentlich gewonnen? Kann man sagen, Hegel habe Gedanken der heutigen Physik antizipiert, und daran zeige sich die Aktualität seiner Naturphilosophie? In welchem Verhältnis steht diese *Vernunfterkenntnis der Natur*, die Hegels Naturphilosophie ja in allen ihren Teilen zu sein beansprucht, eigentlich zur Verstandeserkenntnis von Raum, Zeit und Materie durch physikalische Theorien, und was kann man von ihr heute noch lernen?

2.1 Die Trägheit als Bestimmung der „endlichen" Mechanik

Für Hegel bilden Raum, Zeit und Materie eine begriffliche Totalität. Die Entwicklung dieser begrifflichen Totalität geht von den Sachverhalten aus, daß zum einen die Relate räumlicher sowie zeitlicher Beziehungen einzig und allein in den materiellen Dingen Wirklichkeit besitzen und daß zum andern die Materie, will man sie nicht einfach als etwas phänomenal oder noumenal Gegebenes voraussetzen, ihrem Begriff nach nur auf raumzeitliche Bestimmungen zurückgeführt werden kann. Mit dieser Auffassung nimmt Hegel bezüglich der Realität von Raum und Zeit ähnlich wie schon Kant eine *Mittelstellung zwischen Newton und Leibniz* ein. Der absolute Raum und die absolute Zeit sind in Hegels Augen begriffliche Abstraktionen vom fundamentalen Zusammenhang von Raum und Zeit untereinander sowie mit der Materie. Realität haben Raum und Zeit für ihn gleichermaßen erst in der Materie; er sieht in ihnen weder eine Art substantiellen Behälter, in dem sich die materiellen Dinge befinden, wie Newton es seiner Auffassung nach tat, noch eine bloße Ordnung vorgegebener materieller Substanzen wie Leibniz. Nach seiner naturphilosophischen Begriffsbildung sind Raum und Zeit die objektiven Formen der Äußerlichkeit der Natur. Gegen Kant grenzt sich diese Auffassung dadurch ab, daß die Formen der Äußerlichkeit für Hegel nicht bloß subjektive Anschauungsformen sind, in denen die materiellen Dinge empirisch gegeben sind.

Mit seinem auf raumzeitliche Bestimmungen gegründeten Materiebegriff steht Hegel Leibniz aber näher als Kant. Für Kant, der mit den MAG Newtons Mechanik als objektive Theorie begründen wollte, ist die Materie in erster Linie träge, also ohne äußere Einwirkung jeder ungleichförmigen mechanischen Bewegung unfähig — obwohl die von Kant mit der Schwere identifizierte Attraktivkraft wesentlich mit zu seinem Materiebegriff gehört (siehe Zweites Kapitel, 2.2). Dagegen vertritt Hegel im Anschluß an Leibniz ein *dynamisches Konzept der Materie*. Auch für ihn ist die Materie in erster Linie aufgrund der Schwere ungleichförmig bewegt und erst in zweiter Linie träge.[48] Im Gegensatz zu Leibniz begründet Hegel die Schwerebewegung aber nicht durch ein metaphysisches dynamisches Prinzip, das einen inneren Bestimmungsgrund materieller Substanzen darstellt, wie es der von Leibniz z. B. in seinem Briefwechsel mit Clarke dargelegten Auffassung entspricht (siehe Zweites Kapitel, 3.1). Statt dessen führt er sie auf raumzeitliche

---

48 Vgl. Anm. 45.

Bestimmungen zurück und folgt dabei der Kantischen Forderung, die inneren Bestimmungen einer raumzeitlichen Substanz allein mit äußeren Relationen zu identifizieren.

Wie bringt Hegel in seinem Materiebegriff die *Trägheit* unter? Es wurde bereits darauf hingewiesen, daß seine Bestimmung der Repulsion der Materie die Trägheit bereits impliziert. Hegel ordnet der Repulsion materieller Dinge deren empirische Eigenschaft zu, undurchdringlich zu sein und der Bewegung anderer materieller Dinge Widerstand zu leisten (§ 261 A, 2. Absatz, und § 262). Zu dem Widerstand, den materielle Dinge einander bei der Berührung leisten, gehört auch der für ihr räumliches Beharrungsvermögen verantwortliche Trägheitswiderstand, der verhindert, daß sie sich durch instantane Bewegungen ausweichen. Insofern für Hegel die Schwere die Einheit von Repulsion und Attraktion der Materie darstellt (§ 262), ist in seinem Begriff der Schwere die Trägheit enthalten. Dennoch gibt Hegel auf dieser Stufe der Begriffsbildung die Trägheit nicht als eine Bestimmung der Materie überhaupt an.[49] Sein abstrakter Begriff der schweren Materie, der die Schwere als eine Selbstwechselwirkung der (zunächst homogen gedachten) Materie insgesamt auffaßt, sieht im Gegensatz zum abstrakten Materiebegriff der Mechanik völlig davon ab, daß die Materie aus einzelnen, räumlich getrennten Körpern besteht. Demgegenüber beruht der Materiebegriff von Newtons Mechanik auf dem Begriff der *Masse*, der eine quantitative Bestimmung einzelner materieller Dinge einschließt: Newton definiert die Masse am Anfang seiner „Principia" als Materiemenge, als „quantitas materiae", die durch das ihr proportionale Gewicht gemessen wird (siehe „Principia", S. 21).

Hegel führt den Massenbegriff erst im Anschluß an seine Bestimmung der schweren Materie folgendermaßen ein: „Die Materie ... ist besondert in verschiedene Quanta – Massen, welche in der oberflächlichen Bestimmung eines Ganzen oder Eins Körper sind" (§ 263). Auch Hegel versteht die Masse also als Materiemenge, und er bringt ihren Begriff mit dem der Einheit eines isolierten mechanischen Körpers in Zusammenhang. Diese Weiterbestimmung seines ursprünglichen Materiebegriffs beinhaltet, daß die Materie nicht mehr als das kontinuierliche Wechselwirkungsfeld angesehen wird, das sie nach Hegels Materiebegriff eigentlich ist, sondern den Gesetzen der Newtonschen Mechanik gemäß als eine Ansammlung von trägen Massen, die im Raum getrennt vorhanden sind und voneinander isoliert gedacht werden.

---

49 Vgl. Anm. 45.

Der Newtonsche Massenbegriff beruht auf dem Trägheitsgesetz, insofern er letztlich durch das Kraftgesetz definiert ist. Er besagt in Hegels Augen, daß mechanische Körper einen gegen ihre raumzeitlichen Wechselwirkungen „gleichgültigen Inhalt" (ebda.) von Raum und Zeit darstellen; damit drückt Hegel aus, daß der Begriff der trägen Masse von der Schwerebewegung absieht, die der Materie wesentlich zukommt. Die träge Masse ist nach dem Trägheitsgesetz dadurch bestimmt, daß ihr keine (ungleichförmige) Bewegung immanent ist, sondern daß sie nur durch äußere Einwirkungen in einen bestimmten Bewegungszustand versetzt wird. Mechanische Körper sind träge, heißt für ihn dementsprechend: ihnen sind Ruhe und Bewegung äußerlich (siehe § 264); diese Bestimmung muß er als eine Abstraktion von der Schwere als der in seinen Augen fundamentaleren Eigenschaft der Materie ansehen. Weiter identifiziert Hegel dann die träge Masse mechanischer Körper mit ihrer schweren Masse, wie man es nach seiner ursprünglichen Bestimmung der schweren Materie als Einheit von Repulsion und Attraktion erwartet. Dies tut er allerdings erst, nachdem er seine Begriffe für Masse und Trägheit angegeben hat, bei der begrifflichen Bestimmung des *Stoßes* (§ 265). Ein Stoß ist ein Prozeß, bei dem zwei Körper von i. a. verschiedener Masse sich gegenseitig Bewegung mitteilen (ebda.), d. h. sich Impuls übertragen. Der Impulsübertrag kommt nach dem Kraftgesetz durch den *Trägheitswiderstand* ihrer Massen zustande. Hegel führt diesen durch die träge Masse bewirkten Widerstand auf ihre „relative Schwere" (ebda.) oder ihr *Gewicht* zurück; mit dem Ausdruck „relative Schwere" meint er hier wohl das Verhältnis ihrer schweren Massen bzw. Gewichte. Damit sind klarerweise die träge und die schwere Masse, deren empirische Gleichheit vom Standpunkt der Newtonschen Mechanik aus ein kontingentes Faktum bleibt, systematisch miteinander identifiziert.

Obwohl Hegel diese Identifikation von träger und schwerer Masse in seinem ursprünglichen Materiebegriff angelegt hat, führt sie ihn nicht zu der Behauptung einer universellen Äquivalenz von Trägheit und Schwere, die zuerst Mach und später Einstein aufstellten. Der Begriff der Masse gehört in Hegels Augen nämlich dem Teilbereich der Mechanik an, der auf dem Konzept eines isolierten mechanischen Körpers beruht. Dieses Konzept ist vom Standpunkt seiner Naturphilosophie aus unzulänglich, d. h. dem von der Naturphilosophie geforderten Begriff der Materie nicht adäquat, weil es die Materie insgesamt als ein Aggregat beziehungsloser Körper und nicht als eine systemhaft organisierte Totalität begreift. Es darf nach seiner Auffassung nicht beliebig verallgemeinert werden. Hegel sieht die Bestimmung mechanischer Körper durch den Massenbegriff bzw. durch das Trägheitsgesetz, das eine Aussage über den Bewegungszustand isolierter Körper macht, als eine bloß untergeordnete Charakterisierung der Materie an: „In dieser Bestimmung" der Trägheit, die von der Schwerebewegung absieht, „wird der Körper in der physikalischen Mechanik überhaupt genommen, so daß es Axiom derselben ist, daß der Körper schlechthin nur durch eine äußerliche Ursache in Bewegung als in einen Zustand und ebenso in Ruhe versetzt werde ... Aber dies ist nur die unmittelbare und eben damit abstrakte und endliche Körperlichkeit. Der Körper qua Körper heißt dies Abstraktum des Körpers" (§ 264 A). Hegel verweist diese Bestimmung, die von der Gravitationswechselwirkung der Materie insgesamt abstrahiert, in den Bereich der „endlichen" Mechanik, d. h. der Lehre der mechanischen Bewegungen auf der Erdoberfläche, die den „Bestimmungen der Trägheit, Stoß, Druck, Anziehen, Fall u. s. f." (ebda.) unterliegt. Ihr stellt er eine „absolute" Mechanik (§ 269−§ 271) gegenüber, d. h. die Lehre der Bewegungen von Himmelskörpern, in der die Wirkungen der Gravitation über die in unserer Alltagswelt vorhandenen Trägheitsphänomene dominieren; in dieser Sphäre der Mechanik haben die genannten Bestimmungen von Trägheit usw. seiner Meinung nach nichts zu suchen.

Hegel wird diese Unterscheidung von endlicher und absoluter Mechanik gerne vorgeworfen. Vor allem seine Kritiker des 19. Jahrhunderts konnten in ihr nur eine Abkehrung von den großartigen Errungenschaften des Newtonschen Denkens sehen, die das Rad der Geschichte zu Prinzipien der Aristotelischen Physik zurückdrehen wollte und die sich insbesondere über Newtons größte Leistung, nämlich die Verallgemeinerung von Schwerewirkungen auf der Erde zum allgemeinen, auch für Himmelskörper gültigen Gravitationsgesetz, hinwegsetzte.[50] Es ist wohl erst heute, nachdem die Mängel von Newtons Mechanik im Lichte der Relativitätstheorie sichtbar geworden sind, möglich, den physikalischen Gehalt dieser Unterscheidung von Hegels Naturphilosophie einigermaßen gerecht zu beurteilen. Für Hegel selbst hatte diese Unterscheidung aber in erster Linie eine *philosophische Bedeu-*

---

50 Die Unterscheidung einer Physik, die nur auf der Erdoberfläche gültig ist und nach der alle Bewegungen von selbst zum Stillstand kommen, von der Lehre der Planetenbewegungen ist charakteristisch für die Aristotelische Physik.

tung, die mit seinem Naturbegriff zusammenhängt. Die Natur ist in seinen Augen das Element der Äußerlichkeit der Idee, in dem deren Bestimmungen oder Organisationsstadien in ein äußerliches Verhältnis zueinander treten. Die Aufgabe der naturphilosophischen Begriffsentwicklung ist es nach diesem Naturbegriff, die inneren Zusammenhänge und die Organisation der einander äußerlichen Naturformen dem Stufenbau der Natur gemäß aufzudecken. Im Bereich der absoluten Mechanik, so denkt Hegel, ist die Organisation der Natur schon weiter fortgeschritten als im Bereich der endlichen Mechanik. In der endlichen Mechanik gelten mechanische Körper als isolierte, einander äußerliche Dinge, die sich zwar unter dem Einfluß der Erdanziehung bewegen, deren Wechselwirkungen miteinander und mit der Erdmasse aber nur als die Einwirkungen äußerer Kräfte in Erscheinung treten und gesetzmäßig beschrieben werden. In diesem Bereich findet Newtons Trägheitsgesetz Hegels Meinung nach mit Recht Anwendung, wenn es von falschen, metaphysikträchtigen Deutungen befreit und nur als ein mathematisches Hilfsmittel verwendet wird.[51] Wenn das Trägheitsgesetz jedoch auf die absolute Mechanik ausgedehnt und die Gravitation in diesem Bereich als äußere Kraft und als bloß sekundäre Bestimmung der Materie eingeführt wird, so muß dies in Hegels Augen zu einem mechanistischen Weltbild führen, das die universelle Selbstwechselwirkung, also die dynamische Natur, der Materie leugnet und ein Begreifen ihrer Organisation unmöglich macht. Der wesentliche Unterschied der absoluten gegenüber der endlichen Mechanik ist nach Hegels Naturphilosophie, daß die Materie in der absoluten Mechanik zu einem *System* − dem Sonnensystem − organisiert ist, in dem alle Himmelskörper wesentlich in Wechselwirkung stehen und in ihren Bewegungen auf ihren gemeinsamen Schwerpunkt bezogen sind. Erst im Sonnensystem sieht Hegel seinen ursprünglichen Begriff der schweren Materie als Einheit von Repulsion und Attraktion, der die Materie wesentlich als Totalität

---

51 Als mathematisches Hilfsmittel dient das Trägheitsgesetz bzw. die Trägheitsbahn von mechanischen Körpern bei der vektoriellen Addition von Bewegungen oder Kräften. Z. B. werden bei Kreisbewegungen Fliehkraft und rücktreibende Zentripetalkraft in einem Kräfteparallelogramm getrennt verzeichnet und vektoriell addiert. Wenn man nun Trägheitsbewegungen wie der Fluchtbewegung eines in einer Schleuder kreisförmig bewegten Steins physikalische Wirklichkeit zuspricht, so führt dies nach Hegels Meinung dazu, daß man den verschiedenen Komponenten von Newtons Kräfteparallelogramm eine selbständige physikali-

auffaßt, verwirklicht. Das Sonnensystem ist für ihn die erste Verkörperung der Idee in der Natur, dem Element ihrer Äußerlichkeit.[52]

2.2 Zur Bedeutung von Hegels Newton-Kritik

Vom heutigen *physikalischen Standpunkt* aus ist das Gegenstandsgebiet, das Hegel als endliche Mechanik bezeichnet, derjenige Bereich, in dem die Wirkungen der (Erd-)Schwere in guter Näherung als eine konstante äußere Kraft betrachtet werden können, die Trägheitsbahnen nur durch eine konstante Beschleunigung verzerrt. Die Schwerewirkung, die bewegliche Dinge auf der Erdoberfläche umgekehrt auf die Erdmasse ausüben, kann gegen die Erdanziehung völlig vernachlässigt werden, und

---

sche Existenz zuspricht, was in seinen Augen schlechte Metaphysik ist. Hegel ist ein entschiedener Gegner dieser physikalischen Deutung von Newtons Trägheitsgesetz (siehe § 266 A). Deshalb sieht er es auch als eine wesentliche Bestimmung von Bewegungen im Bereich der endlichen Mechanik an, daß sie sich tatsächlich *nicht* geradlinig-gleichförmig ins Unendliche fortsetzen, sondern unter dem direkten oder indirekten Einfluß der Schwere irgendwann wieder zur Ruhe kommen (siehe § 266 + A). Offensichtlich gilt dies für Wurf- und Fallprozesse, die auf der Erdoberfläche ein Ende finden. Hegel führt aber auch die Reibung, die Bewegungen abbremst und zum Stillstand bringt, auf die Schwere zurück; diese Auffassung hat den physikalischen Gehalt, daß die Reibung der (von Hegel mit der schweren Masse identifizierten) trägen Masse proportional ist (§ 266 A + Z). In § 266 Z findet sich allerdings auch die Behauptung, ein Pendel käme ohne Reibung allein aufgrund der Schwere zum Stillstand: „Weiter ist es aber nicht bloß die Reibung, welche eine Pendelbewegung zum Stillstand bringt; wenn die Reibung auch aufhörte, so muß der Pendel doch zur Ruhe kommen." (§ 266 Z, S. 74) Diese Auffassung ist falsch. – Unendlich sind für Hegel nur die (zum großen Teil in sich geschlossenen) nicht abgebremsten Bahnen der Himmelskörper, also die Bewegungen der absoluten Mechanik.

52 Siehe § 269: „Die Gravitation ist der wahrhafte und bestimmte Begriff der materiellen Körperlichkeit, der zur Idee realisiert ist." Die Organisation der schweren Materie zum Sonnensystem beinhaltet für Hegel über den Materiebegriff von § 262 hinaus, daß die Materie 1. in einzelne mechanische Körper besondert ist und diese 2. bezüglich ihrer Massen und Abstände in bestimmten Verhältnissen stehen, die ihnen verschiedene Funktionen innerhalb des organisierten Ganzen geben, d. h. sie zu Sonne, Planeten, Monden und Kometen machen. Hegel leitet diese Bestimmung der verschiedenen Arten von Himmelskörpern mittels der in seiner Begriffslogik angegebenen Schlußformen ab. Auf diese Ableitung, die ein weiteres Beispiel dafür darstellt, welche Freiheitsgrade die begriffliche Integration von Naturphänomenen in die Naturphilosophie bei Hegel hat, kann hier nicht eingegangen werden.

diese ist bei konstanter Höhe und geographischer Breite konstant. In diesem Bereich ist ein Inertialsystem, auf das Trägheitsbahnen bezogen werden können, einfach durch die Erdoberfläche festgelegt; seine ungleichförmige Eigenbewegung läßt sich leicht durch die Einführung von Scheinkräften wie Flieh- und Corioliskraft berücksichtigen. Dagegen muß die Schwerkraft in dem Bereich, den Hegel als absolute Mechanik bezeichnet, als eine symmetrische, dem Abstandsquadrat zweier Körper umgekehrt proportionale, universelle Wechselwirkung betrachtet werden, wie es auch Newtons Begriff der allgemeinen Gravitation entspricht. In diesem Bereich besitzen die Körper, die sich nach dem Gravitationsgesetz bewegen, die Himmelskörper, im allgemeinen Massen von derselben Größenordnung. Ihre schweren Massen sind deshalb bei der Festlegung des Inertialsystems, auf das ihre Bewegungen bezogen werden, selbst mitzuberücksichtigen. Der aus der Universalität der Schwere (bzw. der Identität von träger und schwerer Masse) resultierende Konflikt zwischen Trägheits- und Gravitationsgesetz (siehe Zweites Kapitel, 3.1) kann in diesem Fall nicht mehr durch die Einführung von Scheinkräften vermieden werden. Newton war diesem Konflikt durch sein Konzept des absoluten Raums ausgewichen; er dachte, der Schwerpunkt des Sonnensystems ruhe im absoluten Raum und darum verkörpere das Sonnensystem selbst das im Trägheitsgesetz vorausgesetzte Inertialsystem. Wie wir heute wissen, ist dies nur näherungsweise der Fall, weil auch das Sonnensystem eine ungleichförmige Bewegung relativ gegen weitere Sternsysteme ausführt. Der Konflikt zwischen Trägheits- und Gravitationsgesetz bezüglich der Existenz eines Inertialsystems, den die Allgemeine Relativitätstheorie durch das Konzept eines lokalen Bezugssystems löste, wird erst in dem von Hegel als absolute Mechanik bezeichneten Gegenstandsgebiet manifest. Hegel hat jedenfalls den Grund für ihn schon erkannt, denn er schreibt zu Beginn dieses Abschnitts seiner Naturphilosophie: „Unmittelbar widerspricht die Gravitation dem Gesetze der Trägheit, denn vermöge jenem strebt die Materie aus sich selbst zur anderen hin." (§ 269 A)

Hat Hegel mit seiner Unterscheidung von endlicher und absoluter Mechanik, die den Anschein erweckte, sich gerade über Newtons größte Leistung hinwegzusetzen, etwa schon den Gegenstandsbereich erkannt, in dem die Newtonsche Mechanik ihre Anwendbarkeit verliert? Dies zu behaupten, ginge wohl zu weit. Unzweifelhaft hat er aber die entscheidende Schwachstelle von Newtons Theorie namhaft gemacht, die mit dem Problem des *absoluten Raums* bzw. des idealen Bezugssystems für Trägheitsbewegungen zusammenhängt. *Newton* benötigte ein

Inertialsystem, das physikalische Realität hat, als Voraussetzung für sein Trägheits- und Kraftgesetz, und schrieb darum dem absoluten Raum, relativ zu dem er das Sonnensystem ruhend dachte, Wirklichkeit zu. Den Beweis für die Wirklichkeit des absoluten Raums sah er in der Existenz von Zentrifugalkräften. Dagegen vertrat *Leibniz* im Briefwechsel mit Clarke uneingeschränkt das Relativitätsprinzip, nach dem es weder einen absoluten Raum noch absolute Bewegungen gibt. Leibniz hatte aber die Existenz von Zentrifugalkräften nur erklären können, indem er auf den metaphysischen Gehalt seines Materiebegriffs zurückgriff (siehe Zweites Kapitel, 3.1).

Kant, der nicht die begrifflichen Mittel besaß, den Konflikt zwischen Newtons Trägheitsgesetz und Leibniz' Relativitätsprinzip zu lösen, versuchte zwischen beiden Positionen zu vermitteln. Er erklärte den absoluten Raum zu einer spekulativen Idee, die eine die Grenzen der Verstandeserkenntnis übersteigende Totalisierung von empirischen Bezugsräumen oder Inertialsystemen darstellt und nur als ein regulatives Prinzip für die Bestimmung von Bewegungen dient. Mit dem Problem, daß der absolute Raum nicht bloß eine hypothetische Vernunftidee, sondern ein mit realen Wirkungen – den Zentrifugalkräften – verbundenes physikalisches Konzept ist, wurde er auf diese Weise nicht überzeugend fertig (siehe Zweites Kapitel, 3.2). Ebensowenig gelang es ihm, den Widerstreit zwischen Newtons und Leibniz' Position – dem faktisch eine *kosmologische Antinomie bezüglich der Existenz eines globalen Inertialsystems* zugrunde liegt (siehe Zweites Kapitel, 3.3) – durch seine Auffassung des absoluten Raums aus der Welt zu schaffen.

Hegel geht in seinem Materiebegriff in einigen wesentlichen Punkten über Kant hinaus. Nach den Grundprinzipien seiner Naturphilosophie ist es nicht nur nicht verboten, sondern sogar gefordert, Raum, Zeit und Materie mit begrifflichen Mitteln, die objektive Geltung beanspruchen, als eine in sich gegliederte Totalität zu bestimmen. Die Totalisierung empirischer, materieller Bezugsräume zum Konzept eines globalen, die Materie insgesamt umfassenden räumlichen Bezugssystems ist nach Hegels Naturbegriff erlaubt. Sein allgemeiner Materiebegriff (§ 262) beinhaltet, daß die schwere Materie eine Einheit von Repulsion und Attraktion ist, die ihrem Begriff nach auch den Trägheitswiderstand materieller Dinge in sich integriert und die eine Totalität darstellt, deren Teile kraft der Schwere alle untereinander in raumzeitlichen Wechselwirkungen stehen. Zugleich sind Raum und Zeit erst in dieser Totalität verkörpert oder realisiert; ihre Teile stellen die vollständig bestimmten Relate räumlicher sowie zeitlicher Beziehungen dar.

Aus heutiger Sicht bietet sich deshalb mit Hegels Begriffen für Raum, Zeit und Materie eine Lösung für das Problem des absoluten Raums oder der Existenz eines globalen Inertialsystems an, die derjenigen von Einsteins Vorläufer *Mach* ähnelt. Hegel könnte den absoluten Raum mit der Materie als Totalität identifizieren und erkennen, daß Trägheits- und Schwerebewegungen der Materie miteinander identisch sind. Er müßte dann die Trägheit auf die Schwere als die in seinen Augen fundamentalere Bestimmung der Materie zurückführen. Nachdem er schon erkannt hat, daß Newtons Gesetze der Trägheit und der allgemeinen Gravitation in einem Widerspruchsverhältnis stehen oder sich antinomisch zueinander verhalten (siehe § 269 A: „Unmittelbar widerspricht die Gravitation dem Gesetze der Trägheit . . .“), müßte er dann seinem sonstigen Verfahren der philosophischen Begriffsentwicklung entsprechend versuchen, Newtons Begriffe der Trägheit und Gravitation als entgegengesetzte oder komplementäre Bestimmungen der Materie zu begreifen, die in einer vollständigeren Bestimmung der Materie ‚aufgehoben‘ sind.

Es gibt in der Tat Anzeichen dafür, daß Hegel eine solche Lösung favorisiert hätte, wenn es zu seiner Zeit in der Physik schon ernst zu nehmende Ansätze in dieser Richtung gegeben hätte. In diesem Zusammenhang muß man auch seine Kritik der Newtonschen Begriffe von Zentripetal- und Zentrifugalkraft sehen. Die Zentripetalkraft ist im Fall der Planetenbewegungen mit der Gravitation identisch und die Zentrifugalkraft mit der nach dem Trägheitsgesetz eingeführten Scheinkraft, die die Fluchtbewegung kreisförmig bewegter Körper beschreibt. Für Hegel sind beide aber keine Kräfte, sondern nähere Bestimmungen der logischen Kategorien der Attraktion und Repulsion, d. h. der „Momente“ seines Begriffs der Schwere. In seinen Augen erfahren diese bei Newton „das Schicksal, als besondere Kräfte, entsprechend der Attraktiv- und Repulsivkraft, in näherer Bestimmung als Zentripetal- und Zentrifugalkraft gefaßt zu werden, die wie die Schwere auf die Körper agieren“ (§ 269 A), also als voneinander unabhängige Kräfte äußerlich auf die Himmelskörper einwirken und deren Bewegung verursachen.

Hegel dagegen faßt die schwere Materie als Totalität auf, deren Begriff er im Sonnensystem als der ersten Verkörperung der Idee realisiert sieht; in dieser Verwirklichung seiner Bestimmung der Schwere sieht er „die vernünftige Identität und Untrennbarkeit der Momente enthalten, welche sonst als selbständig vorgestellt werden“ (ebda.). Hegels Materiebegriff fordert also in der Tat, Schwere- und Trägheitsphänomene miteinander zu identifizieren und sie als eine „vernünftige" Einheit zu begreifen.[53]

Hegel hielt es aber nicht für eine Aufgabe seiner Naturphilosophie, neue physikalische Theorien zu entwerfen oder Lösungsansätze für offene Probleme der zu seiner Zeit bestehenden Theorien anzubieten. Ich möchte deshalb auch bezüglich seiner Forderung, Trägheit und Schwere miteinander zu identifizieren, davor warnen, seinen Materiebegriff – so hellsichtig er auch ist – als einen Vorläufer desjenigen der Allgemeinen Relativitätstheorie anzusehen. Hegels Kritik an Newtons durch das Trägheitsgesetz begründetem Konzept mechanischer Körper ist ebenso scharfsinnig, weil sie Newtons Theorie an ihrem von der Physik erst viel später entdeckten wunden Punkt trifft, wie die Konsequenzen, die er selbst aus dieser Kritik zieht, rückwärts gewandt sein müssen. Hegel selbst interpretiert seinen Materiebegriff fast nur in Kategorien der Physik *vor* Newton. Die Favorisierung der rein phänomenologischen Beschreibung der Planetenbewegungen durch *Kepler* (§ 270 A), die auf eine Erklärung der Bewegungen durch Kräfte noch verzichtete, mußte bei Hegels Lesern ebensoviel Anstoß erregen wie die auf Gedanken der Aristotelischen Physik zurückgreifende Unterscheidung von endlicher und absoluter Mechanik. Diese Unterscheidung verweist ja den Massenbegriff, der mit dem von Hegel ebenfalls kritisierten Kraftbegriff zusammen das tragende Konzept der neuzeitlichen Physik darstellt, in die endliche Mechanik und sieht ihn als eine gegenüber seinem Begriff der Materie als Totalität bloß untergeordnete Bestimmung der Materie an. Hegel mußte dies hinsichtlich einer Verallgemeinerung seines Massenbegriffs, der den Trägheitswiderstand materieller Dinge mit ihrer „relativen Schwere" (§ 265) identifiziert, auf den Gegenstandsbereich der absoluten Mechanik im Wege stehen.

---

53 Diese Auffassung vertritt auch H.-J. Treder in seinem Aufsatz: Hegel zu den Begriffen ‚Schwere', ‚Trägheit', ‚Masse' und ‚Kraft', in: Vom Mute des Erkennens, Hg. Buhr/Oiserman, Berlin 1981, S. 204 ff. „Hegel verlangt also grundsätzlich, wie es später Einsteins Allgemeine Relativitätstheorie verwirklicht hat, eine Gravodynamik, in der zwischen Trägheit und Schwere begrifflich nicht unterschieden werden kann, in der also entweder alle Bewegungen unter dem Einfluß der Schwere Trägheitsbewegungen sind, oder eben die ‚Trägheitskräfte' auf die Wechselwirkung mit den übrigen Körpern der Welt zurückgeführt werden können. Ersteres leistet in der Tat Einsteins Allgemeine Relativitätstheorie. Die zweite Auffassung, die bereits Huygens gegenüber Newton vertrat, ist die Auffassung der sogenannten Mach-Einstein-Doktrin. Sie entspricht wohl am ehesten Hegels Wunsch, die Kräfte als Relationen aufzuzeigen." (ebda., S. 206)

Hegel läßt sich von seinem philosophischen Standpunkt aus im Gegensatz zu Leibniz und Kant auch nicht auf die mit dem Konflikt von Trägheits- und Gravitationsgesetz verbundenen physikalischen Fragen ein. In seiner Naturphilosophie der Enzyklopädien von 1817 und 1830 sowie in der Berliner Vorlesungsnachschrift von 1819/20 (und in seinen anderen mir bekannten Schriften zur Naturphilosophie, z. B. aus der Jenaer Zeit) sucht man eine Diskussion des Newtonschen Eimerversuchs vergeblich. Hegel schien – im Gegensatz zu Leibniz und Kant – die Existenz von Zentrifugalkräften, also das einzige ernst zu nehmende Argument gegen die Relativität *aller* Räume und Bewegungen, gar kein Kopfzerbrechen zu bereiten. Im Kontext seiner Unterscheidung von endlicher und absoluter Mechanik und seiner Kritik an einer physikalischen Verallgemeinerung des Trägheitsgesetzes macht dies sogar Sinn: Newtons Gedankenexperiment zur Existenz des absoluten Raums (siehe Zweites Kapitel, 3.1), dessen Gegenstand die Rotation eines Systems zweier durch einen Faden verbundener Kugeln im sonst völlig leeren Raum ist, konnte für Hegel aufgrund der in ihm vorgenommenen Abstraktionen keinerlei Beweiskraft haben.

In Hegels Naturphilosophie geht es in erster Linie nicht um die Bearbeitung physikalischer Fragen, sondern um eine philosophische Deutung bestehender physikalischer Konzepte. Statt einer Diskussion der Existenz dynamisch ausgezeichneter Klassen von Bewegungen, die Newton für Bewegungen gegen den absoluten Raum hielt und die Kant in der Phänomenologie der MAG bei dem Versuch, Newtons Axiome zu begründen, in Schwierigkeiten brachten, findet man bei Hegel einen gegenüber Newton, Leibniz und Kant veränderten, an der Systematik seiner Naturphilosophie orientierten Gebrauch des Terminus ‚absolute Bewegung'. Hegel identifiziert die krummlinigen, nicht zum Stillstand kommenden Bewegungen der Himmelskörper mit *absoluten oder freien Bewegungen*, die er von den i. a. unter äußeren Einwirkungen stehenden und immer zum Stillstand kommenden Bewegungen im Bereich der endlichen Mechanik unterscheidet.[54] Diese Bedeutungsumwandlung des

---

54 Siehe § 268 u. § 270 A. Hegel unterscheidet genauer zwischen endlicher, „relativfreier" (§ 267) und „absolut-freier" (§ 268) Bewegung. Die „relativ-freie" Bewegung des freien Falls stellt für ihn den Übergang von der endlichen zur absoluten Mechanik dar. Ein Fallprozeß kommt auf der Erdoberfläche zwar nur durch äußere Einwirkungen wie z. B. das Aufheben und Loslassen eines Gegenstands in Gang; er verläuft dann aber ohne weitere Einwirkung als Schwerebewegung. Die „absolut-freien" Bewegungen der Himmelskörper stehen dagegen in Hegels

Begriffs der absoluten Bewegung hat ähnlich wie Hegels Kritik am Trägheitsgesetz ein doppeltes Gesicht. Einerseits erinnert sie den heutigen Leser im Zusammenhang mit dieser Kritik an das Konzept kräftefreier geodätischer Bahnen in einem gekrümmten Raum-Zeit-Kontinuum, nach dem die Allgemeine Relativitätstheorie Trägheits- und Schwerebewegungen miteinander identifiziert. Andererseits setzt sich Hegel mit seinem philosophischen Begriff der absoluten Bewegung über dasjenige physikalische Faktum, das das härteste Argument für Newtons Trägheitsgesetz liefert, großzügig hinweg, um naturphilosophische Kategorien zu entwickeln, die mehr mit metaphysischen Vorstellungen von Kepler und Aristoteles gemein zu haben scheinen, als mit dem Stand der Naturwissenschaft zu Hegels Zeit.

Gerade wenn man erkannt hat, wie weit Hegel mit seiner Begriffsbildung Kant und Leibniz in der Benennung der entscheidenden Schwachstelle von Newtons Mechanik voraus ist, weil er ein begriffliches Konzept von Raum, Zeit und schwerer Materie als logischer Totalität entwickelt, ist man immer wieder versucht zu fragen: Inwieweit steht er sich nicht doch bei der Fortentwicklung von Leibniz' Newton-Kritik und Kants Versuch, zwischen Newtons und Leibniz' Standpunkt zu vermitteln, mit den philosophisch-spekulativen Prinzipien seiner Naturphilosophie selbst im Wege? Gegen diese Frage muß man sich erneut vor Augen halten, in welchem Verhältnis Naturphilosophie und Naturwissenschaften nach Hegels Auffassung stehen. Dann wird einem wieder klar, daß man Hegels philosophische Begriffsbildungen nicht in erster Linie an der Theorienbildung der Physik messen darf und daß es deshalb bei der Beurteilung einzelner Passagen von Hegels Naturphilosophie zweierlei zu vermeiden gilt. Man muß sich genauso davor hüten, Hegel als den genialen und zu seiner Zeit unverstandenen Antizipator von Konzepten der heutigen, nichtklassischen Physik hinzustellen, wie davor, ihn als den hoffnungslosen Ignoranten angesichts der großartigen Leistungen von Newtons Mechanik zu verurteilen. Beides wird dem Selbstverständnis von Hegels Naturphilosophie (und dem, was wir von ihr vielleicht lernen können) in keiner Weise gerecht. Man kann Hegel vorwerfen, daß er die fundamentale Bedeutung von Newtons Trägheits- und Kraftgesetz für die Fortentwicklung der Physik nicht erkannt hat – dies schmälert nicht seine Leistung, im Anschluß an Kants rationale

---

Augen unter keinerlei äußeren mechanischen Einwirkungen mehr, sondern nur noch unter den ihnen immanenten Wirkungen der Schwere.

Kosmologie darauf hingewiesen zu haben, was an Newtons Theorie philosophisch unbefriedigend bleibt, weil sie dem naturphilosophischen Begriff der Materie als einer Totalität und einem universellen, systemhaft organisierten Wechselwirkungszusammenhang nicht gerecht wird. Man kann Hegels naturphilosophische Entwicklung seiner Begriffe für Raum, Zeit und Materie wegen der scharfsinnigen Newton-Kritik, die aus ihnen folgt, und ihrer Offenheit gegen Konzepte der heutigen Physik rühmen – dies macht Hegel noch nicht zu jemand, der den physikalischen Zusammenhang von Raum, Zeit und Materie, den die Spezielle und Allgemeine Relativitätstheorie aufdeckten, erkannt und deren Grundbegriffe vorweggenommen hätte.

2.3 Erkenntnis der Materie als Totalität

Was ist nun mit Hegels Begriffen von Raum, Zeit und Materie eigentlich gewonnen – einerseits gegenüber Kants Auffassung von Raum, Zeit und Materie und andererseits gegenüber der Mechanik selbst, die sich hundert Jahre später unabhängig von Hegels Begriffsbildungen weit über Newtons Theorie hinaus entwickelte? Welches Fazit läßt sich aus Hegels ersten und abstraktesten Bestimmungen für die Natur ziehen? Hegels Naturphilosophie, darauf soll auch am Schluß dieser Arbeit noch einmal hingewiesen werden, versteht sich selbst als eine *Vernunfterkenntnis der Natur*, die nach anderen Prinzipien vorzugehen hat als die Naturwissenschaften und die deren Erkenntnisse als Resultate einer *Verstandeserkenntnis der Natur* ansieht, die sie in sich integrieren will. Diese Vernunfterkenntnis der Natur hat erstens die Aufgabe, eine Synthesis von Verstandeskonzepten zu leisten, die die Naturwissenschaften selbst nicht in Zusammenhang zu bringen imstande sind. Zweitens hat sie in Hegels Augen das Recht, anhand philosophischer Begriffe mit regulativem Status Kritik an naturwissenschaftlichen Theorien zu üben, deren Grundbegriffe nicht hinreichend auf ihren Wirklichkeitsgehalt und auf ihre inneren Zusammenhänge hin überprüft erscheinen. Mit beiden Bestimmungen des Verhältnisses von Verstandes- und Vernunfterkenntnis der Natur steht Hegel in der Tradition von Kants Auffassung von Vernunfterkenntnis.

Naturphilosophie bzw. Vernunfterkenntnis der Natur, das hieß für Kant schon ähnlich wie für Hegel: eine Naturerkenntnis, die sich auf die in den Naturwissenschaften gebrauchten Verstandesbegriffe bezieht und sie in ihrem systematischen Zusammenhang zu entwickeln versucht, wobei sie von deren empirischem Gehalt möglichst minimale Verwendung macht. Nach *Kants* Programm einer Metaphysik der Natur überschneidet sich die Naturphilosophie mit den Naturwissenschaften in der rationalen Physik, deren Fundament die MAG gemäß der Systematik der Verstandeskategorien deduzieren sollen. Nur dieser a priori begründbaren Verstandeserkenntnis der Natur kommt in Kants Augen zugleich Systematizität *und* Objektivität zu, während die vernunftgemäße Auffassung der Natur als einer Totalität, die die Ideen der Natur im Ganzen und deren systemhafter Organisation beinhaltet, nach der kantischen Erkenntnistheorie nur zu erkenntnisleitenden Prinzipien von subjektivem Charakter führt. *Hegel* versucht gegenüber Kant zu einer erweiterten Bestimmung von Objektivität der Naturerkenntnis zu gelangen, indem er dessen Forderungen an die Verstandeserkenntnis der Natur den Erfordernissen der Vernunft im Kantischen Sinne unterordnet. Ergebnis dieser Neubestimmung des Verhältnisses von Verstandes- und Vernunfterkenntnis der Natur ist eine Naturphilosophie, nach der die Natur objektiv als eine systemhafte Organisation von Stufen und jeweils auf den Stufen als Totalität bestimmbar sein soll.

Im ersten Teil dieser Arbeit wurde gezeigt, wie schon an den MAG sichtbar wird, daß sich Kants Systematik einer Metaphysik der Natur kaum aufrechterhalten läßt. Zum einen ist Kants Anspruch, die Axiome einer naturwissenschaftlichen Theorie mit apodiktischer Notwendigkeit zu begründen (und damit alle theoretischen Alternativen zu ihr auszuschalten), höchst fragwürdig – dies zeigt sich am Trägheitsgesetz als unbewiesener Voraussetzung der Kantischen Grundbestimmung für die Materie. Zum andern haben naturwissenschaftliche Theorien selbst immer einen Universalitätsanspruch, der über die von Kant angesetzten Grenzen objektiver Verstandeserkenntnis weit hinausreicht. Wie überzeugend ist es nun Hegel gelungen, mit seiner Metaphysik der Natur Kants systematische Trennung von rationaler Physik und rationaler Kosmologie zu überwinden?

Auf den ersten Blick erscheint Hegels naturphilosophisches Unternehmen noch anspruchsvoller als das Kantische, denn Hegel will mit seiner Naturphilosophie, die ähnlich wie Kants MAG objektive Naturerkenntnis aus reinen Begriffen sein will, nicht nur wie diese den Bereich der Mechanik, sondern auch diejenigen von Physik und Organik abdecken, auf die sich Kants Metaphysik der Natur nur in Form von regulativen Prinzipien beziehen wollte. Es genügt jedoch, etwas Licht auf Hegels gegenüber Kant veränderte Forderungen an eine *objektive Wissenschaft* zu werfen, um sichtbar zu machen, daß Hegel bei seiner apriorischen Herleitung von Denkbestimmungen für Naturdinge etwas anderes im Sinn haben muß als Kant in den MAG. Es geht ihm nicht darum, apriorische Begründungen für die Axiome einer naturwissenschaftlichen Theorie nachzuliefern, sondern in erster Linie darum, Begriffe für Naturformen zu explizieren und zueinander in Beziehung zu setzen, die im Rahmen von naturwissenschaftlichen Theorien jedoch im allgemeinen nicht hinlänglich ihrem systematischen Zusammenhang nach entwickelt werden. In Hegels Augen kommt diesen Begriffsexplikationen dadurch Objektivität zu, daß sie Begriffsinhalte unter Rückgriff auf die reinen Denkbestimmungen der Wissenschaft der Logik systematisch auseinander entwickeln und sie in ein vernunftgemäßes begriffliches Ganzes integrieren.

Gemeinsam ist deshalb Kants MAG und Hegels Naturphilosophie nur das Programm, die Form der Materie zu bestimmen, d. h. reine Denkbestimmungen für empirische Eigenschaften der Materie anzugeben und z. B. die Materie ihren mechanischen Eigenschaften nach allein auf die Bestimmungen von Raum und Zeit zurückzuführen. Hegel hat aber keineswegs den Anspruch, mit diesen Denkbestimmungen empirische Naturgesetze wie etwa das Trägheits- oder Gravitationsgesetz für die Physik hieb- und stichfest zu machen.[55] Er leitet aus seinem philosophischen Verfahren höchstens das Recht ab, theoretische Konzepte wie z. B. Newtons Konzept der Trägheit zu kritisieren, wo sie ihm mit begrifflichen Mängeln behaftet erscheinen. Meines Erachtens ist eine solche Kritik eher in der Nähe von Kants regulativem Gebrauch kosmologischer Ideen anzusiedeln, die erkenntnisleitend für die Verstandeserkenntnis der Natur sind, als in der Nähe der durch die MAG versuchten Begründung von Axiomen der Physik. Für Hegel enthält die Metaphysik der Natur nicht, wie für Kant, selbst einen Teil der Verstandeserkenntnis der Natur, sondern sie bezieht sich nur synthetisierend und systematisierend auf deren Begriffe.

Ein offenes Problem bleibt dabei, wie Hegel sich diese Beziehung im einzelnen denkt. Das vernunftgemäße begreifende Erkennen der Natur, mit dem er die Naturphilosophie identifiziert, soll einerseits die Ergebnisse der empirischen Naturwissenschaften aufgreifen und sie in ein systematisches Ganzes integrieren – und zugleich andererseits die Natur

---

55 Es gibt zwar ‚Beweise' empirischer Naturgesetze auch in Hegels Naturphilosophie, z. B. für das Fallgesetz (§ 267 A). Diese Beweise besitzen für Hegel selbst aber spekulativen Charakter und haben nicht die Aufgabe, die Verstandeserkenntnis der Natur zu begründen; für sie gilt dasselbe wie für den ‚Beweis' der Dreidimensionalität des Raums (siehe Anm. 40).

‚frei' lassen, indem es Begriffe für Naturformen nur anhand der Entwicklung des vollständigen Systems reiner Denkbestimmungen – des spekulativen Begriffs – gewinnt. Die reinen Denkbestimmungen aus Hegels Logik werden in der Naturphilosophie nur durch die Grundbestimmung für die Natur (die Bestimmung der Äußerlichkeit) modifiziert, die Hegel systematisch an die Stelle des Bewegungsbegriffs der MAG rückt: die Begriffsentwicklung vollzieht sich seinem Anspruch nach in der Naturphilosophie ebenso begriffsimmanent oder selbsttätig wie in der Logik, nur vollzieht sie sich jetzt spezifiziert durch das Element der Äußerlichkeit. Unklar ist bei dieser Auffassung von naturphilosophischer Begriffsbildung, nach welchen Kriterien man eigentlich feststellen kann, welche Denkbestimmungen bestimmten empirischen Naturgestalten oder -vorgängen entsprechen und welche Sachverhalte in der Natur gegenüber der naturphilosophischen Begriffsentwicklung kontingent bleiben. Hegels Verfahren läßt durch die Freiheitsgrade in der naturphilosophischen Begriffsentwicklung, die sich nach seinem Naturbegriff aus der Beziehung zwischen der Totalität des reinen vernünftigen Denkens – der absoluten Idee – und der Natur ergeben, der Ableitung von Denkbestimmungen für Naturphänomene noch einigen Spielraum – z. B. muß uns heute seine philosophische Begründung der Dreidimensionalität des Raums (vgl. dieses Kapitel, 1.1) in hohem Maße willkürlich erscheinen. Was man unter diesen Umständen mit Hegels Naturphilosophie gegenüber Kants Programm einer Metaphysik der Natur letzlich gewinnen kann, läßt sich generell kaum entscheiden und hängt stark von den einzelnen Gegenständen der Naturphilosophie sowie von Hegels begrifflichem Umgang mit ihnen ab.

In diesem Kapitel wurde gezeigt, wie die Vernunfterkenntnis von Erkenntnisgegenständen der Naturwissenschaften für Hegel im Falle der Begriffe von *Raum, Zeit und Materie* aussieht. Anhand dieser Begriffe, deren Entwicklung den systematischen Anfang der Naturphilosophie der Berliner Enzyklopädie bildet, soll nun eine erste Beurteilung des Hegelschen Unternehmens versucht werden. Ausgehend vom Begriff eines in sich unterschiedslosen Außereinanderseins entwickelt Hegel Begriffe für Raum, Zeit und Materie, nach denen sowohl Raum und Zeit in fundamentalem Zusammenhang gedacht werden als auch die Materie wesentlich als eine raumzeitliche Totalität bestimmt ist, deren Teile alle miteinander in Wechselwirkung stehen. Hegel hat mit seiner Begriffsbildung eine Vereinigung der Begriffe von Raum, Zeit und Materie geleistet, wie sie der Physik bis zu seiner Zeit und insbesondere der Newtonschen Mechanik, aber auch dem Newton-Kritiker Leibniz sowie Kant noch fremd war. Hegel leitet aus seinem Vernunftkonzept von Raum, Zeit und Materie das Recht ab, die zu seiner Zeit bestehenden Auffassungen von Raum, Zeit und Materie zu kritisieren. Unter diese Kritik fallen Newtons bzw. Leibniz' entgegengesetzte Auffassungen von Raum und Zeit, nach denen Raum und Zeit absolut sind, d. h. unabhängig von allen materiellen Dingen existieren, bzw. auf die Ordnungen materieller Dinge reduzierbar sind. Vor allem übt Hegel aber scharfe Kritik an Newtons Konzept der trägen Materie, das die Materie in erster Linie als eine Ansammlung isolierter, sich nach dem Trägheitsgesetz wechselwirkungsfrei bewegender mechanischer Körper sieht und dabei von der universellen Gravitation abstrahiert. Alle diese Auffassungen haben in Hegels Augen vom Standpunkt der Vernunft bzw. der Naturphilosophie aus den Mangel, daß sie Raum, Zeit und die Materie insgesamt in irgendeiner Hinsicht nicht als Totalität begreifen.

Die spätere Entwicklung der Physik hat Hegels Auffassung von Raum, Zeit und Materie sowie insbesondere der aus ihr folgenden massiven Newton-Kritik in einigen wesentlichen Punkten recht gegeben, die mit Hegels Forderung in Zusammenhang stehen, Raum, Zeit und Materie ebenso wie die in Raum und Zeit vereinzelten materiellen Dinge nicht als isolierte Entitäten zu denken. Was kann man aber mit diesem Sachverhalt anfangen, außer ihn vielleicht lobend zu konstatieren und dann die erste Abteilung von Hegels Naturphilosophie doch als ein nutzloses Gemenge von richtigen und falschen Erkenntnissen über die Natur zu den Akten der Philosophie- oder Wissenschaftsgeschichte zu legen?

Beantwortbar wird diese Frage erst, wenn man sich klarmacht, was es im Lichte der Unterscheidung von Verstandes- und Vernunfterkenntnis der Natur eigentlich bedeutet, daß Hegels Gedanken über Raum, Zeit und Materie hundert Jahre später durch die Physik in einigen wesentlichen Zügen bestätigt werden konnten. Hätte Hegel die Entwicklung der Speziellen und Allgemeinen Relativitätstheorie sowie die Kritik, die sie an Newtons Mechanik übte, und die Einschränkungen, die sie an deren Gültigkeitsbereich vornahm, noch erleben können, so hätte sie ihm selbst jedenfalls nur eines bedeutet: nämlich das Vorhandensein einer physikalischen Theorie, die *vernünftiger* ist als Newtons Mechanik, insofern sie den Forderungen, welche die Vernunft an die Verstandeserkenntnis der Natur stellen darf und muß, besser Genüge leistet als die Newtonsche Theorie. Zu Hegels Zeit gab es keine vollausgebildete Theorie der Mechanik, die sowohl den in der Hegelschen Naturphilosophie enthaltenen regulativen Begriffen entsprach als auch keinen

Rückschritt gegenüber Newton bedeutete. Hegel blieb deshalb gar nicht viel anderes übrig, als in der Physikgeschichte z. B. zu Kepler zurückzugehen, damit er demonstrieren konnte, wie eine vernunftgemäße, nicht auf Newtons Trägheits- und Kraftbegriff beruhende theoretische Beschreibung z. B. der Planetenbewegungen aussehen müßte.[56] Erst die Allgemeine Relativitätstheorie faßt Raum, Zeit und die Materie insgesamt in einem ähnlichen Sinne als Totalität auf, wie Hegels Naturphilosophie es fordert, und führt Schwerephänomene auf kräftefreie Bewegungen zurück. Die Physik war also zu Hegels Zeit nur noch nicht in der Lage, Hegels naturphilosophische Forderungen bezüglich der Erkenntnis eines vernünftigen Zusammenhangs der Materie insgesamt einzulösen, ohne dabei Erklärungsleistungen der Newtonschen Mechanik wieder aufzugeben. Die weitere Entwicklung der Physik selbst hat das Recht dieser Forderungen der Vernunft an die Verstandeserkenntnis der Natur aber bestätigt.

Die partielle Bestätigung von Hegels Auffassung von Raum, Zeit und Materie durch die weitere Entwicklung der Physik bedeutet deshalb in meinen Augen zweierlei. *Zum einen* – dies kann man durch sie lernen – ist eine Konvergenz von Naturphilosophie und Naturwissenschaften möglich, in einem Sinne, der gleich noch näher erläutert werden soll und der *nicht* bedeutet, daß eine als Vernunfterkenntnis der Natur verstandene Naturphilosophie in den Naturwissenschaften aufgeht oder durch diese überflüssig gemacht wird. *Zum andern* war Hegel mit der ersten Abteilung seiner Naturphilosophie seiner Zeit voraus zwar *nicht* in der Hinsicht, daß er Konzepte der heutigen Physik antizipiert hätte, aber in der Hinsicht, daß er philosophische Forderungen an die Verstandeserkenntnis von Raum, Zeit und Materie stellte, denen die Physik – ohne die zu Hegels Zeit schon erreichten Erklärungsleistungen wieder aufzugeben – erst in diesem Jahrhundert genügen konnte.

Was ist hier mit der Möglichkeit einer *Konvergenz von Naturphilosophie und Naturwissenschaften* gemeint, bei der die erste Art von Naturerkenntnis nicht einfach durch die zweite verschluckt oder ersetzt wird? Ziel einer im Anschluß an Kant und Hegel als Vernunfterkenntnis der Natur verstandenen Naturphilosophie ist es, die Natur begrifflich in

---

56 Der einzige Theoretiker des 18. Jahrhunderts, bei dem Hegel ernst zu nehmende Ansätze sah, die Mechanik in vernunftgemäßer Weise über Newtons Begriffsbildungen hinauszutreiben, ist meines Wissens *Lagrange* gewesen, für dessen analytische Reformulierung der Newtonschen Mechanik Hegel gelegentlich lobende Worte findet. Siehe z. B. Hegels zweite Anmerkung zu § 276 A, Enz. II S. 77.

Form einer in sich gegliederten systematischen Totalität zu erfassen und damit zugleich die naturwissenschaftlichen Einzelerkenntnisse und Theorien einer Zeit in ein System zu organisieren. Die durch dieses Ziel bestimmte Aufgabe der Naturphilosophie ist vermutlich vom jeweiligen Erkenntnisstand einer Zeit weitgehend unabhängig und besteht auch heute noch mit unvermindertem Anspruch auf ihre Durchführung, ohne in irgendeiner Weise überflüssig geworden oder durch das Anwachsen der naturwissenschaftlichen Erkenntnisse selbst bewältigt worden zu sein.[57] Die Konvergenz einer so verstandenen Naturphilosophie mit den Naturwissenschaften ist hinsichtlich zweier Punkte möglich:

1. Der Anspruch der Naturwissenschaften, globale Theorien aufzustellen, die das Verhalten materieller Dinge durch universelle Gesetze beschreiben, läuft mit der Forderung der Naturphilosophie zusammen, die Materie bzw. die Natur als Totalität zu denken. Dies ist der Grund dafür, daß Hegels Auffassung von Raum, Zeit und Materie, die die Materie insgesamt als raumzeitliche Totalität ansieht, in einigen grundlegenden Zügen durch die Entwicklung der Allgemeinen Relativitätstheorie bestätigt wurde, also durch eine Theorie, die universeller ist als die Newtonsche Mechanik.

2. Der Anspruch der Naturwissenschaften, in sich konsistente Theorien zu entwickeln, die auf miteinander verträglichen Begriffen beruhen, läuft mit der Absicht der Naturphilosophie zusammen, Grundbegriffe naturwissenschaftlicher Theorien in ihrem systematischen Zusammenhang darzustellen und sie in ein begriffliches Ganzes zu integrieren. Auch in diesem Punkt konvergiert die Begriffsbildung des Mechanik-Kapitels von Hegels Naturphilosophie mit der späteren Entwicklung der Physik: Mit den Begriffen für Raum und Zeit und deren systematischem Zusammenhang mit dem Materiebegriff schlägt Hegel − ähnlich wie später Mach und Einstein − einen Mittelweg zwischen Newtons und Leibniz' Auffassungen von Raum und Zeit ein, der für Hegel

---

57 Diese Aufgabe einer Vernunfterkenntnis der Natur im Kantischen oder Hegelschen Sinne ist nach wie vor unausgeführt, insofern sich die Grundbegriffe und Gesetze verschiedener naturwissenschaftlicher Disziplinen nicht ohne einen Verlust an begrifflichem Gehalt aufeinander − etwa diejenigen der Biologie auf die der Physik − reduzieren lassen, und insofern auch schon innerhalb der Physik verschiedene Theorien − wie z. B. Klassische Mechanik und Quantenmechanik − keineswegs ohne weiteres systematisch auseinander hervorgehen. Zu zeigen, daß diese Aufgabe nicht mit den Mitteln der Naturwissenschaften selbst gelöst werden kann, übersteigt den Rahmen dieser Arbeit und erfordert eine Auseinandersetzung mit reduktionistischen Argumentationen.

darin besteht, die Relate räumlicher und zeitlicher Beziehungen erst innerhalb eines Konzepts der Materie insgesamt nicht mehr als unterbestimmt anzusehen; auf der Grundlage seines Materiebegriffs kritisiert er weiterhin die Unverträglichkeit von Newtons Trägheits- und Gravitationsgesetz und verlangt eine Identifikation von Trägheits- und Schwerephänomenen.

In diesem Zusammenhang läßt sich nun zeigen, in welcher Hinsicht Hegels Auffassung von Naturphilosophie fruchtbarer ist als diejenige *Kants*. Hinsichtlich der Bestimmung der Aufgabe, die der Naturphilosophie als einer Vernunfterkenntnis der Natur gegenüber der naturwissenschaftlichen Theorienbildung selbst zukommt, befindet Hegel sich weitgehend im Einklang mit dem Kantischen Programm einer Metaphysik der Natur. Hinsichtlich der Auffassung, *wie* diese Aufgabe durchzuführen sei, unterscheidet er sich von Kant aber darin fundamental, daß er es für notwendig hält, die Erkenntnisbeschränkung durch Kants Empirie-orientiertes Objektivitätskriterium fallenzulassen und Elemente von dessen rationaler Physik und rationaler Kosmologie miteinander zu verschmelzen. Nach Kants Objektivitätskriterium – hierin bleibt dessen Auffassung von Naturphilosophie verbesserungsbedürftig – ist eine Konvergenz von Naturphilosophie und Naturwissenschaften in dem eben dargestellten Sinne gerade nicht möglich. Sie ist nicht möglich, weil in Kants Augen die Totalisierung von Verstandesbegriffen nicht zu objektiver Erkenntnis führt. Nach der systematischen Trennung von rationaler Physik und Kosmologie können die Gesetze einer naturwissenschaftlichen Theorie wie der Newtonschen Mechanik *entweder* objektiv begründet werden *oder* eine universelle Theorie über die Welt im Ganzen bilden – im allgemeinen kann aber nicht beides zugleich der Fall sein. Die regulativen Prinzipien, die aus Vernunftideen wie der Welt im Ganzen ihrer Extension nach oder, in den MAG, des absoluten Raums als der Totalität aller materiellen Bezugsräume folgen, haben nur erkenntnisleitende Funktion, während den ihnen korrespondierenden Vernunftgegenständen nur subjektiver oder hypothetischer Charakter zukommt. Kant unterschied deshalb die „logische Allgemeinheit" physikalischer Begriffsbildungen von der „physischen Allgemeinheit des wirklichen Umfangs" ihrer Gegenstände und hielt die Verwischung dieses Unterschieds für eine transzendentale Amphibolie im Endlichen gegebener empirischer Gegenstände mit einer Vernunftidee.[58]

Hegel akzeptiert diesen Unterschied ebensowenig wie das Verbot, den Begriffen für Vernunftgegenstände, aus denen sich regulative Prin-

zipien für die Verstandeserkenntnis der Natur ergeben, Objektivität zuzusprechen. Nach den Grundprinzipien seiner Naturphilosophie
spricht nichts dagegen, von einer physikalischen Theorie als einem Teil
der Verstandeserkenntnis der Natur, in der auch schon teilweise Vernunft waltet, gleichzeitig Universalität und Objektivität zu verlangen.
Vielmehr muß nach Hegels Auffassung von vernünftigem Denken über
die Natur die Objektivität einer Theorie von ihrem systematischen Aufbau und dem systematischen Zusammenhang ihrer Begriffe abhängen
und an ihre Universalität gekoppelt sein. Dementsprechend kommt Hegel mit seiner systematischen Entwicklung der Begriffe von Raum, Zeit
und Materie in einigen Gedanken dem Konzept nahe, das die Allgemeine Relativitätstheorie von diesen Grundbegriffen der Mechanik hat.
Kant dagegen bleibt in seinem Versuch, zwischen Newton und Leibniz
bezüglich des Problems des absoluten Raums zu vermitteln, bei dessen
Bestimmung als einer Vernunftidee stehen – und mit seinem Materiebegriff, der auf dem Konzept eines im Endlichen gegebenen, isolierten,
trägen mechanischen Körpers beruht, der Newtonschen Mechanik verhaftet.

Hegel handelt sich allerdings mit seinem gegenüber Kants Erkenntnistheorie veränderten Objektivitätskriterium die Schwierigkeit ein, aus
ihm keine Vorschriften ableiten zu können, wie sich naturphilosophische Begriffe auf empirische Sachverhalte beziehen müssen. In diesem
Punkt hat Kant seine Naturphilosophie besser und überzeugender aus-
gearbeitet als Hegel. Hegels Naturphilosophie weist hier ein Defizit gegenüber Kants Programm einer rationalen Physik auf. Kant hat sich im
Gegensatz zu Hegel systematisch darüber Gedanken gemacht, wie
überhaupt eine Vernunfterkenntnis aus reinen Begriffen, also eine Metaphysik, möglich ist, die sich auf empirische Dinge bezieht; auf diesen
Überlegungen beruht der Materiebegriff der MAG. Außerdem finden
sich in seiner KdrV genügend begriffliche Mittel, um die Beziehung
zwischen einer naturwissenschaftlichen Theorie und den Experimenten,
mittels deren sie überprüft wird, zu bestimmen. In Hegels Naturphilosophie bleibt dagegen die Beziehung, die zwischen der Begriffsbildung
der Naturphilosophie einerseits und empirisch begründeten Begriffen

---

58 Kant macht diesen Unterschied in den MAG anhand des Begriffs des *absoluten
Raums:* „Ihn zum wirklichen Dinge zu machen, heißt die logische Allgemeinheit
irgendeines Raums, mit dem ich jeden empirischen als darin eingeschlossen vergleichen kann, in eine physische Allgemeinheit des wirklichen Umfangs verwechseln, und die Vernunft in ihrer Idee mißverstehen." (MAG, S. A 4)

naturwissenschaftlicher Theorienbildung andererseits besteht, weitgehend unklar, und zum Begriff des naturwissenschaftlichen Experiments findet sich in ihr nichts Systematisches.

Meines Erachtens hat dies nicht den Grund, daß wir von Hegel mit den beiden Fassungen der Enzyklopädie und der Berliner Vorlesungsnachschrift von 1819/20 bisher nur recht dürftige Ausführungen seiner Naturphilosophie vorliegen haben, sondern es liegt schlicht und einfach daran, daß Hegel selbst sich dieser Frage nicht genügend gestellt hat. Er ordnet Kants Empirie-orientiertem Objektivitätskriterium eines über, das allein an den Systematizitätsforderungen der Vernunft ausgerichtet ist, ohne sich systematisch damit auseinanderzusetzen, wie sich beide Kriterien im Falle der *immer* auch auf empirische Begründungen angewiesenen theoretischen Naturerkenntnis und ihrer Integration in die Philosophie zueinander verhalten. Deshalb kommt man nicht umhin zu denken, er schütte im Anschluß an seine (berechtigte) Kant-Kritik das Kind mit dem Bade aus, wenn er die Frage völlig aus dem Gesichtskreis seiner Naturphilosophie rückt, wie es eine Vernunfterkenntnis der Natur aus reinen Begriffen, also eine Metaphysik der Natur im Kantischen Sinne, eigentlich bewerkstelligen kann, die empirischen Inhalte naturwissenschaftlicher Begriffsbildungen in sich zu integrieren. Am überzeugendsten finde ich Hegels Weise der Begriffsbildung deshalb dort, wo die Begriffe der Physik, auf die sie sich bezieht, der Kontingenz am ehesten entzogen sind, nämlich bei seiner Entwicklung der ganz abstrakten Begriffe für Raum, Zeit und Materie mittels logischer Kategorien. Hier ist ihm die Verschmelzung von Elementen der Kantischen rationalen Physik und Kosmologie in das Programm, die Form der Materie als Totalität zu bestimmen, weitgehend gelungen. Das Ergebnis der begrifflichen Entfaltung dieser abstraktesten Stufe seiner Naturphilosophie kann sich heute noch sehen lassen.

Anhang
Kommentar zu § 254 – § 262 der Berliner Enzyklopädie von 1830

Prinzip der Spezifikation reiner logischer Denkbestimmungen zu naturphilosophischen Begriffen ist für Hegel der abstrakte Begriff für das Element der Äußerlichkeit, in dem die Idee als Natur ist, die Kategorie der *reinen Quantität*. Die Naturphilosophie beginnt systematisch mit den spezifizierten Denkbestimmungen der Seinslogik, den Bestimmungen des Seins, Werdens usw. Ein Kommentar zu § 254–§ 262 soll hier nur versucht werden, soweit die Paragraphen durch dieses Spezifikationsprinzip verständlich werden. Zitate, sofern nicht angegeben, stammen aus dem Haupttext des jeweils erläuterten Paragraphen.

§ 254:

Der *Raum* ist das unmittelbare *Sein* im Element der Äußerlichkeit: er ist „reine Quantität, nicht mehr nur dieselbe als logische Bestimmung, sondern als unmittelbar und äußerlich seiend" (§ 254 A). Zu dieser Bestimmung siehe Viertes Kap., 2.3. Als reine Quantität ist der Raum *Einheit von Kontinuität und Diskretion*. Er ist ein schlechthin kontinuierliches „Außereinander", das „noch ganz abstrakt ist und keinen bestimmten Unterschied in sich hat". Die diskreten, nur der Möglichkeit nach vorhandenen (aufgehobenen) Grenzen im Raum sind *Punkte*. Auf diesem Abstraktionsniveau sind sie gegenüber dem Raum auf keine Weise ausgezeichnet, und sie dürfen nach Hegels Auffassung der Beziehung von Grenze und Kontinuum (siehe Viertes Kap., 2.2) nicht als Elemente des Raums gedacht werden (§ 254 A).

Wichtig an dieser Bestimmung des Raums ist, daß Hegel den Raum als eine *Abstraktion von der Koexistenz konkreter Naturformen* ansieht – als „eine unsinnliche Sinnlichkeit und eine sinnliche Unsinnlichkeit" (§ 254 Z), deren Relate zunächst ebenso abstrakt bestimmt sind wie die Beziehungen, in denen sie stehen, und die aber nur in diesen Relaten Existenz hat. Hegel grenzt sich mit diesem Raumbegriff *gegen Newton, Leibniz und Kant* ab: der Raum ist weder ein Behälter der materiellen Welt, der für sich genommen Realität hätte wie Newtons absoluter Raum; noch ist er eine bloß äußerliche Ordnung ihm vorgängiger Substanzen wie der Leibniz'schen Monaden, die ganz unabhängig vom Raum bestehen; schließlich ist er auch keine subjektive Form der Anschauung wie für Kant, sondern die objektive Form der Äußerlichkeit der Natur (§ 254 Z und A).

§ 255:

Als Idee, deren Bestimmtheit aufgehoben ist (s. Viertes Kap., 2.3), ist der Raum „an sich Begriff", d. h. er ist die mögliche Koexistenz von Naturformen, die unter die in ihm aufgehobenen Denkbestimmungen von Allgemeinheit, Besonderheit und Einzelheit fallen. Diese drei Bestimmungen der Begriffslogik bringt Hegel mit der *Dreidimensionalität* des Raums in Verbindung: der Raum hat als „an sich Begriff" auch „dessen Unterschiede" von Allgemeinheit, Besonderheit und Einzelheit an sich; in der Allgemeinheit, mit der hier vom Außereinandersein von Naturformen die Rede ist, liegen diese Bestimmungen zunächst als dessen „bloß verschiedene, ganz bestimmungslosen drei Dimensionen" vor.

Durch die Spezifikation *seins*logischer Denkbestimmungen ist diese (problematisch erscheinende) spekulative Deduktion der Dreidimensionalität des Raums nicht abgedeckt; sie bedürfte einer eigenen Untersuchung. Auf jeden Fall ist sie ein Indiz für die Verwandtschaft, die nach Hegels Naturbegriff zwischen *Raum* und *Idee* besteht und die erfordert, daß für die Naturphilosophie nichts am Raum kontingent bleibt (vgl. Fünftes Kap., 1.1).

§ 256:

Hier werden bestimmte, aber noch abstrakte Unterschiede des dreidimensionalen Raums expliziert. Diese Unterschiede sind *Punkt, Linie und Fläche*, die Grenzen im Raum darstellen und die abstrakten mathematischen Relate räumlicher Beziehungen bilden. Punkt, Linie und Fläche werden von Hegel noch als Bestimmtheit *im* Raum, nicht als Bestimmtheit *gegen* den Raum charakterisiert. Sie gehören noch zur selben Abstraktionsstufe der Naturphilosophie wie der Raum und sind nichts gegen den Raum Äußerliches. Sie sind deshalb für Hegel selbst noch räumlich.

Der *Punkt* ist die „Negation des Raums selbst"; er ist, um an Euklids Definition zu erinnern, dasjenige, was keine Teile hat, also kein Außereinandersein ist. Der Punkt bezieht sich als Grenze im Raum folgendermaßen auf den Raum: „Die Negation ist aber Negation des Raums, d. i. sie ist selbst räumlich; der Punkt als wesentlich diese Beziehung, d. i. als sich selbst aufhebend, ist die Linie". Diese kryptische Formulierung läßt sich durch die Analyse von Hegels Kategorie der reinen Quantität (Viertes Kap., 2.2) erhellen; für den Punkt als quantitative Grenze gilt uneingeschränkt die Beziehung von Diskretion und Kontinuität der reinen Quantität, nach der der Punkt in einer negativen Selbstbeziehung auf andere Raumpunkte steht und erzeugendes Prinzip für ein Kontinuum ist. Das vom Punkt erzeugte Kontinuum ist ein eindimensionaler Raum, die *Linie*. Ebenso ist die Linie Grenze und erzeugendes Prinzip eines zweidimensionalen Kontinuums, der *Fläche:* „Die Linie geht … in Fläche über"; diese ist „eine Bestimmtheit gegen Linie und Punkt, und so Fläche überhaupt". Die Fläche deutet Hegel nun als diejenige Grenze im Raum, die die Eigenschaft hat, als „umschließende Oberfläche" einen dreidimensionalen Raum umschließen zu können und dadurch dessen Totalität wiederherzustellen, indem sie ihn begrenzt und „einen einzelnen ganzen Raum absondert". Damit ist die Allgemeinheit des unbegrenzten dreidimensionalen Raums zur Einzelheit des *abgeschlossenen Raumteils* bestimmt, was Hegel sicher in Verbindung mit der Bestimmung des Raums sieht, „an sich Begriff" (§ 255) zu sein.

§ 257:

Die erste Bestimmung *gegen* den Raum, die als die zweite Bestimmung der Idee im Element der Äußerlichkeit eine gegen den Raum äußerliche Existenz hat, ist für Hegel die *Zeit.* Der fast unleserliche Paragraph, der hier nicht Wort für Wort interpretiert werden soll, wird erst einigermaßen verständlich, wenn man an das Entwicklungsprinzip der Idee in der „Sphäre der Äußerlichkeit" denkt, das sich mittels Hegels Denkbestimmung der reinen Quantität gewinnen läßt (vgl. Viertes Kap., 2.3):

Das ‚Innere‘ des räumlichen Außereinanderseins ist der Punkt, der in einer negativen Selbstbeziehung auf alle anderen Raumpunkte und damit auf den Raum steht und der erzeugendes Prinzip für die Linie ist. Diese dem Raum nach der Kategorie der reinen Quantität innerliche negative Selbstbeziehung muß nun im nächsten Schritt der Begriffsentwicklung als etwas gegen den Raum Äußerliches bestimmt werden, das wiederum selbst in sich äußerlich, also ebenfalls reine Quantität ist. Die im Element der Äußerlichkeit auch selbständig „für sich" auftretende oder erscheinende negative Selbstbeziehung identifiziert Hegel mit der Zeit.

Diese Identifikation läßt sich leicht verstehen, wenn man daran denkt, daß Hegel – im Gegensatz zu Leibniz und Kant – geeignete Begriffe für Raum und Zeit, die beiden Formen der Äußerlichkeit der Natur, unter völliger Absehung von jeder inhaltlichen Bestimmung der Relate zeitlicher ebenso wie räumlicher Beziehungen finden möchte. Wenn der Raum auf diesem Abstraktionsniveau ein unterschiedsloses Außereinander ist, dessen Relate frei oder selbständig gegeneinander (vgl. Viertes Kap., 2.3) bestehen, dann ist die Zeit die bloße, von allen besonderen Naturvorgängen absehende *Veränderung* oder eine Beziehung, deren Relate per definitionem ineinander übergehen.

Veränderung bedeutet ja, daß etwas, das in irgendeiner Hinsicht mit sich selbst identisch bleibt, in einer anderen Hinsicht in etwas anderes übergeht, indem es z. B. seine räumliche Gestalt oder seine stoffliche Beschaffenheit wechselt. Wenn man nun Veränderung als eine abstrakte Relation zweier für sich ganz unbestimmter Zustände in der Zeit ansieht, dann beinhaltet diese Beziehung auf jeden Fall den Aspekt einer Selbstbeziehung, die zugleich auch den Übergang eines Zustands in einen anderen impliziert; auf dem Hegelschen Abstraktionsniveau lassen sich diese beiden Beziehungen in keiner Hinsicht mehr unterscheiden (und zwar aufgrund derselben Argumente, nach denen im Fall des abstrakten Raumbegriffs die Beziehungen des Außereinanderseins und der Unterschiedslosigkeit nicht mehr trennbar sind; vgl. Viertes Kap., 2.2).

Der abstrakte Begriff für die Zeit oder für Veränderung ist also zusammengefaßt die Beziehung eines Zustands desselben abstrakten Eins oder Etwas auf sich selbst in einem anderen Zustand. Deshalb charakterisiert Hegel die Zeit als negative Selbstbeziehung.

§ 258:

Näher bestimmt ist die Zeit darum die „negative Einheit des Außersichseins" − das heißt nichts anderes als: negative Selbstbeziehung des Außereinanderseins. Die dieser Bestimmung angemessene seinslogische Kategorie ist die Denkbestimmung des *Werdens*, die übernächste Kategorie der Logik nach derjenigen des Seins. (Die Denkbestimmung des Nichts, das in der Natur offenbar nicht selbständig verkörpert ist, läßt Hegel bei seiner Bestimmung der Idee im Element der Äußerlichkeit aus.)

Die Zeit ist also das *Werden im Element der Äußerlichkeit:* „Sie ist das Sein, das, indem es ist, nicht ist", insofern es vergeht, und das, „indem es nicht ist, ist", insofern es entsteht. Sie ist hiermit das „angeschaute Werden", zu dessen ineinander übergehenden logischen Momenten Sein und Nichts bzw. deren Einheit, Entstehen und Vergehen, sich Anderes in der Natur äußerlich oder anschauend verhält; vgl. dazu die Deutung von Hegels Bestimmung der Natur als „anschauender Idee", Viertes Kap., letzter Absatz von 1.2 sowie Anfang von 2.1.

Das Verhältnis der Äußerlichkeit dieser Momente des Werdens zueinander ist hier eine Selbstbeziehung; Hegel bestimmt diese „unmittelbar sich aufhebenden Unterschiede" von Sein und Nichts im Werden der Zeit „als äußerliche, jedoch sich selbst äußerliche".

§ 259:

Das Nichts, aus dem das zeitliche Werden in Sein übergeht, identifiziert Hegel mit der *Zukunft*, dieses entstehende Sein mit der *Gegenwart* und das Nichts, in welches das Sein der Gegenwart übergeht oder vergeht, mit der *Vergangenheit*. Hegel bestimmt – in Analogie zur Bestimmung der „umschließenden Oberfläche" in § 256 – das „Jetzt" der Gegenwart als eine Vergangenheit und Zukunft ausschließende „Einzelheit".

Charakteristisch an Hegels *Zeitbegriff* ist die Abstraktheit, mit der er bestimmt wird und die sich analog zum Raumbegriff gleichermaßen gegen Newton, Leibniz und Kant richtet. Auch die Zeit ist für Hegel eine objektive „reine Form der Sinnlichkeit oder des Anschauens" (§ 258 A) und damit das „unsinnliche Sinnliche" (ebda.), d. h. eine abstrakte objektive Beziehung, der weder unabhängig von materiellen Vorgängen Realität zugesprochen wird wie Newtons absoluter Zeit, noch phänomenale oder noumenale Substanzen als gegebene Relate vorausgesetzt sind. In dieser Abstraktion ist die Zeit ebenso wie der Raum reine Quantität und damit sowohl *kontinuierlich* als auch *diskret*. Sie ist das Paradebeispiel für eine Grenze, die ein Kontinuum erzeugt, indem sie einerseits als Gegenwart nur die Schnittstelle zwischen Vergangenheit und Zukunft markiert und andererseits beständig von der Zukunft über die Gegenwart in die Vergangenheit übergeht.

§ 260:

Der Raum hat, da er reine Quantität ist, den „Widerspruch des gleichgültigen Auseinanderseins und der unterschiedslosen Kontinuität" an sich; nach diesem Widerspruch der reinen Quantität (vgl. Viertes Kap., 2.2) besteht zwischen den Relaten des räumlichen Auseinanderseins eine *negative Selbstbeziehung*. Deshalb geht der Raum nach Hegels Auffassung in die als negative Selbstbeziehung bestimmte Zeit über: er ist „die reine Negativität seiner selbst und das Übergehen zunächst in die Zeit". Dieser *Übergang des Raums in die Zeit* wird im Fünften Kapitel genauer interpretiert, ebenso wie der umgekehrte *Übergang der Zeit in den Raum*, von dem im Anschluß die Rede ist. Da die „entgegengesetzten Momente" von Vergangenheit und Zukunft in der Gegenwart zusammentreffen, in der sie sich permanent „aufheben", ist die Zeit das „unmittelbare Zusammenfallen" in das „ununterschiedene Außereinander oder den Raum" (siehe hierzu Fünftes Kap., 1.2).

Hegel stellt hier mittels seiner Kategorie der reinen Quantität einen wesentlichen Zusammenhang zwischen Raum und Zeit her, durch den er zu seinem Ortsbegriff gelangt: Der *Ort* ist für ihn eine *Raum-Zeit-Stelle*, d. h. ein räumlicher *und* zeitlicher Punkt, der sich zu einer bestimmten Zeit an einer bestimmten Stelle des Raums befindet, also ein „räumliches Jetzt" (§ 261) oder die „Einheit des Hier und Jetzt" (§ 260 Z) ist.

Man kann diese Bestimmung leicht als Spezifikation der seinslogischen Denkbestimmung des *Daseins* deuten. Der Ort ist für Hegel die Einheit des Seins, das irgendein beliebiger Raumpunkt hat, mit dem Sein der Gegenwart, das das Nichts von Vergangenheit und Zukunft aus sich ausschließt. Im Ort fällt also ein bestimmter Raumpunkt mit dem gegenwärtigen Zeitpunkt zusammen; ihm kommt aufgrund der Beziehung der Gegenwart auf Vergangenheit und Zukunft ein Sein zu, das den übrigen Raum als Nichtmehr-sein und Noch-nicht-sein aus sich ausschließt. Insofern ist der Ort ein Sein, das dadurch bestimmt ist oder Bestimmtheit an sich hat, daß es etwas als Nichtsein aus sich ausschließt. Diese Bestimmung entspricht Hegels logischer Kategorie des Daseins; siehe L I, S. 116: „Aus dem Werden geht das Dasein hervor. Das Dasein ist das einfache Einssein des Seins und Nichts. Es hat um dieser Einfachheit willen die Form von einem *Unmittelbaren* ... Es ist zunächst in der einseitigen Bestimmung des *Seins;* die andere, die es enthält, das *Nichts,* wird sich gleichfalls an ihm hervortun, gegen jene. – Es ist nicht bloßes Sein, sondern *Dasein;* etymologisch genommen: Sein an einem gewissen *Orte;* aber die Raumvorstellung gehört nicht hierher. Dasein ist ... überhaupt *Sein* mit einem *Nichtsein,* so daß dies Nichtsein in einfache Einheit mit dem Sein aufgenommen ist." Dieses begrifflich ins Sein aufgenommene Nichtsein „macht die *Bestimmtheit* als solche aus" (ebda.), insofern sein Sein vom Dasein ausgeschlossen wird.

.   Indem der Ort den *jetzigen Raumpunkt* markiert und darin von allen anderen Punkten des Raums verschieden ist, ist er „konkreter Punkt": mit dem Ort ist am Raum „die negative Bestimmung, der ausschließende Punkt, nicht mehr nur an sich dem Begriffe nach" vorhanden, wie es für die bloß geometrischen Punkte des Raums gilt, „sondern gesetzt und in sich konkret durch die totale Negativität, welche die Zeit ist".

§ 261:

Als abstrakte Raum-Zeit-Stelle kann der Ort aber nicht widerspruchsfrei im Raum fixiert werden. Der „Widerspruch, welcher der Raum" (vgl. § 260), sowie derjenige, welcher „die Zeit ... ist" (vgl. § 257), haftet auch dem Ortsbegriff an. Der Ort geht deshalb in einen *anderen* Ort über, zu dem er in einer zeitlich gedeuteten negativen Selbstbeziehung steht (siehe Fünftes Kap., 1.2). Hegel expliziert dieses Übergehen oder „Werden" kryptisch als ein „Vergehen und Sichwiedererzeugen des Raums in Zeit und der Zeit in Raum" und identifiziert es mit der *Bewegung.* Die Bewegung gilt für Hegel als der „Widerspruch" par excellence; vgl. L II, S. 76. Diese *reflexions*logische Bestimmung hat hier etwas mit dem Widerspruch der logischen Kategorie der reinen Quantität zu tun; die Bewegung ist für Hegel offenbar der *Widerspruch im Element der abstrakten Äußerlichkeit.* Als *seins*logische Kategorie läßt sich der Denkbestimmung des Widerspruchs leicht Hegels Begriff der Unendlichkeit zuordnen.

Die Bestimmung der *Unendlichkeit* drückt für Hegel nämlich den Übergang eines Etwas oder Daseins in ein Anderes, ein anderes Dasein, aus, wobei der vernunftgemäße Begriff der Unendlichkeit als logischer Totalität erfordert, daß dieser Übergang als Selbstbeziehung zu deuten ist (siehe Enz. § 93 und § 95). Die raumzeitliche Beziehung eines Orts auf einen anderen Ort, die beide durch Bewegung verbunden sind, ist nun für Hegel die Selbstbeziehung eines Etwas im Raum, eines räumlichen Jetzt, auf ein Anderes, ein anderes räumliches Jetzt. Mittels dieser Überlegung läßt sich Hegels merkwürdige Begriffsexplikation der Bewegung verstehen. Hegel scheint zu denken, daß in der Bewegung die Selbstbeziehung zweier Orte aufeinander als *räumliches* Übergehen zu denken ist, also ihre Zeitlichkeit räumlich wird, während die Bewegung umgekehrt das Außereinandersein dieser Orte *zeitlich* überbrückt, so daß dieses bzw. ihre Räumlichkeit zeitlich wird. Da Hegel im Element der Äußerlichkeit das Außereinandersein mit dem Raum und die Selbstbeziehung mit der Zeit identifiziert, spricht er von einem „Vergehen und Sichwiedererzeugen des Raums in Zeit und der Zeit in Raum", bei dem die Zeit räumlich wird und der Raum zeitlich.

Die hier versuchte Deutung der Hegelschen Bestimmungen für Ort und Bewegung als Spezifikationen der seinslogischen Kategorien von Dasein und Unendlichkeit im Element der Äußerlichkeit mag willkürlich erscheinen, besonders weil Hegel selbst in § 260 und § 261 keinen solchen Gebrauch dieser Bestimmungen macht. Sie wurde trotzdem der Vollständigkeit halber versucht, denn im Materiebegriff verwendet Hegel diejenige seinslogische Kategorie, die auf das Dasein und die Unendlichkeit folgt, nämlich die Bestimmung des *Fürsichseins* bzw. deren Begriffsmomente Repulsion und Attraktion.

Dasjenige, wovon Hegel in seinen Begriffen von Raum, Zeit, Ort und Bewegung abstrahiert, ist die *Materie.* Aus ihr bestehen die – nun konsistent bestimmten – Relate raumzeitlicher Beziehungen (siehe Fünftes Kap., 1.2); sie ist das „in sich Zusammenfallen" des Widerspruchs der reinen Quantität.

Der am Ende von § 261 entwickelte Materiebegriff sieht noch von allen besonderen stofflichen Eigenschaften materieller Dinge ab und auch von der Tatsache, daß die Materie, soweit sie Gegenstand der Mechanik fester Körper ist, aus räumlich getrennten Körpern endlicher Ausdehnung besteht. Auf dieser Abstraktionsstufe ist die Materie für Hegel „die unmittelbar identische daseiende Einheit" von Raum und Zeit bzw. von Ort und

Bewegung; Hegel führt ihren Begriff ausschließlich auf seine Bestimmungen für Raum und Zeit zurück. In einer Erläuterung werden die *empirischen Eigenschaften* des Zusammengesetztseins und der Undurchdringlichkeit der Materie auf *raumzeitliche Bestimmungen* zurückgeführt:

§ 261 A:

Als etwas *Zusammengesetztes* besitzt die Materie Extension, ist also räumlich; dieses Prädikat „bezieht sich auf ihr abstraktes Außereinander, den Raum". Da die Materie hier noch als in sich ununterschieden oder *homogen* gedacht wird, stellt sie ebenso wie der Raum eine reine Quantität dar, der äußerliches Sein zukommt.

Die *Undurchdringlichkeit* der Materie drückt aus, daß sie sich aber in einem fundamental vom Raum unterscheidet. Zwei ihrer Teile können nicht zur selben Zeit denselben Raum einnehmen, da sie den Raum erfüllen; so etwas vom leeren Raum auszusagen, wäre offenbar sinnlos. Die Materie „ist undurchdringlich und leistet Widerstand, ist ein Fühlbares, Sichtbares usf." – sie besitzt im Gegensatz zum Raum über die bloße Extension hinaus *dynamische* Qualitäten. Hegel führt diese dynamischen Eigenschaften der Materie nicht wie Leibniz oder Kant auf Kräfte zurück, sondern er bestimmt sie durch eine seinslogische Kategorie, die Beziehung des Fürsichseins – für ihn bedeuten „diese Prädikate ... nichts anderes, als daß die Materie teils für die bestimmte Wahrnehmung, überhaupt *für ein Anderes,* teils aber ebensosehr *für sich* ist". Nach der Logik ist das Fürsichsein ein Sein, das sich so auf sich selbst bezieht, daß es alles Andere aus sich ausschließt (siehe z. B. Enz. § 96).

Die Materie stellt für Hegel demnach das *Fürsichsein im Element der Äußerlichkeit* dar, in dem die Kategorie des Fürsichseins das gegenseitige Ausschließen verschiedener Teile der Materie im Raum bedeutet und dem empirischen Prädikat der Undurchdringlichkeit zuzuordnen ist. Hegel führt diese begriffliche Bestimmung mittels seiner Begriffe für Raum und Zeit allein auf die Raumzeitlichkeit der Materie zurück. Im Element der Äußerlichkeit muß nicht nur die im Fürsichsein enthaltene ausschließende Beziehung auf Anderes mit einer räumlichen Relation identifiziert werden, sondern auch die ebenfalls in ihm enthaltene Selbstbeziehung mit einer zeitlichen Relation. Man kann dies in etwa so verstehen:

Die empirische Eigenschaft der Undurchdringlichkeit der Materie wird von Hegel so auf Begriffe gebracht, daß ein Teil der Materie alle ihre anderen Teile im Raum aus sich ausschließt, indem er in der Zeit mit sich identisch bleibt und so einen Ort, also eine Raum-Zeit-Stelle, besetzt, die kein anderes materielles Ding mehr einnehmen kann. Das räumliche „Außereinander" der Materie, deren verschiedene Teile sich gegenseitig ausschließen, ist in Hegels Augen nur durch die „Negativität" der Zeit möglich; diese Beziehungen sind für ihn identisch in dem Sinne, daß sie nur zwei verschiedene Aspekte ein und derselben Beziehung des Fürsichseins sind, und damit ist für ihn die Materie eben die „Identität von Raum und Zeit". Mit dieser Rückführung der fundamentalen Eigenschaften der Materie auf raumzeitliche Beziehungen steht Hegel in der Tradition von Kants MAG.

§ 262:

Die Materie ist wesentlich (beschleunigt) bewegt, denn sie hat *Schwere*. Dies ist ihr nächstes fundamentales Prädikat nach dem Zusammengesetztsein und der Undurchdringlichkeit. Mit dieser Bestimmung schließt sich Hegel an Leibniz' dynamische Auffassung der Materie an und steht im Gegensatz zu Newton und Kant, die materielle Dinge primär als träge, also von sich aus bewegungslos (genauer: unbeschleunigt) ansehen. Für Hegel ist die Materie in erster Linie nicht träge, sondern schwer; seiner Auffassung nach läßt sich von ihrem Begriff die Schwere nicht trennen, um diesem nachträglich hinzugefügt zu werden, wie vor allem Newton glaubte. Das Prädikat der *Trägheit* beinhaltet in Hegels Augen eine *Abstraktion von der Schwerebewegung* (vgl. § 264 A).

Die der Materie kraft der Schwere inhärente beschleunigte Bewegung hängt für Hegel eng mit der Bestimmung der Materie als Fürsichsein im Element der Äußerlichkeit zusammen. Hegel identifiziert die Schwere mit der „negativen Einheit" der Begriffsmomente des Fürsichseins, der *Repulsion und Attraktion* im Element der Äußerlichkeit. Die Materie stellt eine „negative Einheit" von Repulsion und Attraktion dar, die impliziert, daß die durch diese Bestimmungen ausgedrückten Beziehungen der Teile der Materie aufeinander über einen – nicht unbedingt selbst mit Materie besetzten – Punkt im Raum vermittelt sind, der die Gesamtheit ihrer Wechselwirkungen repräsentiert. Dieser „Mittelpunkt" ist „gegen das unmittelbare Außereinander der Materie noch unterschieden und darum selbst noch nicht als materiell gesetzt" und kann mit dem *Schwerezentrum* der Materie identifiziert werden.

Repulsion und Attraktion bedeuten in Hegels Materiebegriff nicht etwa eine abstoßende bzw. anziehende Kraft, wie etwa in Kants MAG. Bei ihrer Bestimmung als Kräfte wäre dasjenige, *was* eine Kraft ausübt oder sich unter ihrer Wirkung bewegt, als etwas Gegebenes vorausgesetzt; solche Voraussetzungen will Hegel gerade vermeiden. Repulsion und Attraktion sind nach seiner Auffassung abstrakte Beziehungen, die von der vollentwickelten Bestimmung des Fürsichseins impliziert sind und die im Element der

Äußerlichkeit mit raumzeitlichen Beziehungen identifiziert werden (vgl. Fünftes Kap. 1.2, insbes. Anm. 44). Die Bestimmung der *Repulsion* bedeutet, daß sich die Teile der Vielheit, die die Materie als reine Quantität ist, im Gegensatz zum bloßen Raum räumlich ausschließen; diese ausschließende Beziehung entspricht der empirischen Eigenschaft der *Undurchdringlichkeit* (vgl. § 261 A). Die Bestimmung der *Attraktion* bedeutet in der Natur die raumzeitliche Beziehung der Teile der Materie aufeinander, die für den *Zusammenhang* der Materie im Raum sorgt; sie ist „das Aufheben des Außereinanderseins und gibt bloße Kontinuität" (§ 262 A).

Da die Materie hinsichtlich der räumlichen Beziehungen ihrer Teile aufeinander für Hegel unter die Kategorie der reinen Quantität fällt, beinhalten Repulsion und Attraktion der Materie ihre Diskretion und Kontinuität; die Repulsion impliziert das räumliche Außereinandersein und die Attraktion den homogenen räumlichen Zusammenhang der Materie. Repulsion und Attraktion zusammengenommen bedeuten dann in der Natur die Gesamtheit der Wechselwirkungen der Teile der Materie aufeinander, die über einen ausgezeichneten Punkt im Raum, das *Schwerezentrum*, vermittelt sind. Hegel unterscheidet also – im Gegensatz zu Kant und im Anschluß an Schellings naturphilosophische Schriften – die Attraktion von der Schwere, zu deren Begriff seiner Auffassung nach auch noch die Bestimmung der Repulsion gehört.

An Hegels begrifflicher Bestimmung der Schwere als Einheit von Repulsion und Attraktion ist einiges bemerkenswert. Zunächst ist zu beachten, daß Hegel die Schwere als *Selbstwechselwirkung der Materie* in ihren Teilen untereinander einführt, wobei er weder den Begriff eines materiellen Körpers von endlicher Größe noch denjenigen eines Massenpunkts voraussetzt, der mit einem anderen Körper oder Massenpunkt in Wechselwirkung steht. Die Begriffe von Körper und Masse – d. h. für Hegel: von quantitativ bestimmter Materie – werden erst anschließend, in § 263, eingeführt (siehe Fünftes Kap. 2.1). Zugleich erfaßt Hegel damit die Schwerkraft als eine wesentlich *symmetrische* Relation zweier materieller Dinge bzw. Materieteile, während Newton sie nach seinem Kraftgesetz als eine äußere Wirkung auf einen trägen, zunächst isoliert gedachten Körper ansieht und ihre Symmetrie erst nachträglich durch sein drittes Axiom, das Reaktionsprinzip, erfaßt.

Zweitens ist die schwere Materie, die Spezifikation der Einheit von Repulsion und Attraktion im Element der Äußerlichkeit, für Hegel offenbar dasjenige, was die *Homogenität von Raum und Zeit aufhebt*. Aufgrund der Schwere stehen alle Teile der Materie in beständiger Wechselwirkung untereinander. Die Gesamtheit dieser Wechselwirkungen wird vom Schwerezentrum repräsentiert; dieses stellt einen ausgezeichneten Punkt im Raum dar, welcher der Bezugspunkt für Schwerebewegungen ist. Dieser Aspekt von

Hegels Materiebegriff weckt Assoziationen zu demjenigen der Allgemeinen Relativitätstheorie, nach dem Massen Singularitäten in Raum und Zeit darstellen.

Drittens mag es befremdlich erscheinen, daß der Begriff der Schwere für Hegel nicht nur die Attraktion einschließt, sondern auch die Repulsion, also die gegenseitige *Abstoßung* materieller Dinge, während von Newton und Leibniz bis Kant genauso wie nach der Auffassung der heutigen Physik unter Schwere nur eine *anziehende* Kraft verstanden wird. Hegel denkt Repulsion und Attraktion aber nicht als Kräfte, sondern als rein begriffliche oder logische Voraussetzungen für einen in seinen Augen vernünftigen Begriff der Materie, d. h. – im Anschluß an Kants MAG – als die logischen Bedingungen der Möglichkeit eines Begriffs der Materie. *Eine* logische Voraussetzung für deren Begriff als Vielheit, die Extension besitzt und sich im Raum auseinanderhält, ist für Hegel die Beziehung der Repulsion. Diese Voraussetzung läßt sich auch anhand der empirischen Eigenschaften der Materie veranschaulichen: Die abstoßenden Kräfte der Materie sind insofern eine Voraussetzung der Schwerkraft, als sie verhindern, daß die Materie in ihr Schwerezentrum zusammenfällt, also einen Gravitationskollaps erleidet, nach dem nichts mehr da wäre, was sich aufgrund seiner Schwere gegenseitig anziehen könnte.

Hegels Bestimmung der Repulsion der Materie beinhaltet schließlich neben der Undurchdringlichkeit auch den *Trägheitswiderstand* materieller Dinge (vgl. Fünftes Kap. 1.2 und 2.1), so daß für Hegel die Trägheit ein der Schwere untergeordnetes Phänomen ist. Hegel steht auch hiermit in der Tradition von Leibniz (vgl. Fünftes Kap., Anm. 45).

Literaturverzeichnis

G. W. F. Hegel:

- Werke = Werke in zwanzig Bänden. Theorie Werkausgabe. Frankfurt/M. 1970. Insbesondere:
- L I/II = Werke Bd. 5/Bd. 6 (Wissenschaft der Logik I/II);
- Enz. = Werke Bde. 8–10 (Berliner Enzyklopädie von 1830). – Zitiert nach Paragraphen mit Anmerkungen (A) und den Zusätzen von Michelet (Z).
- VL 1819/20 = Naturphilosophie, Band I. Die Vorlesung von 1819/20. Hg.: M. Gies, Neapel 1982.
- Sämtliche Werke. Jubiläumsausgabe in 20 Bänden. Hg.: H. Glockner. Stuttgart 1958. Bd. 6. (Heidelberger Enzyklopädie von 1817).
- Gesammelte Werke. Bde. 6/7/8. Düsseldorf 1975/1971/1976. Hg.: K. Düsing/ H. Kimmerle (Bd. 6); R.-P. Horstmann/J. H. Trede (Bde. 7 und 8). (Jenaer Systementwürfe).
- Hegel's Philosophy of Nature. Vol. I: Introduction, Foreword and Mechanics. Hg. u. übersetzt von M. J. Petry. London und New York 1970.

I. Kant:

- KdrV = Kritik der reinen Vernunft. 2. Auflage, Riga 1787 (B).
- MAG = Metaphysische Anfangsgründe der Naturwissenschaft. 1. Auflage, Riga 1786 (A).
- KdU = Kritik der Urteilskraft. 2. Auflage, Berlin 1793 (B).
- Kants gesammelte Schriften. Hg. von der Königlich-Preußischen Akademie der Wissenschaften. Berlin und Leipzig 1924. Bde. XXI–XXII (Opus postumum).
- Vorlesungen, Band 1. Berlin 1961.

G. W. Leibniz:

- HS I/II = Hauptschriften zur Grundlegung der Philosophie, Bd. 1/2. Hg.: E. Cassirer. Hamburg 1966.
- Specimen Dynamicum, Hg.: H. G. Dosch u. a., Hamburg 1982.

I. Newton:

- Principia = Mathematische Prinzipien der Naturlehre. Hg.: J. Ph. Wolfers. Darmstadt 1963.

F. J. W. Schelling:
- Ideen zu einer Philosophie der Natur. Werke Bd. I, Hg.: M. Schröter. München 1927.

Buchdahl, Gerd: Hegels Naturphilosophie und die Struktur der Naturwissenschaft. In: Ratio Bd. 15 (1973), S. 1 ff.
Braun, Hermann: Zur Interpretation der Hegelschen Wendung: frei entlassen. In: Hegel. L'esprit objectif, l'unité de l'histoire. Lille 1970, S. 51 ff.
Breidbach, Olaf: Das Organische in Hegels Denken. Studie zur Naturphilosophie und Biologie um 1800. Würzburg 1982.
Cramer, Konrad: Nicht-reine synthetische Urteile a priori. Heidelberg 1985.
Düsing, Klaus: Die Teleologie in Kants Weltbegriff. Bonn 1968.
Engelhardt, Dietrich von: Hegel und die Chemie. Studie zur Philosophie und Wissenschaft der Natur um 1800. München 1976.
Findlay, John N.: Hegel und die Physik. In: Hegel-Studien Beiheft 11 (1970), S. 111 ff.
Fulda, Hans Friedrich: Hegels Dialektik als Begriffsbewegung und Darstellungsweise. In: Seminar: Dialektik in der Philosophie Hegels; Hg.: R.-P. Horstmann. Frankfurt/M. 1978.
- Georg Friedrich Wilhelm Hegel. In: Klassiker der Philosophie, Band II; Hg.: O. Höffe. München 1981.
- Über den Ursprung der Hegelschen Dialektik. In: AQUINAS. Rivista Internazionale di Filosofia, 2-3, 1981, S. 390 ff.
Gloy, Karen: Die Kantische Theorie der Naturwissenschaft. Berlin und New York 1976.
Grimmlinger, Friedrich: Zur Methode der Naturphilosophie bei Hegel. In: Wiener Jahrbuch für Philosophie, Bd. 3 (1970), S. 38 ff.
Hösle, Vittorio, und *Wandschneider,* Dieter: Die Entäußerung der Idee zur Natur und ihre zeitliche Entfaltung als Geist bei Hegel. In: Hegel-Studien Bd. 18 (1983), S. 173 ff.
Hoppe, Hansgeorg: Kants Theorie der Physik. Frankfurt/M. 1969.
Horstmann, Rolf-Peter, und *Petry,* Michael John (Hg.): Hegels Philosophie der Natur. Stuttgart 1986.
Ihmig, Karl-Norbert: Hegels Konstruktion der Materie. Staatsexamensarbeit (unveröffentlicht), Bielefeld 1982.
König, Josef: Leibniz' System. In: Vorträge und Aufsätze. Hg.: G. Patzig. Freiburg und München 1978.
Meyer, Rudolf: Natur in der Logik. In: Hegel-Jahrbuch 1976, S. 61 ff.
Mittelstaedt, Peter: Philosophische Probleme der modernen Physik. Mannheim 1972.
Oeser, Erhard: Der Gegensatz von Kepler und Newton in Hegels „Absoluter Mechanik". In: Wiener Jahrbuch für Philosophie, Bd. 3 (1970), S. 69 ff.
Petry, Michael John (Hg.): Hegel und die Naturwissenschaften. Stuttgart-Bad Cannstadt 1986.

Plaass, Peter: Kants Theorie der Naturwissenschaft. Göttingen 1965.

Reichenbach, Hans: Die Bewegungslehre bei Newton, Leibniz und Huyghens. In: Kant-Studien Bd. 29 (1924), S. 416 ff.

Sambursky, Shmuel: Hegel's Philosophy of Nature. In: The Interaction between Science and Philosophy. Hg.: Y. Elkana. Jerusalem 1974.

Schäfer, Lothar: Kants Metaphysik der Natur. Berlin 1966.

Schaper, Eva, und *Vossenkuhl*, Wilhelm (Hg.): Bedingungen der Möglichkeit. ‚Transcendental Arguments‘ und transzendentales Denken. Stuttgart 1984.

Schulz, Ruth-Eva: Interpretationen zu Hegels Logik. Dissertation (unveröffentlicht), Heidelberg 1954.

Strauss, M.: Modern Physics and its Philosophy. Dordrecht 1972. Insbes.: The Huygens-Leibniz-Mach Criticism in the Light of Present Knowledge (S. 18 ff.); Einstein's Theories and the Critics of Newton (S. 152 ff.).

Treder, Hans-Jürgen: Hegel zu den Begriffen „Schwere", „Trägheit", „Masse" und „Kraft". In: Vom Mute des Erkennens. Hg.: M. Buhr/T. I. Oiserman. Berlin 1981.

Wandschneider, Dieter: Raum, Zeit, Relativität. Frankfurt/M. 1982.

– Räumliche Extension und das Problem der Dreidimensionalität in Hegels Theorie des Raumes. In: Hegel-Studien Bd. 10 (1975), S. 255 ff.

– Die Absolutheit des Logischen und das Sein der Natur. In: Zeitschrift f. philosophische Forschung, Bd. 39, Heft 3 (1985) S. 331 ff.

Weizsäcker, Carl Friedrich von: Die Einheit der Natur. München 1971. Insbes.: Kants Theorie der Naturwissenschaft nach P. Plaass (S. 405 ff.).

Wolff, Michael: Der Begriff des Widerspruchs. Eine Studie zur Dialektik Kants und Hegels. Königstein/Ts. 1981.

Namensregister

Sachregister

Monographien
zur
philosophischen Forschung

Band 244
Werner Jung
**Schöner Schein der Häßlichkeit oder Häßlichkeit
des schönen Scheins**
Ästhetik und Geschichtsphilosophie im 19. Jahrhundert
1987, etwa 404 Seiten, kt. ISBN 3-610-09203-3

Band 243
Hans Jürgen Wendel
Benennung, Sinn, Notwendigkeit
Über die Grundlagen kausaler Theorien des Gegenstandsbezugs
1987, etwa 220 Seiten, kt. ISBN 3-610-09204-1

Band 241
Georgios Manolidis
Die Rolle der Physiologie in der Philosophie Epikurs
1987, 188 Seiten, kt. ISBN 3-610-09201-7

Band 239
Johannes Fritsche
Methode und Beweisziel
im ersten Buch der „Physikvorlesung" des Aristoteles
1986, 362 Seiten, kt. ISBN 3-445-02506-1

Band 236
Hans-Peter Hempel
Heidegger und Zen
Ein Essay
1987, etwa 192 Seiten, kt. ISBN 3-610-09214-9

Band 235
Werner Hartkopf
Dialektik – Heuristik – Logik
Nachgelassene Studien
Herausgegeben von Hermann Baum, Martin Hengst,
Wolfdietrich Schmied-Kowarzik
1987, etwa 232 Seiten, kt. ISBN 3-610-09213-0

Band 232
Alexander Schubert
Der Strukturgedanke in Hegels „Wissenschaft der Logik"
1985, 292 Seiten, kt. ISBN 3-445-02457-X

Band 231
Michael Grauer
Die entzauberte Welt
Tragik und Dialektik der Moderne im frühen Werk von Georg Lukács
1985, 264 Seiten, kt. ISBN 3-445-02465-0

athenäum